Leo N. Tolstoi

Vier Auswahlbände und Breviere 1901 | 1928

Sinn des Lebens – Gott und Unsterblichkeit – Aufruf zur Bruderschaft

Tolstoi-Friedensbibliothek
Reihe B | Band 9

Bearbeitet von
Peter Bürger,
Ingrid von Heiseler,
Katrin Warnatzsch

Leo N. Tolstoi

Vier Auswahlbände und Breviere 1901 | 1928

Sinn des Lebens – Gott und Unsterblichkeit – Aufruf zur Bruderschaft

Tolstoi Friedensbibliothek

TFb_B009

Die TFb-Buchausgaben
folgen dem Editionsprojekt
www.tolstoi-friedensbibliothek.de

Leo N. Tolstoi

VIER AUSWAHLBÄNDE UND
BREVIERE 1901 | 1928

Sinn des Lebens – Gott und
Unsterblichkeit – Aufruf
zur Bruderschaft

Bearbeitet von Peter Bürger,
Ingrid von Heiseler & Katrin Warnatzsch

Tolstoi-Friedensbibliothek: Band-Signatur TFb_B009

Herausgeber, Redaktion & Gestaltung: Peter Bürger
www.tolstoi-friedensbibliothek.de
Umschlag-Abbildung
Ilya Repin | ИльяЕфимович Репин (1844-1930):
Bildnis L. Tolstois, 1901 – Ausschnitt

Herstellung & Verlag: BoD – Books on Demand, Norderstedt
ISBN: 978-3-7578-1751-0

Inhalt

Vorwort des Herausgebers

„Selbst besser werden und die Welt besser machen; ich denke, dass alle einverstanden sind damit, dass darin die Aufgabe des menschlichen Lebens besteht." (→S. 49)

„Sie sagen, ich scheine Gott nicht anzuerkennen. Das ist ein Irrtum. Ich erkenne nichts an, außer Gott." (→S. 97)

Mit diesem – pragmatisch konzipierten – Band der Tolstoi-Friedensbibliothek erfolgt zunächst die Neuedition von zwei Sammelausgaben, die noch zu Lebzeiten Leo N. Tolstois erschienen sind: *„Der Sinn des Lebens"* (1901) mit Übertragungen von Raphael Löwenfeld und Michail Feofanov; *„Gott und Unsterblichkeit"* (1901), übersetzt aus dem Russischen von L. Albert Hauff.

Diese beiden Veröffentlichungen waren nicht zuletzt Angebote an eine Leserschaft, die sich nach der kirchlichen „Exkommunikation" des Dichters mit dessen Gedankenwelt vertraut machen wollte. Sie zeugen aber auch von einer verbreiteten verlegerischen Praxis aus der Zeit vor dem Ersten Weltkrieg: Neue Traktate oder ‚Kompilationen' zu einem bestimmten Thema werden angereichert mit weiteren Tolstoi-Texten, so dass vom Umfang her eine eigenständige Publikation lohnenswert erscheint. Nicht immer sind es überzeugende inhaltliche Kriterien, denen die Verlage bzw. Herausgeber hierbei den Vorrang einräumen.

Im einzelnen werden Übersetzungsversionen u. a. zu folgenden Texten dargeboten: *Das Leben und die Lehre Christi* (aus der ‚Kurzen Darlegung des Evangeliums', 1881-1883); *„Du sollst dem Bösen nicht Widerstand leisten"* (Brief an Ernest Crosby, 1896); *Gedanken von Gott* (Mysli o boge | zusammengestellt aus verschiedenen Quellen durch Vladimir Čertkov, 1898); *Der Sinn des Lebens* (O smysle žizni | Zusammenstellung durch Čertkov, 1901); *Antwort an den Synod* (1901); *Brief an den Zaren und seine Leute* (1901).

Die aus ausgewählten Briefstellen, Tagebucheinträgen und Abschnitten von Traktaten bestehenden „Kompilationen" Čertkovs verdienen beim Tolstoi-Studium unsere Beachtung. Die nachfolgend dargebotenen Übertragungen *„Der Sinn des Lebens"* (→S. 77-99) und *„Gedanken von Gott"* (→S. 77-99) weisen leider sehr sperrige Anteile und einige unzuverlässige Passagen auf. Im Anhang sind zu beiden Texten alternative Übersetzungen aufgeführt, von denen wir einige im Fortgang der Tolstoi-Friedensbibliothek ebenfalls noch durch Neueditionen zugänglich machen werden.

Enthalten sind in der vorliegenden Sammlung auch zwei sehr unterschiedliche ‚Tolstoi-Breviere' aus der Spätzeit der Weimarer Republik. Karl Nötzel hat aus einigen Teilen des Gesamtwerks einen *„Aufruf zur Bruderschaft"* (1928) zusammengestellt, distanziert sich jedoch in einem peinlichen – hier nicht eingehender kommentierten – Nachwort von dem Russen, soweit dieser mit seinem eigenen Weltbild nicht in Einklang steht und – wider Willen – nahezu als ein Wegbereiter des ‚Bolschewismus' (miss)verstanden werden kann. Eine Bereitschaft dieses Übersetzers, selbst das Bestehende radikal in Frage zu stellen und einen Konflikt mit den Sachwaltern der ‚Öffentlichen Meinung' auszutragen, ist nicht zu erkennen. Nötzels Unbehagen an einem Prophetentum mit ‚moralistischem' Überhang führt freilich auf eine ernstzunehmende Fährte der Kritik.

Die sich anschließenden *„Gedanken Leo Tolstois über Gewalt, Krieg und Revolution"* (1928) aus seinen Schriften, Tagebüchern und Briefen hat Tolstois ehemaliger Sekretär Valentin Bulgakov ausgewählt. Herausgegeben wurde dieses Heft auch im deutschen Sprachraum von der IDK (Internationale der Kriegsdienstgegner). – Das bürgerliche Publikum verspürte nach dem Ersten Weltkrieg allerdings wenig Neigung, sich an die Warnungen Leo N. Tolstois vor einem Abgrund des sich ‚christlich' nennenden Zivilisationsgefüges zu erinnern.

pb

I.
Der Sinn des Lebens

Religiös-ethische Flugschriften[1]

Leo N. Tolstoi

1.
Der Sinn des Lebens
(1901)

Übersetzt von
Michail Feofanov

Mit Vergnügen werde ich versuchen, Ihre Frage zu beantworten, da ich sehe, daß sie vollständig aufrichtig gethan ist und daß sie eine Frage von der größten Wichtigkeit und zugleich eine solche ist, die sich die meisten Menschen in der Voraussetzung, daß die Antwort schon längst gegeben oder unmöglich sei, nicht vorlegen. Die Frage aber ist eine einfache, eine unentbehrliche, ohne die, wie es scheinen sollte, man nicht leben kann. Sie fragen: was für ein Ziel hat das menschliche Leben, wozu lebt der Mensch, oder mit anderen Worten, weshalb lebe ich?

Sie haben recht, daß nur die Religion diese Frage beantworte. Die Religion – die wahrhafte Religion ist eben nichts anderes als die Antwort auf diese Frage. Und die Religion, zu der ich mich bekenne – die christliche Lehre in ihrem wahrhaften Sinne giebt auf diese Frage eine Antwort, die ebenso einfach und klar wie die Frage selbst ist, wenn man nur an Stelle des Wortes *Ziel* das Wort *Sinn* setzt.

---

[1] Textquelle der dargebotenen Übersetzungen | Leo N. TOLSTOJ: Der Sinn des Lebens. Übersetzt von Michael Feofanoff [Erstauflage 1901]. In: L. N. Tolstoj: Religiös-ethische Flugschriften Band I. (= Leo N. Tolstoj: Gesammelte Werke. II. Serie, Band 10. Von dem Verfasser genehmigte Ausgabe von Raphael Löwenfeld). Jena: Eugen Diederichs 1911. [112 Seiten; eigene Paginierung der Abteilung].

Der Sinn des menschlichen Lebens, der dem Menschen verständlich ist, besteht darin, das Gottesreich auf Erden zu errichten, das heißt die egoistische, haßvolle, gewaltthätige und unverständige Lebenseinrichtung durch eine liebevolle, brüderliche, freie und verständige ersetzen zu helfen.

Das Ziel, das Endziel des menschlichen Lebens in der der Zeit und dem Raume nach unendlichen Welt kann offenbar dem Menschen in seiner Beschränktheit nicht zugänglich sein. Aber der Sinn des menschlichen Lebens, das heißt: weshalb er lebt und was er thun muß, muß dem Menschen unbedingt verständlich sein, ebenso verständlich, wie dem Arbeiter in einer großen Fabrik seine Bestimmung verständlich ist.

Das Mittel aber, um das zu erreichen, das heißt die Antwort auf die Frage, was der Mensch thun soll, besteht darin, was, wie es im Evangelium gesagt ist, das ganze Gesetz und die Propheten ausmacht: „handle anderen gegenüber so, wie du willst, daß man gegen dich handeln soll."

Die Antwort ist, wie Sie sehen, eine sehr einfache, sie scheint uns nur unklar zu sein, weil unsere tierische Natur, auch die Erziehung und die falsche religiöse Lehre uns beibringen, daß der Sinn des Lebens nicht im Dienste Gottes und des Nächsten, sondern in unserem persönlichen Glücke bestehe. Da wir nur für uns und unser persönliches Glück zu leben gewohnt sind, erscheint es uns schwer, das Ziel unseres Lebens von uns auf den Dienst Gottes zu übertragen. Aber wie schwer das auch sein mag, möglich ist es doch, und je weiter wir es darin bringen, desto natürlicher wird es, um so mehr, da wir den Willen Gottes erfüllen und dadurch das allerhöchste persönliche Glück, das wir früher als das Ziel unseres Lebens hinstellten, erreichen; wie es ja auch im Evangelium heißt: „Trachtet am ersten nach dem Reiche Gottes und nach seiner Gerechtigkeit, so wird euch solches alles zufallen."

Solange wir dem persönlichen Leben nachgehen, suchen wir nur dieses letztere, das heißt das persönliche Glück, erreichen es nicht und fördern die Begründung des Reiches Gottes nicht, im Gegenteil, wir widersetzen uns ihm. Wenn wir aber das Reich Gottes und seine Wahrheit suchen, so fällt uns jenes, das heißt das Glück, von selbst zu, wenn wir unter dem Glück nicht irgend welche uns liebgewordene äußerliche Güter, sondern die seelischen – Ruhe, Freiheit und Freude verstehen.

Ich schreibe Ihnen nicht das, was ich durch Erörterungen, sondern das, was ich durch Erfahrung errungen habe: es ist möglich, für die Erfüllung des Willens Gottes zu leben. Wenn man auch nicht immer so leben kann, so kann man doch in einigen besseren Augenblicken so leben. Wenn man aber darin den Sinn des Lebens erblickt, dann wird man immer mehr und mehr so leben. Und je mehr man so leben wird, desto stärker wird man die Vernunftmäßigkeit und die Freude solch eines Lebens fühlen. Und man wird von selbst zu einem solchen Leben hingezogen werden.

Das Ziel des Lebens? Ein Ziel giebt es nicht und kann es nicht geben, und kein Wissen kann es finden. Das Gesetz der Entwickelung – der Weg des Lebens? Ja. Darauf giebt die Religion, die Weisheit, wenn Sie wollen, eine Antwort. Sie antwortet dadurch, daß sie alle die falschen Wege, die mit dem einzigen wahrhaftigen nicht zusammenfallen, vorführt. Durch Negation der falschen Strömungen zeigt und beleuchtet sie den einzigen, den wahren. Auf diesem Wege ist etwas sichtbar, sind nächste Ziele, auf die die Wissenschaft hinweisen wird, in keinem Falle aber wird dieselbe diesen Weg weisen.

Wegen meiner Schwäche, wegen der unvollkommenen Unterordnung meines ganzen Lebens unter die Vernunft, stelle ich und habe mir diese Frage gestellt und versucht, sie zu beantworten. Wenn ich mit dem Leben der Vernunft vollständig zusammengeflossen wäre, in vollem Einvernehmen mit dem Weltgesetze lebte, hätte ich nicht daran gedacht. Aber ohne ihnen Wichtigkeit zuzuschreiben, bin ich gezwungen, zu sagen, daß das Träume sind, die einem unwillkürlich einfallen.

Ich stellte es mir so vor: das Gesetz des organischen Lebens ist der Kampf, das Gesetz des vernünftigen, bewußten Lebens ist die Einigkeit, die Liebe. Aus dem organischen Leben, dem Leben des Kampfes wird das vernünftige Leben erzeugt und ist mit ihm verknüpft. Das Ziel ist klar: man muß den Kampf beseitigen und Einigkeit stiften, wo Zwist war. Zuerst unter den Menschen, darauf zwischen den Menschen und Tieren, sodann zwischen den Tieren und Pflanzen.

Schon längst ist ein solches Ziel hingestellt. Der Messias der Hebräer ist ja nichts anderes. Die Speere sollen zum Pfluge verarbeitet werden und das Lamm soll neben dem Löwen ruhen.

Von einem diesem ähnlichen Zustande träume ich, aber ich lege keinen Wert darauf; ich weiß, daß es bei weitem nicht alles erschöpft. Mir ist es nur um die Richtigkeit der Wegrichtung zu thun. Ich weiß aber, daß zu der Richtigkeit des Weges als erste Bedingung gehört – ihn mit dem ganzen Wesen zu verfolgen.

Es ist unleugbar, daß die Unterhaltung und Fortpflanzung des Lebens nicht das Lebensziel sein kann. Aber hier gerade erscheinen zwei verschiedene Standpunkte: der eine, daß das Wissen im Menschen, in der Menschheit liege – die Wissenschaft leitet das Leben und deshalb muß das *Ziel* des von dem Wissen geleiteten Lebens diesem Wissen bekannt sein; und der andere Standpunkt: daß der Mensch ein Werkzeug der Vernunft zur Erfüllung ihrer (der Vernunft) dem Menschen vollständig unbekannten Aufgabe sei, und das *Ziel* der Vernunft kann dem Menschen nicht bekannt sein, dem Menschen ist nur *der Weg*, die Richtung, die ihn die im Menschen lebende Vernunft führt, bekannt. Christus hat dies alles gesagt und ich staune immer von neuem über die Strenge und Genauigkeit seiner philosophischen Definitionen.

Und thatsächlich: kann es denn einen *Zweck* für das Leben der Welt und das Leben der Menschen, wenn sie ihr Leben mit dem Leben der Welt verschmelzen, geben? Der Begriff *Zweck* ist ein Begriff der Beschränktheit der menschlichen Vernunft in der Art, wie die Begriffe von Belohnung und Strafe, und deshalb ist dieser Begriff dem Leben der Welt gegenüber nicht anwendbar. Wenn es ein Ziel giebt, dann muß es erreicht werden, und dann hat es ein Ende. Für die Welt im allgemeinen giebt es nur Leben, für die am Leben der Welt Beteiligten giebt es und kann es nur eine Richtung, einen Weg geben.

Außerdem: von dem ersten Standpunkte aus setzt man voraus, daß die ganze menschliche Thätigkeit aus dem Wissen besteht oder wenigstens von ihm geleitet wird, und daß zur Erreichung des Zieles hauptsächlich (ausschließlich meint man oft) die Geistesthätigkeit notwendig sei. Von dem zweiten Standpunkte aus aber geht der Mensch, da er nur die Richtung kennt, mit all seinen Nerven, Muskeln und Nägeln ganz dieser Richtung nach, das heißt, er fügt sich ganz und gar jener Richtung, die er allein kennt, und mit jedem Schritt erblickt er neue Absteckungspfähle auf dem Wege, aber nie sieht er das Ziel und kann es nicht sehen.

Und nur unter dieser Bedingung kann der Mensch vollständig dieser Richtung, der er folgt, glauben und das, was die Vernunft von ihm verlangt, erfüllen. Wenn er die mit der Vernunft übereinstimmenden Bedingungen der Erhaltung und Fortpflanzung des Lebens, wenn er vom Anfang des Weges an und mit dem ganzen Wesen die einzige wahre Richtung, den Weg gewählt hat, nur dann kann der Mensch mit voller Zuversicht weiterschreiten und sich des Einvernehmens und der Einigkeit mit der Vernunft bewußt sein; je näher diese Bedingungen sind, desto sicherer ist es, je weiter, desto zweifelhafter.

Es ist ein unveränderliches Gesetz des wahren Lebens – das gelobte Land, wohin man andere geführt hat – wenn man auch nur ein wenig an der Führung der anderen geholfen hat – nicht zu schauen. Je mehr die Aufgabe eines wahren Lebens der Wirklichkeit entspricht, desto entfernter sind ihre Nachwirkungen und die Folgen eines wahren Lebens sind nicht nur weit, sondern endlos entfernt, und deshalb kann man sie nicht schauen. Man sieht weiter hinaus, als das Leben reicht. Man sieht, wie ein Haus aufgeführt [sic] wird, man erlebt die Ernennung zum General, aber man wird nicht nur nicht die Befreiung von der Sklaverei des Staates, sondern nicht mal die von der Sklaverei des Bodens erleben. Das ist der offenbarste Beweis dafür, daß das Leben nicht in der Erreichung eines Zieles besteht, sondern in der Erfüllung des Willens Gottes.

Mit einer besonderen neuen Kraft habe ich begriffen, daß mein und aller Menschen Leben nur ein Dienen ist, daß es aber kein Ziel enthält.

———

Jedes Leben ist sinnlos, mit Ausnahme dessen, das den Zweck hat, Gott zu dienen und die uns unzugängliche Sache Gottes zu erfüllen.

Ein sehr häufiger Fehler ist es, das Ziel des Lebens in dem Dienste der Menschen, aber nicht in dem Dienste Gottes zu sehen. Nur in dem Dienste Gottes, das heißt, indem man das, was Er will, thut, kann man die Überzeugung gewinnen, daß man nichts Unnützes thut, und es giebt da nur eine Wahl: *wem* man dienen soll.

———

Gott hat uns seinen Geist, die Liebe, die Vernunft verliehen, damit wir Ihm dienen; wir aber verwenden diesen Geist in unserem eigenen Dienst, wir benutzen das Beil, um den Stiel am Beile zu behauen.

———

Der einzige, vernünftige und freudige Sinn unseres Leben liegt darin, daß wir dienen und uns als Diener der Sache Gottes, der Begründung Seines Reiches fühlen. Zuweilen kommt es vor, daß man dieses Dienen nicht fühlt, es scheint einem, daß man aus dem Kummet [*Zuggeschirr*] herausgekommen ist oder daß die Strangriemen schlaff geworden sind, aber zuweilen erscheint einem das deshalb so, weil man sich an das Kummet gewöhnt hat, weil man sich in die Arbeit hineingezogen hat und dieselbe nicht fühlt. In jedem Falle aber, wenn man auch äußerlich sein Dienen nicht fühlt, wenn man nur im Innern der Seele weiß, daß man sich nicht geweigert hat, zu dienen, das Kummet nicht abgenommen hat, kann man überzeugt sein, daß man dient und daß es offenbar bergab geht oder der Herr einem eine Erholung gönnen will.

———

Der Sinn des Lebens ist für mich schon ausschließlich der geworden, Gott zu dienen, indem ich die Menschen von Sünde und Qual rette. Nur das ist schrecklich, daß man den Weg, auf welchem Gott dieses thun will, zu erfahren wünscht, fehlgeht, sich übereilt und, anstatt behilflich zu sein, stört und hindert.

Das einzige Mittel, nicht fehlzugehen, ist, nichts zu unternehmen, sondern den Ruf Gottes, eine Lage, in der man nicht in dieser oder jener Art: für oder gegen Gott, handeln kann, zu erwarten; und in diesen Fällen muß man alle Kräfte der Seele darauf richten, daß man das erstere erfüllt.

Der Mensch benutzt seine Vernunft, um zu fragen, wozu und weshalb? – indem er diese Fragen seinem Leben und dem Leben der Welt gegenüber in Anwendung bringt. Und die Vernunft selbst zeigt ihm, daß es keine Antwort giebt. Bei diesen Fragen befällt einen so eine Art Übelkeit und Schwindel. Die Indier antworten auf die Frage *weshalb*: Maja verführte Brahma der in sich existierte, damit er die Welt erschaffe; auf die Frage *wozu* denken sie nicht mal solch eine dumme Antwort aus. Keine Religion hat eine Antwort auf diese Fragen erdacht, und auch der menschliche Verstand kann sie nicht erdenken.

Was bedeutet denn das? Es bedeutet, daß die Vernunft dem Menschen nicht zur Beantwortung dieser Fragen gegeben ist – daß selbst die Aufwerfung solcher Fragen eine Verirrung der Vernunft bedeutet. Die Vernunft löst nur die Grundfrage *wie*. Und um das *wie* zu wissen, löst sie in den Grenzen der Beschränkung die Fragen: *weshalb* und *wozu*. –

Was ist denn wie? Wie man leben soll.

Wie denn leben? *Selig*.

Das ist allem Lebenden und mir notwendig. Und die Möglichkeit dazu ist allem Lebenden und mir gegeben. *Und diese Lösung* schließt die Fragen: *weshalb* und *wozu* aus.

Aber weshalb und wozu verteilt sich die Seligkeit nicht gleichmäßig? Wiederum eine Verirrung der Vernunft. Die Seligkeit ist *das Schaffen* seiner Seligkeit, eine andere giebt es nicht.

Ein lebendiger Mensch ist der, welcher vorwärts schreitet dorthin, wo es vor ihm von der sich bewegenden Laterne erleuchtet wird und der nie das Ende der erleuchteten Stelle erreicht, sondern die erleuchtete Stelle geht vor ihm her. Und ein anderes giebt es nicht; und nur bei solch einem Leben giebt es keinen Tod, weil die Laterne auch *dorthin* leuchtet, und man geht ihr ebenso ruhig wie im Laufe des ganzen Lebens nach.

Wenn aber der Mensch die Laterne verdeckt oder ringsum sich oder nach hinten hin, aber nicht nach vorne leuchtet und zu gehen aufhört, dann steht das Leben still.

Aber wenn es keinen Sinn in meinem Leben giebt, so giebt es auch keinen im Leben des Menschen und der Menschheit? So reden auch die alten Buddhisten und die neuen Pessimisten. Dasselbe sagt auch das Evangelium, aber mit dem Unterschiede, daß die Buddhisten und die Pessimisten dies als das letzte Ergebnis, aus dem die Negation des Lebens folgt, aussagen; das Christentum sagt das aber aus als einen Hinweis auf das falsche Verständnis des heidnischen Lebens und auf eine Notwendigkeit eines anderen Verständnisses desselben – eines christlichen, und der Bestätigung des Lebens.

Das Leben hat kein dem Menschen verständliches Ziel – dieses eben sagt ja auch das Christentum. Aber obgleich es kein solches dem Menschen erreichbares *Ziel* hat, so hat es doch einen *Sinn* und das Dienen für dies dem Menschen unzugängliche Ziel ist auch die Bestimmung des Menschen. Ein dem Menschen erreichbares Ziel würde ein Endziel sein. Das Ziel aber, das jetzt dem Menschen hingestellt ist, ist ewig unerreichbar. Und in der Annäherung liegt der Sinn des menschlichen Lebens. Das nur in der Endlosigkeit erreichbare, dem Menschen hingestellte Ziel ist für ihn unzugänglich, aber die Richtung zu dessen Erreichung ist zugänglich.

„Wie kann man denn leben ohne zu wissen, was sein wird; ohne zu wissen, in welchen Verhältnissen man leben wird?“

Dann nur fängt das wirkliche Leben an, wenn man nicht weiß,

was sein wird. Dann nur schafft man Leben und erfüllt den Willen Gottes. Er weiß. Nur solch eine Thätigkeit zeugt von einem Glauben an Gott und Sein Gesetz. Dann nur ist Freiheit und Leben vorhanden.

Man muß sich dem Willen Gottes gegenüber, wie jene gute, rassenreine Stute, die ich einmal einfuhr, verhalten; sie wollte sich nicht losreißen, nicht aufhören zu dienen, sondern sie wollte erfahren, was, welche Arbeit ich von ihr verlange. Sie versuchte bald mit einem, bald mit dem zweiten, bald mit dem dritten Fuße, bald rechts, bald links, bald hob sie den Kopf, bald ließ sie ihn sinken.

So müssen wir auch thun.

Für mich wurde die Lehre Christi am meisten klar, sie ergriff mich am meisten, als ich deutlich begriff, daß mein Leben nicht mir, sondern Dem, der es mir gegeben hat, gehöre, und daß das Ziel des Lebens nicht in mir, sondern in Seinem Willen sei und daß man ihn erfahren und ihn erfüllen muß. Dies verwandelte mich.

Möge nur Gott uns vor dem Versucher, vor dem Teufel hüten, der das „ich" ist in mir und in Ihnen. Möge ich nur nicht vergessen, daß mein Leben nicht in dem morgigen Tag, nicht in dem nächsten Jahre, nicht in Jasnaja, nicht in Moskau, nicht mit X. nicht ohne sie sei, sondern überall im Dienste des Vaters, immer und ganz, dann wird es gut sein ...

Man muß sein, wie Laotse sagt, gleich dem Wasser. Wenn es keine Hindernisse giebt, fließt es; findet sich ein Damm, so stockt das Wasser; ist der Damm durchbrochen, fließt es von neuem; in einem viereckigen Gefäße ist es viereckig; in einem runden ist es rund. Deshalb ist das Wasser am allernotwendigsten und allerstärksten.

Die volle, vollkommene, unerschütterliche Kraft, mit der wir von irgend etwas überzeugt sind, erscheint nicht dann, wenn die Beweise logisch unwiderleglich sind, sogar selbst nicht dann, wenn das Gefühl mit den Anforderungen des Verstandes zusammenfällt, sondern nur in dem Falle, wenn der Mensch durch Erfahrung, nachdem er das Entgegengesetzte durchgemacht hat, zu der Überzeugung gelangt, es gebe nur einen Weg.

Solch eine Überzeugung wird uns verliehen, daß es nur *ein* Leben giebt: die Befolgung des Willens Gottes.

Stelle dir vor, daß das geliebte Weib dir heute eine Zusammenkunft versprochen habe. Wie wirst du diesen Tag verbringen, wie wirst du dich zu dieser Zusammenkunft vorbereiten? Wie wirst du dich fürchten zu sterben, wirst fürchten, daß die Welt vor der Zusammenkunft noch untergeht. Wenn nur die Zusammenkunft stattfindet, nachher mag geschehen, was will.

Das bedeutet es, einen Wunsch zu haben. So möchte ich auch wünschen, den Willen Gottes zu erfüllen. Ebenso leidenschaftlich nur eines wünschen – die Erfüllung des Willens Gottes. Ist das möglich?

Ist das möglich? Ja, es ist möglich. Es ist dazu nur ein klares Bewußtsein nötig, um was es sich handelt, man muß sich seiner Arbeit bewußt sein, es ist ein Opfer nötig.

Möge Ihnen Gott helfen, sich ununterbrochen dessen zu erfreuen, worin einen niemand, nie und nirgend – in der Freude der Erfüllung Seines Wollens – stören kann, wenn man sich nur in Reinheit, Demut und Liebe freut.

Sie fragen: *wozu leben, wie leben und was thun, um ein Recht auf das Leben zu haben?* Vorerst muß man die Fragen umstellen und zuerst auf die Frage: wie leben, antworten und dann schon das wozu zu begreifen versuchen. Man muß leben; vor jeder Erörterung haben wir gelebt und leben: wir schlafen jede Nacht, essen mehrere Mal, bewegen uns und denken. Wir sind wie ein Pferd in einer Tretmühle, deren Rad sich bewegt und uns veranlaßt, uns zu bewegen, wir müssen leben und deshalb ist die erste und die Hauptfrage – meiner Meinung nach, die einzige vernünftige – wie leben? Die erste Antwort kennen wir alle und auch Sie erkennen dieselbe je mehr je besser, soweit es möglich ist.

So haben alle Menschen gelebt, das heißt, dahin gestrebt, so leben sie und so wird man leben. Die zweite Frage ist, was bedeutet besser? Worin besteht das besser? Für den Menschen, der nur sich selbst kennt, ist es klar: möglichst viel Genüsse. Aber kaum hat der Mensch begriffen, daß er nicht allein sei, kaum fühlt er die Qual anderer Menschen, so befriedigt ihn die erste Antwort schon nicht mehr, es erscheint ein Widerspruch zwischen den persönlichen Bestrebungen nach Genuß und dem Gewissen. Gerade in diesem Widerspruch befinden Sie sich. Und um ihn zu lösen, muß man sich einer von diesen beiden Kräften anschließen: dem Streben nach persönlichem Glück oder dem Gewissen, und sich vollständig ohne Ausnahme, ohne Vorwände, und ohne Kompromisse anschließen. Aber sich dem Streben nach persönlichem Glück oder dem Gewissen hinzugeben bedeutet nicht etwa, daß man die Stimme des Gewissens oder des persönlichen Glückes in sich ersticken soll, sondern daß man in seinem Bewußtsein *als Leben, als wahres Leben* nur eins von beiden anerkennen soll. Die Qual, die Zweifel rühren von der in dem Bewußtsein ungelösten Frage her. Wenn Ihre Anforderungen der Wahrheit nicht die Anforderungen Ihres Gewissens, sondern irgend etwas von außen Ihnen Zugewehtes sind, finden Sie Beruhigung, indem Sie sich von dem Gewissen lossagen, leben und Genuß finden, solange Sie können. Selbstverständlich wird das mit einer Qual enden, das weiß ich. Aber Sie können dem nicht auf mein Wort hin glauben, wenn die Forderungen des Gewissens in Ihnen vorläufig noch nicht erwacht sind. Aber sie müssen erwachen, weil die Bewegung der ganzen Menschheit von dem Streben nach persönlichem Glücke zu den Forderungen des Gewissens hinschreitet. Und dies alles spreche ich nur als eine sehr fragliche Möglichkeit aus. Wenn aber das Gewissen in Ihnen erwacht ist, so erkennen Sie doch ein für allemal an, daß das Leben nur in der Befriedigung der Forderungen dieses Gewissens sei, und dann werden Sie von neuem

Befriedigung finden und das Leben wird für Sie einen Sinn haben. Denn, was ist eigentlich das Gewissen? Das Gewissen ist das höchste Gesetz alles Lebenden, dessen jeder in sich nicht allein durch Anerkennung der Rechte alles dieses Lebenden, sondern durch die Liebe zu ihm bewußt ist. Die Forderungen des Gewissens sind das, was in christlicher Sprache der Wille Gottes genannt wird, und deshalb besteht der Sinn des Lebens und die Antwort auf die beiden Fragen: *wozu leben und wie es thun, um ein Recht auf das Leben zu haben?* – darin, daß man den Willen Gottes, der uns in unserem Gewissen bewußt ist, erfüllt. Wohin Sie das führen wird? Ich weiß es nicht, ich weiß aber, daß das klare Bewußtsein dessen Ihr ganzes äußerliches Leben umwandeln und dahin bringen wird, was Ihrem Leben einen ständigen, immer mehr und mehr sich offenbarenden, freudigen und vernünftigen Sinn verleihen wird. Wenn es Ihnen aber nicht klar ist, was das Gewissen verlangt, dann giebt das Evangelium Antwort darauf.

Bei der Beantwortung Ihrer Frage: „wozu soll man leben?" muß man zuerst alle weltlichen Erwägungen, die Fragen über diesen oder jenen Kurs, über das, was mir oder meinen Eltern angenehm oder unangenehm sein kann, abstreifen und sich lebhaft seine Lage als die eines einsamen einzelnen menschlichen Wesens, das vor kurzem, vor zwanzig, dreißig Jahren irgend woher erschienen ist und heute, morgen oder nach zehn, zwanzig, dreißig Jahren irgend wohin verschwinden muß, vorstellen.

Wozu muß solch ein Wesen oder Millionen, Milliarden ebensolcher Wesen, die genau in derselben Lage sind, leben? Offenbar ist dies alles nicht für diese Wesen geschaffen, ebenso wie alle Schraubenmuttern, Schrauben, Räder und Kolben einer großen Maschine nicht um ihrer selbst willen, sondern für den Dienst des Gemeinzweckes der Maschine gemacht sind. Ebenso ist es auch mit uns: wir sind Werkzeuge jenes höchsten Willens, der durch uns seine ihm notwendige Sache schafft. Der Unterschied liegt nur darin, daß wir uns als lebend bewußt sind, daß wir, indem wir uns nicht als Werkzeuge des höchsten Willens anerkennen, unter unserer Lage leiden können und daß wir, indem wir uns als notwendige Werkzeuge des

Lebens betrachten, eine Freude über die Beteiligung an der unendlich großen Sache, die durch das Leben der Welt geleistet wird, fühlen können.

Aber Sie werden fragen, worin besteht diese Sache? Darauf werde ich antworten, daß wir sie ganz nicht erfassen können, aber wir können immer wissen, wann wir helfen und wann wir uns ihr widersetzen. Liebevolle Beziehungen zu all dem Lebenden – zuerst selbstverständlich zu den Menschen, zu den allernächsten von ihnen – die Empfindung der Liebe und die Erzeugung dieses Gefühls in anderen ist ein Zeichen der Beteiligung an der allgemeinen Sache; die Erzeugung von Feindschaft, von Haß in sich und in anderen ist ein Zeichen des Widerstrebens gegen die allgemeine Sache.

Ihr Schreiben hat mich nicht nur interessiert, sondern mich zu Ihnen hingezogen.

Ich meine, daß Sie nach dem, was jeder Mensch suchen muß, fahnden und ohne das die Menschen nicht leben können, ungeachtet dessen, daß die ganze Lebensweise der höheren wohlhabenden Klassen sich derartig gestaltet hat, daß die Menschen ohne dasselbe leben könnten. Dies ist das, was Sie suchen und zu dem Sie früher, als es gewöhnlich bei den Menschen vorkommt, von Ihren außerordentlichen Verhältnissen hingezogen wurden, vielleicht aber auch ist es dem zuzuschreiben, daß Ihre Natur ernster ist als die der meisten Menschen: dies ist der einem klar bewußt gewordene Sinn des Lebens: wozu lebe ich? Nicht deshalb doch, damit ich fröhlich sein soll; nicht aus dem Grunde doch, um Menschen zu erzeugen, die ebensowenig als ich wissen, wozu sie leben, sie in die Welt zu setzen und zu erziehen; auch nicht, um archäologische, dem Menschen möglicherweise nützliche Untersuchungen zu machen.

Man kann ohne alles leben, nur nicht ohne Antwort auf diese Frage. Aber unterdessen hält man es in unserer aufgeklärten Welt sogar als einen gewissermaßen geistigen Vorzug, darüber nicht nur in Unwissenheit zu sein, sondern zu behaupten, daß man dies auch nicht wissen kann.

Die Antwort auf diese Frage wird einzig und allein die Religion erteilen. Wenn die Religion, an die Sie geglaubt haben, durch Ihr kritisches Verhältnis zu ihr zerstört ist, suchen Sie sofort eine andere, das heißt eine andere Antwort auf die Frage, wozu Sie leben. Gleich wie man, nach dem Sprichwort, keinen Augenblick ohne König sein kann: *Le roi est mort, vive le roi*, um so weniger kann man keinen [einen] Augenblick ohne diesen König in Kopf und Herzen sein. – Nur die Religion, das heißt die Antwort auf die Frage: wozu lebe ich? giebt einem etwas, worüber man sich, seine unbedeutende, verfallende, einem überdrüssig gewordene und so unerträgliche Anforderungen stellende Persönlichkeit vergessen kann.

In meinen in Russland verbotenen Büchern habe ich nur darüber geschrieben. Wenn Sie dieselben lesen werden, so werden Sie dort die Antwort, die ich für mich gefunden habe, erhalten. Aber wenn Sie meine Bücher nicht gelesen, oder gelesen und dort diese Antwort nicht herausgefunden haben, kann ich dieselbe in drei Zeilen sagen:

Ich lebe, um den Willen dessen, der mich ins Leben gesandt hat, zu erfüllen. Sein Wille besteht aber darin, daß ich meine Seele bis zur höchsten Stufe der Vollkommenheit in der Liebe entwickele und dadurch der Begründung der Einigkeit zwischen den Menschen und allen Wesen auf der Welt helfen soll.

Jeder löst das in seiner Art, und die Wahrheit von dem Schwerte und der Teilung bleibt eine gleiche Wahrheit für alle, wie man es auch lösen mag. – Ich will Ihnen eins sagen – das, was mich die Erfahrung gelehrt hat – wie man sich in verwickelten Fällen, in der Enge des Lebens verhalten soll, wenn man in sie hineingerät und dabei fühlt, daß es nur einen einzigen Weg giebt und daß alles schlecht sein wird, wenn man ihn nicht findet. Ich denke wie folgt:

Den Willen Gottes, worin er besteht, was Er verlangt, wozu Er alles geschaffen hat und schafft (wenn man sich aus alter Gewohnheit und der Bildlichkeit wegen so ausdrücken soll), welcher das Ziel Ihres und meines Lebens ist – das zu wissen ist uns nicht gegeben, und wenn wir meinen, das Ziel des Vaters zu kennen, irren wir uns in der gewaltigsten Weise. Wir können Sein Ziel nicht wissen, schon aus dem Grunde, weil es unendlich weit ist.

Aber wir wissen und können immer wissen, ob wir Seinen Willen erfüllen – das, wozu wir leben, das, was Er von uns will. Er hält uns wie an einem Leitseil und wir wissen, gleich einem Pferde, nicht, wohin wir kommen werden und wozu; aber wir merken an dem Schmerze, wenn wir nicht dorthin gehen, wohin wir sollen, und an der Freiheit, dem Fehlen eines Zwanges merken wir, daß wir den richtigen Weg gehen. Und deshalb belehrt uns die Erfahrung und das ganze Wesen, daß das erste, hauptsächliche und einzige, denn alle anderen sind darin enthalten, Zeichen der Erfüllung des Willens Gottes dasjenige sei, daß es uns leicht, nicht schmerzhaft und sogar freudig ist. Er wollte das, weil Er uns liebt, und wir wissen, daß dies nötig ist.

Das zweite Zeichen aber, in Abhängigkeit von dem ersten, ist das, daß es anderen nicht schmerzhaft sei, daß meine Thätigkeit kein Stöhnen der Qual hervorrufen soll. Hier ist gerade der Haken: eines scheint das andere auszuschließen. Aber es scheint nur. Wenn einem das so scheint, so ist das nur ein Zeichen dafür, daß das Leben sich in der Enge abspielt, daß der Weg selten so breit ist, wie man wünschte, daß der wahre Weg schmal ist, schmal wie die Messerschneide, aber er ist da. Indem man fremdes Leid wie sein eigenes empfindet, was Sie auch thun, kann und muß man den Weg, auf dem es leichter sein wird, finden. Und das wird dann geschehen, wenn ich *alles,* was ich zur Erleichterung des Leidens anderer thun kann, gethan habe. Dieser Weg ist da, *er ist da,* lieber Freund. Man muß beten, das heißt mit Gott in Verkehr treten, und dieser Weg findet sich. Und je schwerer das Suchen nach ihm ist, desto freudiger ist er. Ja, der Mensch muß frei und allmächtig sein, und es giebt diese eine Richtung, bei der er frei und allmächtig ist, und man kann sie finden.

Aber es giebt noch ein drittes Zeichen, das ich für mich gefunden habe. Das ist nicht die Verkleinerung, sondern die Vergrößerung, Erweiterung der Seele. Dieses Anzeichen ist dadurch wertvoll, daß es die Wahl revidiert. Wenn die Handlung, die Lebensweise, der Weg die Seele erniedrigt und verkleinert, dann ist das nicht das Richtige. Ich will nicht sagen, daß man dieses Zeichen als Anleitung annehmen kann – behüte Gott –, aber man soll alle Kräfte anwenden, um den Weg zwischen dem anderen von mir zugefügten Leid und dem Zwang, den ich fühle, zu nehmen, und nachdem man sich diesen Weg gemerkt hat, kann man seine Richtigkeit durch dieses Zeichen prüfen.

Das wahre Mahl des Lebens besteht darin, daß man den Willen dessen, der uns hierher gesandt hat, erfüllt und Seine Sache verrichtet. Der Wille aber dessen, der uns gesandt hat, und Seine Sache ist: erstens, daß man für das uns gegebene Leben eine Abgabe in guten Thaten leistet; die guten Thaten aber sind diejenigen Thaten, die Liebe unter den Menschen vermehren; Seine Sache aber ist die, daß das uns gegebene Talent, unsere Seele, erweitert und gehegt wird. Und das eine kann man nicht ohne das andere thun. Man kann nicht gute Thaten, die die Liebe vermehren, schaffen, ohne daß man sein Talent, seine Seele vermehrt, die Liebe nicht in ihr verstärkt, und man kann sein Talent nicht vermehren, die Liebe nicht in seiner Seele vergrößern, ohne daß man den Menschen Gutes erweist und dadurch in ihnen die Liebe vermehrt. Also eins hängt vom anderen ab und eins prüft das andere. Wenn du eine Sache, die du für gut hältst, thust, aber die Vermehrung der Liebe in deiner Seele nicht fühlst, wenn es dabei in deiner Seele nicht freudig ist, so wisse, daß die Sache, die du thust, nicht gut ist. Und wenn du irgend etwas für deine Seele thust und dabei das Gute unter den Menschen sich nicht vermehrt, so wisse, daß das, was du für deine Seele thust, nutzlos ist.

Trachtet am ersten nach dem Reiche Gottes und nach seiner Gerechtigkeit, so wird euch alles andere zufallen. Suchet den Willen Gottes zu erfüllen und weiter nichts, nichts. Alles wird dann da sein: Wahrheit und Freude und Leben, ohne von Brot und Kleidern, die auch nicht nötig sind, zu reden. Nur das tägliche Brot – die Speise des Lebens, jene, von der Christus gesagt hat: „Mein Brot ist der Wille dessen, der mich gesandt hat, zu erfüllen" – ist nötig.

Die Erfüllung des Willens Gottes ist die Aufgabe des Lebens; aber worin besteht der Wille Gottes? Muss man diese oder jene Handlung vollziehen, um den Willen Gottes zu erfüllen? Muß man sich in diese oder jene Verhältnisse stellen: das Gut abgeben, die Familie verlassen, die Menschen bekehren? Muß man nach Niniveh oder nach Jerusalem gehen u.s.w.? Und es giebt keine Antwort.

Weder das eine, noch das andere, noch das dritte ist nötig, und keine Lage, keine Handlung entspricht der Erfüllung des Willens Gottes; sie entspricht ihr nicht nur nicht, sondern hindert sie sogar; denn jede Handlung nach eigenem Willen, jede Umgestaltung der Lage ist ein Ungehorsam gegen den Willen Gottes. Die Erfüllung des Willens Gottes aber ist gleich Seinem Reiche – in uns: die Erfüllung liegt nicht in den Handlungen, sondern in dem Gehorsam, in einem sanften und demütigen Verhältnis gegenüber den Anforderungen des Lebens, in dem man sich befindet.

Du wirst sagen: es giebt Anforderungen, die dem Gewissen widersprechen, oder ein wenig entgegengesetzt sind, oder es giebt gar keine Anforderungen.

Verhalte dich nur gegen die Anforderungen, wenn sie deinem Gewissen widersprechen, mit Sanftmut und Demut, das heißt entsage ihrer Erfüllung ohne Prahlerei und Bosheit, sondern mit Sanftmut und Demut; oder verhalte dich zu jenen Anforderungen, die einander entgegengesetzt zu sein scheinen, auch mit Sanftmut und Demut, indem du von deinem Willen dich abwendest und nur vor Gott stehst – und der Widerspruch wird sich lösen. Daß es gar keine Anforderungen giebt, kann nicht sein. Wenigstens die Bedürfnisse des Körpers sind schon Anforderungen, man kann essen und schlafen und sich bedecken mit Sanftmut und Demut.

Ja, der Wille Gottes besteht nicht darin, was man thun soll (was man thun soll – zeigt das Leben), sondern wie man handeln soll. Das *wie* ist das, was das wahre geistige Leben schafft.

Ich dachte vor kurzem darüber nach, daß die Sache des Christen – den Willen des Vaters zu erfüllen, sei; aber worin besteht der Wille des Vaters? Wie soll man es erfahren, um nicht zu irren? Man denkt wohl manchmal, daß der Wille des Vaters darin besteht, daß man predigen soll, oder darin, daß man in dieser oder jener Weise, daß [man] mit der Familie oder ohne sie leben soll. Und wenn derartige Fragen auftauchen, so findet man nie, worin der Wille Gottes besteht und man gerät in Zweifel und Verlegenheit: warum ist es geboten, den Willen Gottes zu erfüllen, aber nicht gezeigt, worin er besteht? Und darüber denke ich folgendermaßen: daß der Wille Gottes uns klar gezeigt ist, aber wir suchen ihn nicht dort, wo er uns gezeigt ist. Wir meinen immer, daß der Wille Gottes in den äußeren Thaten sein könne, wie, daß Abraham in ein fremdes Land ziehen soll u.s.w.; aber der Wille Gottes liegt nur darin, daß wir in dem Joch, in das wir eingespannt sind, sanft und demütig bleiben und ohne zu fragen, wohin, wozu und was wir ziehen, solange die Kraft ausreicht ziehen, stehen bleiben, wenn es uns geheißen wird, und von neuem ziehen, wenn man befiehlt, und dorthin kehren, wohin man befiehlt und nicht fragen, wozu und wohin. –

„Nehmt auf euch mein Joch und lernt von mir, denn ich bin sanftmütig und von Herzen demütig."

Sei sanft und demütig von Herzen, sei mit allem zufrieden, mit jeder Lage einverstanden und du erfüllst den Willen des Vaters. Also, um den Willen des Vaters zu erfüllen, muß man erfahren, nicht was man thun soll, sondern wie man das, was einem zufällt, thun soll.

Leben heißt den Willen Gottes erfüllen. Worin besteht dieser Wille Gottes?

Alles, was wir uns als den Willen Gottes zum Ziel hinstellen können – alles ist unzureichend, unvollständig, alles ist nur ein Zeichen, aber nicht der Wille Gottes selbst. Ebenso, wie ein einzelner Arbeiter nicht die ganze Sache des Unternehmers begreifen kann. (Wie traurig und flach dieser Vergleich des Willens Gottes, d. h. des ganzen mit dem Willen eines Unternehmers auch sein mag, aber gerade durch diese Ungleichmäßigkeit zeigt er um so mehr die Unmöglichkeit für den Menschen, den Willen Gottes zu begreifen.) Wir haben ein Zeichen dafür, daß wir den Willen Gottes erfüllen, aber den Willen Gottes selbst werden wir nie erfahren.

An all diesen Zeichen können wir erfahren, daß wir seinen Willen erfüllen: das aber, worin gerade sein Wille besteht, bleibt für uns ein ewiges Geheimnis.

Und so muß es auch sein. Es könnte kein Leben, kein ewiges Leben geben, wenn das Ziel, zu dem wir streben, uns begreiflich – folglich ein endliches wäre.

Wir haben aber ebenso untrügliche Zeichen dafür, daß wir nach Seinem Willen und nicht gegen denselben leben, wie ein Pferd, dem die Zügel nur nach einer Richtung zu gehen erlauben.

Das allererste, hauptsächlichste und untrüglichste Zeichen, das wir so geneigt sind zu verschmähen – das ist die Abwesenheit des Empfindens der seelischen Qual. (Wie bei dem Pferde die Abwesenheit des Empfindens der durch die Zügel hervorgerufenen Schmerzen.) Wenn man volle, durch nichts beeinträchtigte Freiheit fühlt, dann lebt man nach dem Willen Gottes. Ein anderes Zeichen, welches das erste kontrolliert, ist die reine, ungetrübte Liebe zu den Menschen. Wenn man gegen niemanden Feindseligkeit fühlt, und weiß, daß niemand Böses gegen einen empfindet, dann ist der Wille Gottes erfüllt. Das dritte Zeichen, das wiederum die ersten kontrolliert und von ihnen kontrolliert wird, ist das Wachstum der Seele. Wenn man fühlt, daß man seelisch höher steigt und das Tierische besiegt – handelt man nach dem Willen Gottes.

Wir wissen, wir wissen es genau, wenn wir nach dem Willen Gottes leben. Aber wir wissen nicht den Willen Gottes selbst und wir müssen nicht vergessen, müssen wissen, daß wir ihn nicht kennen und nicht kennen können; aber wir müssen uns nicht äußerliche Ziele hinstellen, indem wir dieselben mit dem Willen Gottes identifizieren, wie hoch auch diese Ziele uns erscheinen mögen, wie zum Beispiel die Unterweisung der Menschen in den Wahrheiten des Glaubens, die thatsächliche Begründung des Reiches Gottes auf Erden, die Hinweisung auf ein Beispiel eines Lebens nach Gottes Wort und vieles andere.

Das Pferd weiß genau, daß es nach dem Willen des Herrn geht, wenn die Zügel es nicht zerren, aber es kennt nicht den Willen des Herrn, und wehe ihm, wenn es meint, diesen Willen zu wissen. Der Herr lenkt die beschmutzte Stute von der Chaussee in den Kot, veranlaßt sie, in einen schmutzigen, von anderen Pferden dicht vollgedrängten Hof hineinzugehen. Der Stute erscheint es klar, daß der Wille des Herrn darin bestehe, die Last auf der Chaussee zu fahren, und sie schleppt dieselbe; das Ablenken aber in den Kot des Hofes und die Vereinigung mit anderen Pferden – das kann der Herr, nach der Meinung der Stute, nicht wünschen, und die Stute widersetzt sich, klagt und leidet. Sie weiß nicht, daß der Herr in den Hof einkehrt, um die Last auf andere Pferde aufzuladen, um das Pferd zu füttern, weil es ihm leid thut und er einen Nachwuchs von ihm erwartet.

So habe ich mich auch vielemal widersetzt, über das Schicksal geklagt und über die Zügel, die mich dorthin lenkten, wohin sie mußten, und ich litt. Aber alles geschah deshalb, weil ich mir eine gewisse Verwirklichung des Willens Gottes in der Welt vorstellte. Da habe ich mein Gut abgegeben, jeglichem Luxus entsagt, lebe, zeige durch mein Beispiel, wie man nach dem Willen Gottes leben kann und muß ... Und plötzlich lenkt man mich zur Seite, in den Schmutz, in die Enge. Ich denke, daß die Sache Gottes aufgehalten und dadurch zerstört wird. Aber vielleicht wird sie dadurch gerade erfüllt, wenn die Zeichen, daß ich nach dem Willen Gottes lebe, da sind.

Ich suche nur die allernächsten Wirkungen und bin betrübt, daß ich sie nicht sehe, kenne aber nicht jene millionenfach größeren Wirkungen, die durch diese Umwege erreicht werden.

Man muß leben, um den Willen Dessen, der uns in das Leben gesandt hat, zu erfüllen. Aber man muß so leben, daß dieser Wille erfüllt wird. Und die Erfüllung dieses Lebens giebt ein Recht auf das Leben oder, um deutlicher zu reden, giebt die Zuversicht, daß dein Leben nicht nur einen Sinn hat, sondern für den, der einen in das Leben gesandt hat, nötig, notwendig ist. Aber Sie werden fragen: worin besteht dieser Wille und wie kann man wissen, wann man ihn erfüllt und wann nicht? Dieser Wille verlangt von uns zweierlei: eine ständige Selbstvervollkommnung und eine ständige Mitwirkung an der Begründung des Reiches Gottes auf Erden, das heißt einer solchen Lebensordnung, bei der sich alle Menschen als gleiche Brüder bewußt sein und einander lieben sollten. Um bei jedem Werke zu wissen, ob man den Willen Dessen, der einen gesandt hat, erfüllt oder nicht, muß man sich fragen – ob dieses Werk zugleich unserer Vervollkommnung (die Vervollkommnung aber besteht in Vermehrung der Liebe) und der Begründung des Reiches Gottes, das heißt der Vermehrung der Liebe unter den Menschen förderlich ist. Wenn die Sache nur *einem* Zwecke dient: nur der *eigenen* Vervollkommnung, aber nicht den Menschen, indem sie die Liebe unter ihnen vermehrt; wenn sie den Menschen dient, aber in dir keine Liebe hervorruft, dieselbe nicht vermehrt – dann ist es nicht die

Sache Gottes, dann ist es nicht die Erfüllung Seines Willens.

Kurz ausgedrückt besteht der Sinn des Lebens darin, daß jeder lebende Mensch das Werkzeug Gottes ist – das Werkzeug, durch das die höhere Gewalt ihre Aufgabe erfüllt. Und daher besteht der Sinn des Lebens darin, daß man auf die beste Art die Sache, die diese höhere Gewalt in einem verlangt, erfüllt. Man kann aber immer wissen, ob man diese Sache erfüllt oder nicht: das Gewissen ist der Anzeiger dafür. Man muß nur demselben gehorchen und versuchen, ihn immer feinfühlender zu machen.

Man hört und liest sehr oft Diskussionen und Erörterungen darüber, was als Ziel des menschlichen Lebens angesehen werden muß: die innere moralische Vervollkommnung oder der Dienst an der Menschheit, die Begründung des Reiches Gottes. Dieser Streit kann nie entschieden werden, weil beide Parteien recht haben: das eine wie das andere Ziel ist dem Menschen und der Menschheit gestellt. Und das eine Ziel schließt nicht nur das andere nicht aus, sondern im Gegenteil, sie fallen beide zusammen und das eine Ziel bedingt das andere. Welches Ziel muß sich der Maurer, der an der Aufführung eines Gebäudes mitwirkt, stellen: die größte Vollkommenheit seiner Tagesarbeit oder die Erbauung des Gebäudes? Nur dann erzielt der Maurer die größte Vollkommenheit seiner Tagesarbeit, wenn er als Ziel die Errichtung des Gebäudes im Auge behält, und nur dann kann er die Errichtung des Gebäudes fördern, wenn er streben wird, die allerbeste Tagesarbeit zu besorgen.

Nur indem der Mensch als letztes Ziel die Begründung des Reiches Gottes stellt, erreicht er die höchste ihm zugängliche Vollkommenheit des Lebens; und nur, indem er zu dieser höchsten Vollkommenheit des Lebens strebt und sie erreicht, fördert der Mensch die Begründung des Reiches Gottes.

Wer aber zur Verbesserung des menschlichen Lebens, der Begründung des Reiches Gottes strebt, ohne es in sich selbst zu begründen, irrt und erfüllt nicht seine Bestimmung, ebenso wie auch derjenige, der zu solch einer persönlichen Vervollkommnung, die nicht die Begründung des Reiches Gottes außerhalb seiner selbst zum Ziel hat, nachstrebt.

Der Mensch ist in solche Verhältnisse gestellt, daß das einzige ihm zugängliche, wahre und vernünftige Heil in dem Streben nach persönlicher Vervollkommnung besteht; die persönliche Vervollkommnung aber ist derartig, daß sie nur dann erreicht wird, wenn sich der Mensch als das Werkzeug Gottes zu der Begründung Seines Reiches anerkennt.

„Das Reich Gottes wird nicht kommen mit äußerlichen Gebärden und man wird nicht sagen: es ist hier oder es ist dort. Denn das Reich Gottes ist inwendig in euch."

In dem Maße, in dem der Mensch die innere Vollkommenheit erreicht, in dem Maße begründet er das Reich Gottes, und nur in der Begründung des Reiches Gottes nähert er sich der inneren Vollkommenheit. Ohne Bewußtsein, daß meine Bemühung die Begründung des Reiches Gottes durch die Annäherung an die Vollkommenheit des Vaters fördert, wäre kein Leben. Und deshalb lebt ein jeder von uns nur in dem Maße, in dem er das Reich Gottes außerhalb seiner selbst begründet und sich innerlich vervollkommnet.

Die Behauptung, daß der Mensch seine moralischen Pflichten in Hinsicht auf die Erreichung der allgemeinen Ziele einbüßen kann, ist ebenso, als wollte jemand fragen: Was muß das Ziel eines Heizers oder eines Wasserführers oder eines Schmiedes auf einer Fabrik sein: den Ofen anzuheizen, das Wasser zu leiten, den Haken zu schmieden oder die Sorge um den Gang der ganzen Fabrik? Weder das eine, noch das andere Ziel einzeln genommen, genügt den Anforderungen des menschlichen Lebens, denn das erste und das zweite Ziel zusammen sind dem Menschen und der Menschheit gestellt worden, und das eine Ziel schließt das andere nicht nur nicht aus, sondern im Gegenteil, sie verschmelzen beide in eines und das eine bedingt das andere.

Um den Willen Gottes zu erfüllen, muß man Sein Werk thun; um an Seinem Werke teilzunehmen, sind zwei Dinge nötig, und nicht einzeln genommen, sondern zusammen: es sind die Vernunft und die Liebe, die Wahrheit und das Gute; es ist nötig, daß die Vernunft liebevoll sei, das heißt, daß ihre Thätigkeit zum Ziele die Liebe habe, oder daß die Liebe vernünftig sei, das heißt, daß die Liebe der Vernunft nicht widerspreche. Als Beispiel für das erste kann die wissenschaftliche Thätigkeit der Vernunft dienen: die Untersuchung der Milchstraße, die Feinheiten der Metaphysik, die Naturwissenschaften, die Kunst für die Kunst; als Beispiel für das zweite – die Liebe zu einer einzigen Frau, zu seinen Kindern, zu seinem Volke, die Liebe, die zum Ziele nicht das geistige, sondern das tierische Heil hat.

Die Frucht der Thätigkeit der Vernunft ist die Wahrheit, die Frucht der Thätigkeit der Liebe ist das Gute. Aber damit eine Frucht erzeugt wird, ist es nötig, daß die beiden Thätigkeiten zusammenfallen. Das Gute wird nur durch eine vernünftig von der Wahrheit revidierte Liebe entstehen, und die Wahrheit wiederum durch die Thätigkeit einer liebevollen Vernunft, die das Gute zum Ziele hat.

Dies alles habe ich nicht ausgeklügelt, sondern ich habe es gesehen.

Wir denken alle, daß es unsere Pflicht, unsere Aufgabe ist, allerhand Sachen zu thun: Kinder zu erziehen, ein Vermögen zu erwerben, ein Buch zu schreiben, ein Gesetz in der Wissenschaft zu entdecken; eins aber ist nur nötig – daß das Leben ein einheitliches, gutes, vernünftiges Werk sei: und nicht nur ein Werk den Menschen gegenüber, indem man ein Andenken an ein gutes Leben hinterläßt, sondern ein Werk vor Gott: Ihm sich selbst, seine Seele besser, als sie war, als eine Ihm näherstehende, gefügigere und Ihm ähnlichere vorzuweisen. So zu denken – vor allem so zu fühlen, ist sehr schwer. Man jagt fortwährend nach menschlichem Ruhm, aber dies kann und muß so sein. Gott helfe mir. Ich fühle dies zuweilen und auch jetzt.

Ich dachte darüber nach, was man im Augenblicke der seelischen Niedergeschlagenheit, des Kummers, der Angst, des Ärgers und des Zornes über die Menschen nicht vergessen soll:

Erinnere dich, daß dein Leben nur in der Erfüllung des Willens Gottes auf Erden besteht; es ist aber unmöglich, den Willen Gottes zu erfüllen: du kannst nur dein geistiges Wesen entwickeln; aber dein geistiges Wesen kannst du nur entwickeln, wenn du Reinheit in deinem tierischen, Demut in deinem weltlichen und Liebe in deinem göttlichen Leben beobachtest. Zur Erhaltung aber der Reinheit sind Entbehrungen, zu der Demut ein schlechter Ruf und Erniedrigungen erforderlich, zur Liebe das feindselige Verhalten der Menschen dir gegenüber („und wenn ihr liebt die, die euch lieben, was ist denn …" u.s.w.). Und deshalb ist das, was du Leiden nennst, das, worüber du klagst, was dich beunruhigt, was dich grämt, weswegen du dich ängstigst – dies alles ist nichts weiter, wie Entbehrungen und Schmerzen, oder ein schlechter Ruf, Beleidigung, Erniedrigung oder ein feindseliges Verhalten der Menschen dir gegenüber; aber jenes andere und das dritte hast du nötig zur Erhaltung der Reinheit, der Demut und der Liebe, zur Entwickelung deines geistigen Wesens, zum Dienen für das Reich Gottes, zum Leben. Und deshalb muß ich mich nicht betrüben, sondern an den Entbehrungen, der Erniedrigung und der Feindseligkeit mich erfreuen. Konnte denn thatsächlich Gott den Menschen in solch eine schreckliche Lage versetzen, damit er Entbehrungen, Erniedrigung und Feindseligkeit ertrage, ohne dafür eine Vergeltung zu erhalten? Dieses konnte nicht sein. Und dies ist nicht der Fall. Man kann nicht antworten, ob es eine Vergeltung in jener Welt geben wird oder nicht. Die Frage ist falsch aufgestellt. Zuerst muß man die falsche Anschauung, die nicht sein soll und bei der eine solche Frage auftaucht, korrigieren. Es ist ähnlich als wenn Menschen, die faul gewesen waren und aus Müßiggang hungern, fragten, ob sie eine Belohnung in jener Welt dafür, daß sie arbeiten müssen, um sich zu ernähren, erhalten. Es wird keine Belohnung geben; aber man muß begreifen, daß die Arbeit, die Nahrung giebt, eine notwendige Bedingung des tierischen Lebens ist. Ebenso muß man auch begreifen, daß die Erduldung von Entbehrungen, Erniedrigung und Feindseligkeit eine notwendige Bedingung des geistigen Lebens sei.

—

Der hauptsächlichste Irrtum der Menschen ist der, daß es jedem einzelnen scheint, als ob die Richtschnur seines Lebens das Streben nach Genuß und der Verzicht auf das Vermeiden der Leiden sei [sic]. Für alleinstehende Menschen ohne Anleitung ergiebt sich diese Richtschnur: strebt nach Genuß und vermeidet das Leid und erblickt darin das Ziel und den Sinn des Lebens. Aber der Mensch kann nie leben, nur den Genuß suchend, und kann nicht dem Leiden entgehen. Folglich liegt nicht darin das Ziel des Lebens. Wenn dem so wäre, so würde es ein Unsinn sein: das Ziel besteht aus Genüssen – die sind aber nicht da und können nicht sein. Und wenn dieselben bestünden, so ist doch das Ende vom Leben der immer mit Leiden verbundene Tod. Wenn der Schiffer beschlossen hätte, sein Ziel bestehe in dem Ausweichen der sich erhebenden Wellen – wohin würde er gelangen? Das Ziel des Lebens liegt außerhalb der Genüsse und der Leiden. Es wird aus der Durchkreuzung derselben. Die Genüsse und die Leiden sind das Atmen des Lebens: das Einatmen und Ausatmen, die Nahrung und ihre Ausscheidung. Sein Ziel in den Genüssen und dem Vermeiden der Leiden hinzustellen, dies bedeutet den Weg, der dieselben durchkreuzt, zu verlieren. Das Ziel des Lebens ist allgemein oder geistig.

—

„Thuet Buße, besinnt euch“, begreift den Wahn jenes Sinnes, den ihr dem Leben zuschreibt, schauet euch an und begreift euch, wer ihr und was ihr seid und wozu ihr lebt. Das persönliche Heil eines einzelnen Menschen, oder sogar einer Familie, oder eines Staates kann nicht das Ziel eures Lebens sein. Er lehrte sie nicht irgend etwas Neues, sondern er öffnete ihnen nur die Augen für das, was sie selbst nicht sehen konnten, dafür, daß der Sinn des menschlichen Lebens nicht darin besteht, daß jeder zum Nachteil eines anderen für sein persönliches, schwankendes, trügerisches und kurzdauerndes Wohl sorgt. Der Sinn eures Lebens, sagte er ihnen, kann nur in der Erfüllung jenes Willens, der euch zur Erreichung seiner Ziele in dieses Leben gesandt hat[, liegen]. Dieser Wille aber, der in der Begründung des Reiches Gottes, das heißt in der Einigkeit und Liebe unter allen Geschöpfen besteht, fällt mit dem Grundstreben nach dem Wohl, das in eurer Seele liegt, zusammen. Begreift, daß euer Leben – nicht euer sei; es ist nicht euer Eigentum, sondern das Eigentum Dessen, der es zu seinen Zwecken erzeugt hat und der euch unter der Bedingung der Erfüllung Seines Willens das möglichste für euer Wohl gegeben hat. Suchet das Reich Gottes und seine Wahrheit, alles andere aber wird euch zukommen.

Seid immer auf diese Stunde gefaßt. Seid bereit auf sie, wie der Herr, der sein Haus überwacht, wie die Jungfrauen mit den Leuchten, die den Bräutigam erwarten. Und seid nicht nur immer bereit zur Erwartung dieser Stunde, sondern arbeitet aus allen euren Kräften für ihren Anbruch, wie die Knechte arbeiten mußten, denen der fortgereiste Herr je nach ihren Kräften eine verschiedene Anzahl von Talenten überlassen hatte (Matth. 24, 25).

Die eine Seite der Lehre Christi, die mit allem anderen verbunden und sogar die grundlegende ist, war ganz und gar verdunkelt, durch seine Vergötterung uns verborgen, nämlich seine Lehre von der Sendung.

Erinnern Sie sich, wie oft er bei verschiedenen Gelegenheiten darüber spricht, daß er den Willen Dessen, Der ihn gesandt hat, erfüllt, daß er selbst nichts sei, aber daß er der Gesandte sei und sein Leben mit Dem, Der ihn gesandt hat, verschmilzt, daß sein ganzes Leben und dessen ganzer Sinn die Erfüllung der Sendung sei. Nur die Anerkennung als ein besonderes Wesen und nicht als Mensch gleich wie wir, konnte uns diese Grundlage seiner Lehre verstecken.

Ich bin jetzt dahin gekommen und habe es durch Anstrengung, das heißt mit meinem Leben begriffen. Endlose Zweifel, Unklarheit im Leben haben mich immer bei der Erfüllung der Lehre Christi gequält. Ich löste sie nach meinem Vermögen, aber immer fühlte ich meine Unklarheit und Unsicherheit. Und jetzt ist es mir nun klar geworden, daß die Lösung aller Zweifel und Schwierigkeiten bei der Erfüllung der Lehre Christi darin liegt, daß wir in dem Leben jenen einzigen Sinn, den es hat und den Christus andeutete, nicht erkannt haben: den Dienst der Wahrheit (jener höchsten, die du begriffen hast) und ihre Verbreitung nicht nur unter den Menschen, sondern in der ganzen Welt. Das Leben ist dir mit deiner Vernunft nur dazu gegeben, damit du diese Vernunft in die Welt hineinträgst, und deshalb ist das ganze Leben nichts anderes, als diese vernünftige Thätigkeit, die sich in der Außenwelt offenbart. Christus hat sich als den Gesandten aufgefaßt und dieses uns gelehrt. Jeder von uns – ist eine Kraft, die sich selbst bewußt ist, der ihr allgemeines Ziel bewußt ist und die deshalb freudig zu diesem Ziele strebt – ist ein Stein im Fluge, der es weiß, wohin er fliegt, und weiß, daß er selbst nichts, ein Stein ist, und daß seine ganze Bedeutung in diesem Fluge liegt.

Man muß sich nur diese Auffassung vom Leben, nämlich die Kraft der Lehre Christi, aneignen, damit alle Furcht und Zweifel verschwinden. Mein Hauptwerk ist nicht nur, daß ich die Gebote erfülle, nicht nur, daß ich kein Eigentum habe und nicht sündige – dies alles sind nicht Werke, sondern die Bedingungen, bei denen ich überzeugt sein kann, daß ich meine Aufgabe erfülle, und die Formen meiner Einwirkung auf andere – meine Aufgabe ist es, so zu leben, daß ich eine vernünftige Form in die Welt mit allen Mitteln, die mir gegeben sind, hineinbringe. Ich kann fallen, sündigen, mich irren – die Aufgabe meines Lebens wird dadurch nicht geändert, ebenso auch nicht das Glück und die Ruhe meines Lebens. Nur bei dieser Auffassung werden die unnütze Reue, die Wünsche und die Angst vor dem Tod vernichtet und das ganze Leben in die einzige Wirklichkeit übertragen.

Wenn mein ganzes Leben darin besteht, daß ich mit dem Lichte, das in mir ist, leuchten soll, das heißt wenn mein Leben aus dem Lichte besteht, so ist mein Tod mir nicht nur nicht etwas Schreckliches, sondern etwas Freudiges, denn jeder von uns verdunkelt jenes Licht, das er trägt, durch seine Persönlichkeit. Und der physische Tod ist oft dem Lichte, in dem das Leben konzentriert ist, förderlich.

Die praktische Anwendung ist die, daß jeder von uns alle Fähigkeiten seines Lebens anwenden muß, die Wahrheit durch das Leben hindurchzutragen und dieselbe unter andere zu verbreiten, dann wird er keine Zweifel und Leiden und Müßiggang haben. Jeder ist immer unter Menschen und deshalb kann er immer seine Aufgabe des Lebens erfüllen.

Wenn man sich doch immer seiner Würde als der Gesandte Gottes, dem sein Werk anvertraut ist, erinnerte. Wenn ich der Gesandte des Zaren in der Türkei wäre, wie würde ich auf mich acht geben. Jetzt aber als der Gesandte Gottes in der Welt ist mir alles gleichgültig. Der Zar aber könnte noch manches nicht erfahren, hier aber kann man nichts verheimlichen.

———

Der Mensch ist ein Gesandter, wie Christus gesagt hat – nämlich ein Gesandter, dem es nur wichtig ist, den ihm gegebenen Auftrag zu erfüllen, und einerlei, was man über ihn denkt. Möge man schlecht über ihn denken: zuweilen ist es nötig, möge nur der Auftrag erfüllt werden.

———

Wir sind gesandt, diesen abschüssigen Weg zu gehen und durch ihn jenes Licht, das uns anvertraut ist, hindurchzutragen. Und alles, was wir thun können, ist, einander auf dem Wege beim Tragen dieses Lichtes zu helfen; wir aber halten einander auf, stoßen einander hinunter, verlöschen unser eigenes und das fremde Licht.

———

Wenn man sein Leben nicht als eine Sendung auffaßt, so giebt es kein Leben, sondern eine Hölle. Man muß sich nicht nur allein erinnern, daß man ein Gesandter ist, dem eine Aufgabe wurde, sondern in dem Sinne, daß man ein Gesandter ist, der sich erhalten, erhöhen und sich entwickeln muß. Beides ist ein und dasselbe: sich erhöhen kann man nur, indem man Sein Werk erfüllt, und indem man sich erhöht und entwickelt, wird man Sein Werk erfüllen.

———

Gottgefällig leben bedeutet das, was Gott wünscht, zu wünschen. Gott aber wünscht das Wohl der Welt. Das Wohl der Welt aber erreicht man durch die Vermehrung der Liebe in ihr.

Gottgefällig leben bedeutet für das Wohl seines Ich, das von den anderen Wesen nicht abgetrennt ist, zu leben.

Bedeutet nicht „gottgefällig zu leben", – anderen das Leben zu geben, in anderen das geistige, wahre Leben zu erwecken?

Schlecht leben kann man nur infolge der lüsternen Begierden, und gut nur durch eins: durch die Güte, den Wunsch, die Bemühung gut, besser zu sein.

Mein Leben ist nicht mein – und kann nicht mein Wohl zum Ziele haben; sondern es gehört Dem, der mich gesandt hat, und zum Ziele hat es die Erfüllung Seines Werkes. Und nur durch die Erfüllung Seines Werkes kann ich das Heil erhalten.

Sie wissen dies; aber für mich ist dies von so großer Bedeutung, von solch einer Freude, daß ich jeder Gelegenheit, dies zu wiederholen, mich freue.

Das Ziel des Lebens ist das Heil. Das Heil ist nur im Dienste Gottes. Der Dienst Gottes besteht in der Vermehrung der Liebe in der Welt. Die Vermehrung der Liebe in der Welt erreicht man nur durch die Vermehrung und die Erzeugung der Liebe in sich selbst. Die Liebe aber in uns selbst giebt uns das größte Heil, nach dem wir streben.

Das Ziel des Lebens ist ebenso wenig die Erzeugung uns ähnlicher Geschöpfe, die Fortsetzung des Geschlechtes, wie auch der Dienst der Menschheit – ebensowenig ist es auch der Dienst Gottes.

Uns ähnliche Geschöpfe zu erzeugen – wozu? Der Menschheit dienen? Aber was sollen die, denen wir dienen werden, thun? Gott dienen? Kann Er denn ohne uns nicht das, was Er nötig hat, erfüllen? Ja, vielleicht hat Er garnichts nötig.

Wenn Er uns befiehlt Ihm zu dienen, so ist das nur zu *unserem* Wohl. Das Leben kann kein anderes Ziel als das Heil, als die Freude haben. Dieses Ziel nur – die Freude – ist des Lebens vollkommen würdig.

Die Entsagung, das Kreuz, die Aufopferung des Lebens – dies alles ist Freude.

Und es giebt und kann eine durch nichts gestörte und ständige Freude geben.

Und der Tod ist der Übergang zu einer neuen ungekosteten, vollständig neuen, anderen großen Freude.

Und es giebt nie versiegende Quellen der Freude: die Schönheit der Natur, der Tiere, der Menschen – die nie fehlen. Im Gefängnis – die Schönheit des Lichtstrahls, der Fliege, der Töne. Und die Hauptquelle ist die Liebe – meine Liebe zu den Menschen und die der Menschen zu mir.

Die Schönheit, die Freude, an und für sich, abgesehen von dem Guten, ist widerlich. Dies ist mir klar geworden und ich habe sie fallen lassen. Das Gute ohne Schönheit ist qualvoll. Nur die Vereinigung beider, und nicht die Vereinigung, sondern die Schönheit als Krone des Guten.

Mill sagt: „die Menschheit würde ein größeres Maß von Glück erhalten, wenn jeder Mensch seinem Glücke unter Einhaltung von Regeln und Bedingungen, die für das Wohl der anderen erforderlich sind, nachgehen wird, als wenn der Mensch zum einzigen Ziele das Wohl aller anderen hinstellen würde."

Das ist wahr; aber nur in dem Falle, wenn man unter dem Wohle eines einzelnen Menschen sein geistiges Wohl, d. h. seine Übereinstimmung mit dem Willen Gottes, versteht oder einfacher ausgedrückt – die Befriedigung der Anforderungen seines Gewissens (der Vernunft und der Liebe).

Möge jeder Mensch das Recht Gottes und seine Wahrheit suchen, möge er dafür sein ganzes Leben einsetzen, und es wird sich das allergrößte Glück für alle ergeben. Aber dann ergiebt es sich, daß das Glück des Menschen in der Befolgung jener Regeln und Bedingungen, bei denen das Wohl aller Menschen erreicht wird, besteht; d. h. es wird dasselbe, was Mill verneint, erreicht werden.

Wir sind alle im Leben Arbeiter, die an der Aufgabe der Rettung unserer Seele angestellt sind – man kann es mit dem Hüten des Feuers, das vom Himmel gegeben und auf dem Herde meines Körpers entzündet ist, vergleichen. Meine Aufgabe besteht darin, daß ich dieses Feuer zu hüten und in mir zu entfachen habe, (man muß das Material von diesem Feuer ausschließlich zum Brennen benutzen), ohne zu denken, was durch dieses Feuer entzündet wird und wie es selbst entzündet wurde. Es ist keine schwere Aufgabe, mit mehreren Dreschflegeln zu arbeiten, aber um im Gange zu bleiben, nicht irre zu werden und die anderen nicht zu stören, muß man nur an sich, an die Reihenfolge des Schlagens denken.

Kaum aber denkt man an die anderen, schaut sich nach ihnen um, so kommt man aus dem Takt. Ebenso ist es auch im Leben. Man muß nur an sich, an seine Aufgabe – die Aufgabe ist aber nur eine einzige: zu lieben und in sich die Liebe zu vermehren – und nicht an die anderen, an die Folgen seiner Arbeit denken, und die Aufgabe des Lebens wird sich fruchtbar und freudig entwickeln. Kaum denkt man nach, was man produziert, über die Folgen seiner Arbeit, fängt an, diese Folgen mit derselben zu vergleichen – dann geht die Aufgabe schief und bleibt stocken, und – da erscheint das Bewußtsein der Nichtigkeit des Lebens.

Der Herr des Lebens hat jedem einzelnen von uns solch eine Arbeit auferlegt, daß die Verrichtung dieser Arbeit das erfolgreichste Werk ist. Und er selbst wird sie verwenden, diese Arbeit leiten, ihr einen Platz und Bedeutung anweisen. Kaum aber versuche *ich* ihr einen Platz zu suchen und zu bestimmen und dem entsprechend sie zu verändern, so werde ich irre, sehe die Nichtigkeit der Arbeit und gerate in Verzweiflung. Meine Aufgabe ist zu schaffen, Er aber weiß schon, wozu dies nötig ist, und wird es verwenden. Der Mensch geht, Gott aber lenkt ihn. Die Aufgabe ist nur die eine: in sich die Liebe zu vermehren. Ich bin eine sich *selbst* bewegende Kraft oder ein lebendiger Spaten, und sein Leben besteht darin, das Eisen rein und scharf zu erhalten, arbeiten aber wird er schon und die Arbeit wird notwendig sein. Sich scharf erhalten und immer mehr schärfen – dies bedeutet, sich immer gütiger und gütiger zu machen.

Das, was von dem gesellschaftlichen Standpunkte unerschütterlich erschien, erscheint vom christlichen Standpunkte sinnlos. Diese Verwandlung geschieht infolge der Veränderung des Zieles, das vor den Menschen gestellt wird. Die christliche Lehre stellt ein anderes Ziel, als jenes, das von der gesellschaftlichen Lehre aufgestellt war.

Das Ziel, welches das Christentum vor die Menschheit hinstellt, ist nicht das Wohl dieser oder jener Gruppe von Menschen, das durch die Erfüllung des Willens und der Gesetze dieser Gruppe erreicht werden kann, sondern das höchste Wohl aller Menschen und der ganzen Welt, das durch die Erfüllung des Willens und des Gesetzes Gottes erreicht wird.

Man kann glauben, daß man für Gott leben und der Begründung des Reiches Gottes förderlich sein kann, indem man hauptsächlich die Menschen dazu bringt, gut zu sein, sich der Versuchungen zu enthalten und das Leben anderer Menschen einzurichten.

Dies ist ein Irrtum: man kann für Gott leben nur dadurch, daß man die Menschen liebt, ihnen die Liebe offenbart, sie mit der Liebe ansteckt und sie veranlaßt, an die Liebe zu glauben. Dies ist jetzt für mich sehr wichtig zu wissen, und ich meine, daß man nichts einzurichten braucht oder den Menschen einzuflößen, sondern nur in Güte und Liebe mit allen umzugehen. Dies ist das stärkste Mittel zur Begründung des Reiches Gottes.

Kein Satz hat sich so deutlich bei mir durch Erfahrung bestätigt, wie der, daß der Sinn des Lebens die Vermehrung der Liebe sei. Solange ich mich dessen erinnerte und damit lebte, war es mir ununterbrochen freudig zu Mute.

Unser Leben, das eines alten Menschen wie auch das eines jungen, unterliegt einem möglichen augenblicklichen Ende und deshalb darf man nicht die Erfüllung der Aufgabe seines Lebens aufschieben: den Dienst Gottes und der Menschen, sondern man muß leben und Gott und den Menschen gleich, jeden Augenblick seines Lebens dienen. Der Dienst an Gott und den Menschen aber besteht in der Vermehrung der Liebe in sich selbst und in den anderen und diese Aufgabe können wir immer, unter allen möglichen Verhältnissen erfüllen.

Die Aufgabe des Menschen liegt darin, in diesem Leben das, wozu er von Gott, von dem er herkommt und zu dem er zurückkehren wird, gesandt worden ist, zu erfüllen. Gott aber will von dem Menschen, daß er (der Mensch) sein Leben, seinen Körper in dem Dienste des Heils der Welt, zum Wohle aller Menschen und aller Geschöpfe verwenden soll. Dies aber kann der Mensch erfüllen, wenn er seiner tierischen Persönlichkeit entsagt und in sich Liebe zu den Menschen und allen Geschöpfen erzeugt.

In dem Menschen existiert ein geistiges unsterbliches und göttliches Wesen und seine tierische Persönlichkeit. Wenn der Mensch denken wird, daß sein Leben sich in seinem Körper befindet – dem Körper dienen wird, so verliert er seine Seele und erfüllt nicht seine Aufgabe; wenn er sich aber als ein göttliches, geistiges Wesen ansehen und für sie leben, gottgefällig leben wird, und das, was Gott wünscht, d. h. nicht sein Wohl, sondern das Wohl aller Geschöpfe wünschen wird, so erfüllt er seine Aufgabe und erlangt das wahre Heil.

Wenn in dir die Kraft zur Thätigkeit vorhanden ist, möge die Thätigkeit eine liebevolle sein; wenn keine Kraft vorhanden ist und du schwach bist, möge deine *Schwäche* eine liebevolle sein.

Wie der Athlet die Stärkung seiner Muskeln erstrebt, so erstrebe auch du die Vermehrung der Liebe oder wenigstens die Verminderung der Bosheit und der Lüge, und das Leben wird voll und freudig sein.

Ich dachte eben, daß man sich erinnern muß, daß die Zeit der Erfüllung der mir in dieser Welt auferlegten Arbeit, auf die Neige geht und daß es eine Sünde ist, die Zeit unproduktiv, d. h. indem man sich nicht dem Dienste Gottes widmet, zu verschwenden.

Wie oft ich auch die Frage über das Verhältnis des Werkes Gottes zu der inneren Vervollkommnung der Liebe erörtert habe, kam ich nie über den Satz hinaus, daß die Aufgabe des Lebens – die Erfüllung des Werkes Gottes der Vernichtung der Uneinigkeit gleich der Vermehrung der Liebe sei; und daß dieses Werk nur durch Thaten, bei denen die innere Vervollkommnung in der Liebe geschieht, erfüllt werden kann.

Ich schreibe und denke dabei so: Das Ziel des Lebens ist die Durchdringung aller seiner Erscheinungen mit Liebe, es ist eine langsame allmähliche Verwandlung des bösen Lebens in ein gutes – ist ein Schaffen des wahren Lebens (denn das wahre Leben ist nur das liebevolle Leben) – ist eine Geburt des wahren, d. h. liebevollen Lebens.

Sie fragen: worin besteht das Wesen jener Aufgabe, die mit dem streng durchgeführten Leben parallel gehen muß?

Die Aufgabe, die wir berufen sind im Leben zu erfüllen, ist eine doppelte, obgleich sie durch eine und dieselbe Handlung erreicht wird: die äußerliche Aufgabe besteht darin, daß man mit seinem Lebensgang förderlich ist der Begründung des Reiches Gottes auf Erden, d. h. der Ersetzung von Feindschaft, Kampf und Uneinigkeit durch die Eintracht, gegenseitige Hilfe und Einigkeit – einem Zustande, bei dem die Sperre [Speere] in Sicheln umgeschmiedet werden … u.s.w. Wir können daran förderlich sein durch Rechtlichkeit in Worten und Thaten; das innere Werk besteht in der Vervollkommnung, in der Annäherung an Gott: „Seid vollkommen, wie euer himmlischer Vater." Um sich aber ständig zu vervollkommnen, muß man in sich die Liebe vermehren, d. h. den Kreis seiner Liebe erweitern, nicht das, was uns angenehm ist, lieben, sondern lieben, wie Gott die Geschöpfe liebt, nur darum, um ihnen Heil zu wünschen und zu bereiten. Um aber in sich die Liebe zu vermehren, muß man sie nicht hindern sich zu offenbaren und zu entwickeln. Sie strebt immer von selbst zur Vermehrung. Die Versuchungen aber hindern die Offenbarung der Liebe. Die Versuchungen aber bestehen darin, daß man als sein Wohl und das Ziel seines Lebens das Wohl der tierischen Persönlichkeit, nicht aber die Vermehrung der Liebe ansieht. Die Vermehrung der Liebe ist gerade jene Handlung, durch die beide Ziele erreicht werden: die Mitwirkung an der Begründung des Reiches Gottes und die Erreichung der allerhöchsten Vollkommenheit. Ein solches Leben hat sogar bessere Aussichten auf ein irdisches Glück, als ein weltliches Leben, das das Wohl der tierischen Persönlichkeit zum Ziele hat. Ein solches Leben schließt alle dem Menschen zugänglichen Freuden nicht aus, die uns die Natur, die Fröhlichkeit, der Gesang, die Freundschaft und der Verkehr mit Menschen und Tieren bereiten.

Das Leben für sich selbst ist eine Qual, denn man will für die Illusion leben, für das, was nicht da ist, und dies kann nicht glücklich sein. Es ist gleich, als ob man einen Schatten kleiden und nähren würde. Nur das Leben außerhalb sich selbst, in dem Dienste für die anderen und nicht im Dienste für die uns Nahestehenden und von uns Geliebten – dieses ist wiederum für sich, sondern im Dienste derer, die man nicht liebt, am besten sogar im Dienste der Feinde.

Das ganze Leben, welches ich führe, ist ja nur ein *tatonement*, man muß aber das ganze Leben fest auf dies stellen: suchen, wünschen, den Menschen nur Gutes zu erweisen – sie lieben und in ihnen die Liebe vermehren, das Böse verringern. Den Menschen Gutes erweisen? Was ist das Gute? Nur die Liebe! Ich kenne dies an mir und deshalb wünsche ich nur dieses [?] dem sondern [?] kühn nach diesem zu leben bedeutet zu vergessen, daß du ein Russe bist, daß du ein Herr, daß du ein Bauer, daß du verheiratet, daß du Vater bist u.s.w.; erinnere dich nur an eins: da vor dir ist ein lebender Mensch; solange du lebst, kannst du das thun, was dir und ihm Heil bringt, und so den Willen Gottes, dessen, der dich in die Welt gesandt hat, erfüllen – man kann sich mit ihm durch Liebe verbrüdern.

Ich habe ein freudiges Gefühl der Übertragung des Sinnes des Lebens auf den Wunsch Gott zu dienen, durch den Dienst den Menschen, den Wunsch des Wohles aller, mit denen man zusammenkommt, empfunden.

Und ein solches Leben ist möglich und freudig.

Frage dich ordentlich, was willst du von beiden: daß man dich gleich erhöht, daß du die Früchte deiner Thaten schaust, aber dabei ein Zweifel an deinen Werken möglich ist; oder daß du nicht verstanden, bis zum Ende beschimpft, aber dein Werk dabei bestimmt das Werk Gottes ist?

Wie schrecklich ist es, Gott zu vergessen! Dies aber geschieht unbemerkt. Die Werke für Gott werden durch Werke für Menschen, für den Ruhm, dann aber für sich selbst, für sein schlechtes Ich vertauscht. Und wenn man mit dieser Schlechtigkeit in Berührung kommt, möchte man wieder sich erheben.

Oft vergeudet man unnütz seine geistigen Kräfte. Dies ist eine Sünde. Diese Kräfte sind zum Dienen gegeben. Nur dafür auch müssen sie verbraucht werden. Aber aus Anstand, aus Eitelkeit, aus Apathie verbraucht man sich so, daß keine Kräfte und Zeit für das Dienen nachbleibt.

Es hat eine große Bedeutung, ob du das, was du nötig hast zu thun, gethan hast, denn der einzige Sinn deines Lebens liegt nur darin, ob du in dieser kurzen dir gegebenen Frist des Lebens das thust, was von dir Der oder Das, was dich ins Leben gesandt hat, will.

Thust du das?

Die heidnische Auffassung sagt dir, dein Leben sei dein tierisches Eigentum; das Christentum sagt dir, dein Leben sei jener Garten, der den Winzern mit allen Weinstöcken, Brunnen und Früchten nur deshalb gegeben wurde, damit die Winzer den Garten benutzend seine Früchte dem Herrn abgeben sollten.

Uns ist eine sehr kurze Frist für den Aufenthalt hier gegeben, jede Sekunde kann man uns alle oder jeden einzelnen wieder dorthin rufen – und schon vor unseren Augen werden einige gerufen – und uns die Wahl gegeben: diese kurze unbestimmte Frist freudig zu verbringen, indem wir uns dem uns gegebenen Gefühle des Mitleids und der Liebe zu einander hingeben, oder zu streiten, sich zu zanken, zu kämpfen und durch alle möglichen Grausamkeiten solch eine Lebensordnung zu begründen, die, wie wir wissen, nicht mal einige Jahre dauern wird, die wir selbst nicht billigen; den uns gegebenen Augenblick verbringen, indem wir einander lieben und gegenseitige Freundlichkeit und Liebe genießen, oder alle unsere Kräfte dahin benutzen, daß wir in dieser kurzen Zeit möglichst einander zu quälen und zu erbosen [sic] und mit Bosheit, Vorwürfen und Flüchen wiederum dorthin gebracht werden, von wo wir herausgelassen sind.

In der Erkennung der Wahrheit deinerseits, d. h. dessen, was von dir Der, der durch dich Sein Werk erfüllt, verlangt – nur darin liegt dein Leben.

Suchet das Reich Gottes und seine Wahrheit, das andere wird euch zufallen.

Indem du um das Weltliche sorgst, um das, was dir notwendig erscheint zur Versorgung deiner leiblichen Persönlichkeit und des Lebens der anderen mit dir verbundenen Menschen, erreichst du nicht das Wohl dieser Persönlichkeit, nicht das Wohl jener anderen Menschen, das du dir zum Ziele machst; indem du aber um die Wahrheit des Reiches Gottes sorgst, das durch die Anerkennung und Erfüllung jener Stufe der Wahrheit erlangt, die dir offenbart ist, erreichst du dein Wohl und das Wohl der anderen Menschen und erfüllst das, was deiner Vernunft und deinem Herzen eingegeben ist.

Wie kannst du denn dieses nicht erfüllen?

Die Menschen haben sich überredet, daß dies nicht von Belang sei, daß etwas anderes wichtig sei. Aber unterdessen giebt es nichts wichtigeres auf Erden, als die Wahrheit, jene Wahrheit, die dem Menschen offenbart ist, zu erfüllen.

Dasselbe, was wir gering schätzen, die sofortige Erfüllung in kleinen Dingen jener Wahrheit, die wir kennen, dies allein ist ja nur notwendig. Die Erfüllung der Wahrheit seitens jeden einzelnen Menschen ist ja das wichtigste Werk.

Das menschliche, martervolle Leben, das jeden Augenblick abgerissen werden kann, muß, um nicht der gröbste Hohn zu sein, einen solchen Sinn haben, dem die Bedeutung des Lebens nicht durch die längere oder kürzere Dauer angetastet wird.

Wenn der Mensch bestimmt wüßte, daß sein Leben mit diesem Leben aufhöre, was würde er am Schlusse desselben, wie ich, thun? Alle irdischen Werke sind schon in andere jüngere Hände übergegangen, was soll er aber denn thun?

Nur wenn man glaubt, daß das Leben hier nicht aufhört, bleibt einem immer die wichtigste und immer interessante und notwendige Arbeit an seiner Seele, die nicht verloren gehen wird, sondern sich als notwendig dort erweisen wird.

In der letzten Zeit habe ich oft über eine längst bekannte Ansicht nachgedacht, die aber mir mit besonderer Lebhaftigkeit in dieser

Zeit in den Sinn kommt und mir Mut einflößt; nämlich: wenn man den Sinn, das Wesen und das Ziel des Lebens nur durch einen allereinfachsten und klarsten Satz ausdrücken muß, so würde ich ihn so ausdrücken, wie bei Joh. 6, 38 und besonders 39 gesagt ist: in sich den Funken jenes Verständnisses, das mir gegeben und anvertraut ist, wie ein Kind der Wärterin, erzeugen, ihn bis zu der höchstmöglichen Stufe der Göttlichkeit zu entwickeln ... Diese Definition des Sinnes des Lebens ist umfassender als alle anderen und schließt alle anderen in sich.

Was gehört denn dazu, um dies zu erfüllen, um dieses Kind großzuziehen? Kein Nichtsthun, sondern Arbeit, Kampf, Entbehrungen, Leiden, Erniedrigungen, Verfolgungen – dasselbe, was vielemal im Evangelium gesagt ist. Und gerade dies, was wir nötig haben, wird uns in den verschiedensten Formen, in großen und kleinen Maßen gesandt. Möchten wir nur verstehen, dies anzunehmen, wie es sich gehört, als eine für uns notwendige und deshalb freudige Arbeit, aber nicht wie etwas Lästiges, das unser so gut eingerichtetes Leben stört.

Man begeht gewöhnlich folgenden Fehler. Man sagt: „da sind Umstände, die unser gutes Leben stören oder zu stören bedrohen; man muß irgendwie schnell diese Umstände umgehen, besiegen, um sein gutes Leben weiterzuführen." Thatsächlich aber muß man die Sache ganz entgegengesetzt ansehen: „das war ein Leben gewesen, das wir mit großem inneren Kampfe und Arbeit begründet hatten, es erscheinen aber neue Umstände, die neue moralische Forderungen stellen; wollen wir versuchen, auf die allerbeste Art die Forderungen zu erfüllen." Diese Umstände sind kein Zufall, den man beseitigen kann, sondern Forderungen neuer Lebensformen, in denen ich mich prüfen und zu denen ich mich vorbereiten soll, gleich wie ich mich zu der vorhergehenden Lebensform bereitet habe.

Meiner Ansicht nach braucht Gott keine Opfer. Gott hat nur eins nötig, daß wir jenes Talent, jenes göttliche Wesen, das uns gegeben und anvertraut ist, wie ein Kind der Wärterin, hüten und aufziehen, indem man unter diesem Talente nicht irgend eine geistige Vermehrung oder Bildung versteht, sondern nur eine Vermehrung unserer

Liebe zu Gott und seinen Geschöpfen. Folglich, der Mensch, der dieses Werk Gottes erfüllt, wird immer unvermeidlich auch alles übrige erfüllen und, ohne es zu wissen, den Menschen mannigfaltig nützlich sein.

Das Leben ist mir nur unter der Bedingung des Schaffens von Werken der Liebe gegeben worden. Und das Leben ist mir, gleich dem Talent, zur Entwickelung gegeben; das Leben kann sich aber nicht anders entwickeln, als durch Thaten der Liebe. Und mein wahres Leben ist nur das, welches ich entwickelt habe. Folglich, dadurch, daß ich dieses Leben nicht bewahre und es nur verthue, erhalte ich das wahre ewige Leben.

Die Hauptsache ist, das, was gesagt ist (Matth. 25), zu begreifen, daß unser Leben nicht zu unserem Vergnügen oder [zur] Freude gegeben ist, sondern wir sind Sklaven, Werkzeuge, Organe Gottes, denen bestimmt ist, Sein Werk zu thun (das Werk, das einem unmerklich erscheint und das Sie erfüllt haben, kann tausendmal wichtiger als die großen und bekannten Werke sein), und wenn wir dieses Werk thun, ist uns gut, wo wir auch sind, unter welchen Verhältnissen, ob krank oder gesund, ob alt oder jung. Sein Werk aber ist nur das eine: das mir anvertraute Talent, den göttlichen Funken zu entwickeln; man kann denselben aber nicht anders entwickeln, als wenn man die Nächsten liebt und ihnen dient, wie es auch am Schlusse desselben Kapitels gesagt ist.

Man muß, um fest zu sein und nicht zu verzagen, hauptsächlich den einzigen vernünftigen und freudigen Sinn unseres Lebens klar begreifen und nicht vergessen, daß derselbe darin besteht, daß man jenen Funken der göttlichen Liebe, der in uns hineingelegt ist und unsere Seele ist, nicht nur durch dieses Leben, ohne ihn auszulöschen, hindurchträgt, sondern ihn, soweit unsere Kräfte ausreichen, entfacht, um ihn nicht als einen Funken, sondern schon als eine Flamme in jenes Leben hineinzutragen.

Niemand kann abstreiten, daß alle ein und demselben Urstoff, den Christus Vater nennt, entstammen und abhängig von ihm sind, und daß der Sinn des Lebens darin besteht, daß man Seinen Willen, den Willen dieses Urstoffes, erfüllen und das Leben für das verwenden muß, wofür es uns gegeben ist. Wir wissen zweifellos alle, daß dieses Werk darin besteht, daß wir selbst mit jedem Tage und jeder Stunde dieses Lebens gütiger, das heißt aufopfernder, liebevoller werden sollen und daran Anteil nehmen, diese Welt, wenn auch nur um ein Körnchen besser zu machen, als sie war, da wir in das Leben traten. Selbst besser werden und die Welt besser machen; ich denke, daß alle einverstanden sind damit, daß darin die Aufgabe des menschlichen Lebens besteht. Wenn man hier übereinstimmt, kann man in allem anderen nachgeben oder wenigstens um Erlaubnis bitten, keine Meinung über die Dreieinigkeit oder die Revolution, über den Papst oder Marx u.s.w. äußern zu müssen. Ich verlange von euch keinen Glauben außer dem, daß wir uns bemühen müssen, besser zu werden und die Welt besser zu machen.

Daß das Ziel des Lebens die Selbstvervollkommnung, die Selbstvervollkommnung der unsterblichen Seele sei, daß dies das einzige Ziel des menschlichen Lebens sei, ist schon deshalb wahr, weil *jedes andere Ziel* in Anbetracht des Todes sinnlos ist.

Alle diese letzten Tage, besonders gestern, fühlte ich mit Bewußtsein, daß das Ziel des Lebens ein einziges sei: vollkommen zu sein, wie der Vater, dasselbe zu thun, was Er thut und was Er von uns will, das heißt zu lieben, daß die Liebe uns in den Augenblicken der energischsten Thätigkeit und der größten Schwäche allein leite. Sobald irgend etwas schwer und schmerzhaft ist, braucht man sich nur an dieses zu erinnern, und alles Schwere und Schmerzhafte verschwindet, und es bleibt nur das Freudige.

Dem Menschen, der ernst und aufrichtig seine Vernunft benutzt, ist es klar, daß alle Ziele für ihn verschlossen sind; nur eins ist vernünftig: für die Befriedigung der Forderungen Gottes, seines Gewissens, seiner höchsten Natur (alles ist ein und dasselbe) zu leben. Wenn man dies zeitlich ausdrückt, bedeutet es – so zu leben, daß man seine Seele für den Übergang in die bessere Welt vorbereitet; wenn man dies exakt außerhalb der Zeit ausdrückt – sein Leben mit dem zeitlosen Urstoff, mit dem Guten, mit der Liebe, mit Gott zu verschmelzen. Ich wünsche nur eins: daß dieses auf mich so stark und wohlthuend wirkende Bewußtsein der einzigen Vernünftigkeit und Freiheit, Freudigkeit des Lebens in Gott nicht abstumpft und seine mich über die Zwistigkeiten des Lebens erhebende befreiende Macht nicht verliert. Ach, wenn es bei allen so wäre! Wenn es immer so wäre! Heute Nacht habe ich bei dieser Erleuchtung über verschiedene Erscheinungen des Lebens nachgesonnen, und es war mir so gut und freudig. Ich werde das Examen abwarten und mich darauf vorbereiten.

Heute im Traume dachte ich, daß der kürzeste Ausdruck des Sinnes des Lebens der folgende sei: die Welt bewegt sich, vervollkommnet sich; die Aufgabe des Menschen ist, an dieser Bewegung sich zu beteiligen, sich ihr zu fügen und förderlich zu sein.

Gott und den Menschen dienen, aber wie? wodurch? Vielleicht existiert diese Möglichkeit nicht? Nein, die Möglichkeit ist dir immer gegeben – besser zu werden.

Der Sinn des Lebens ist nur einer: die Selbstvervollkommnung – seine Seele zu bessern. Seid vollkommen, wie euer himmlischer Vater. Wenn es schwer ist, wenn dich irgend etwas quält, erinnere dich, daß im Leben nur du das Leben bist, und gleich wird es leicht und freudig werden.

Wie der Reiche sich freut, indem er seinen Reichtum sammelt, so freust auch du dich, wenn du nur darauf allein dein Leben gestellt hast. Und zur Erreichung dieses Zieles existieren keine Hindernisse. Alles, was als Kummer und Hindernis im Leben erscheint, ist eine breite Stufe, die sich dir selbst unter die Füße stellt, daß du höher steigest. Jeder von uns ist das Licht, das göttliche Wesen, die Liebe, der Sohn Gottes, eingeschlossen in einen Körper, in Grenzen, in eine farbige Laterne, die wir doch selbst mit unseren Leidenschaften und Gewohnheiten bemalt haben, so daß wir alles, was wir sehen, nur durch diese Laterne erblicken. Man kann sich nicht erheben, um über sie hinüberzusehen; oben ist auch solch ein Glas, das von uns bemalt ist und durch das wir Gott sehen. Das Einzige, was wir thun können, ist, nicht durch das Glas zu schauen, sondern uns in uns selbst zu konzentrieren, uns unseres Lichtes bewußt zu sein und es zu entfachen. Dies ist die einzige Rettung vor den Enttäuschungen des Lebens, von den Leiden und Versuchungen. Und das ist freudig – und immer möglich.

Ich habe mir klar vorgestellt, wie freudig, ruhig und vollständig frei das Leben sein könnte, wenn man sich ganz Gott ergeben würde, das heißt in allen Fällen des Lebens nur eins suchen: das, was Er will, zu thun, dieses zu thun in Krankheit, bei Beleidigung, Erniedrigung, bei Leiden, in allen Versuchungen und im Tode, der in dem Falle nur eine Veränderung der Bestimmung ist. Aber bei Schwäche, bei Nichterfüllung dessen, was Gott will? Was dann? Nichts: die Rückkehr zu dem Bewußtsein dessen, daß das Leben nur in dieser Erfüllung besteht. Die Augenblicke der Schwäche sind Zwischenräume zwischen den Buchstaben des Lebens – nicht das Leben.

Die Hauptsache ist, daß wir Arbeiter sind, denen das Resultat der Arbeit verborgen ist, denen nicht gegeben ist, die Früchte der Arbeit zu benutzen. Eins ist gegeben: die Möglichkeit der Beteiligung an der Arbeit, der Verschmelzung der Interessen mit denen des Herrn. Wunderbar ist es, wie dieser letzte Schluß, zu dem man gelangt, deutlich und gerade in dieser Form von Christus ausgedrückt ist. Dies ist ja doch kein Vergleich – dies ist die Sache selbst. Das ganze Leben der Menschen ist Arbeit: die Arbeit für den Besitzer (Fabrikarbeiter und andere), die Arbeit des Pflügens und Säens, der Ernte und wiederum des Säens, der Verbesserung des Bodens, der Gattungen, der Gebäude, die geistigen Empfindungen – dies alles ist uns nicht für uns selbst gegeben, damit wir Nutzen daraus ziehen, sondern bei allem liegt das Heil in der Arbeit an und für sich. So ist das ganze Leben. Es ist uns gegeben, nur das Wohl der Arbeit selbst zu genießen … Und außerdem ist uns gegeben die Übertragung unserer eigenen Interessen auf die Interessen der anderen, auf das Interesse des Herrn oder des Werkes; und diese Übertragung des Interesses, diese eigene Befreiung von dem Interesse für sein untergehendes Ich ist nur durch die Arbeit möglich.

So ist es auch bei den Arbeiten des Lebens. Und ebenso im Leben, wenn [man] sein ganzes zeitliches, tierisches Leben, die Einlenkung dieses Lebens durch seinen eigenen Willen, als die Arbeit für das Werk Gottes, oder kürzer, für Gott betrachtet (aber anders kann man es nicht betrachten). Nur indem man sein ganzes Leben verbringt für die Erfüllung des Willens Gottes, die Begründung des Reiches der Wahrheit, wo man es erblickt, und der Hütung der Wahrheit, in Demut und Liebe, wo man sie auch nicht erblickt – in der Arbeit Gottes kann man seinem eigenen Interesse entsagen, um in dem Werke Gottes das Interesse zu finden. Es ist riskant und nicht exakt, zu sagen, daß man in der Zukunft dieses Werk genießen würde: man kann es nicht beweisen. Ja, und wozu auch? Wenn schon die Beteiligung an der Arbeit das Heil giebt. Kaum fängt man an, sich zu beteiligen, und schon fühlt man es; was wird geschehen, wenn man sich ganz dieser Arbeit ergiebt, eine Gewohnheit aus ihr macht? Dann wird das gegenwärtige Wohl so groß sein, daß man nicht nötig haben wird, sich ein anderes für die Zukunft zu erdenken. Ja, ein Gebet, das ich mir auf den Fingernagel schreiben werde: erinnere dich, daß du ein Arbeiter an dem Werke Gottes bist.

Ich dachte immer auch über die Schädlichkeit der Wahl eines äußerlichen Zieles des Lebens nach: „Suchet das Reich Gottes und seine Wahrheit, das übrige wird euch zufallen." Schiffer, laß dich leiten von dem Kompaß, den du auf deinem Schiff hast – von dem winzigen Zeiger, der tausendmal kleiner als das Schiff ist – nicht aber von einem sichtbaren Gegenstande, sogar auch nicht von den Sternen: alles trügt, außer dem, was in dir ist. Sorge dich nicht darum, ein wichtiges Werk zu schreiben, nicht darum, daß die Menschen die Wahrheit erkennen, nicht darum, daß du in den Augen der Menschen rein bleibst; sorge nur, den Willen dessen zu erfüllen, der dich gesandt hat. Der Wille dessen, der dich gesandt hat, aber besteht darin, daß nichts von dem, was er dir gegeben hat, verloren geht, sondern im Gegenteil, daß alles, was dazu im stande ist, erwache, sich belebe, erblühe und sich reinige.

———

Es ist wahr, daß mir Dein Werk und Deine Kraft anvertraut ist. Dein Werk aber besteht darin, daß man Dich in sich selbst und in der Welt offenbart. Mein Leben besteht nur darin.

———

Es ist wahr, daß Deine Kraft mir gegeben ist zur Erfüllung Deines Werkes. Dein Werk besteht aber darin, daß man Deine Kraft in sich selbst und in der ganzen Welt vermehrt.

———

Ich habe einen Span in den Strudel des Baches geworfen und schaue zu, wie er sich dreht. Der Dampfer ist nur ein wenig größer und ebensolch ein Span; die Erde ist ein Stäubchen, tausend Jahre sind ein Augenblick. Alles ist nichts, alles Materielle ist nichts; der Wille Gottes ist das einzige Reelle, Zweifelloseste – das Gesetz, nach dem alles, das Große und das Kleine, geschieht.

Und deshalb will man nicht schwärmerisch, sondern real – nach dem Willen Gottes leben.

———

Der Setzer, der eine Sprache nicht kennt, setzt besser, da er den Sinn nicht nach seiner Art deutet. So muß man auch leben, ohne den Sinn dessen zu deuten, was man thut – nicht erraten das Werk, das Gott scheinbar nötig hat, sondern eins nach dem anderen thun, was Gott befiehlt – einen Buchstaben nach dem anderen setzen. Den Sinn für alles aber habe nicht ich, sondern Gott gegeben.

Um den Willen des Vaters zu erkennen, muß man seinen eigenen wahren Grundwillen erkennen. Er, der Wille des Sohnes, fällt immer mit dem des Vaters zusammen.

Ein Geheimnis wird es immer für den Menschen geben, nur eins: warum lebe ich? Die einzige vernünftige Antwort ist: deshalb, weil dies Gott will. Warum will Er dies? Dies ist ein Geheimnis, und dieses Geheimnis wird nur durch den Glauben an Gott gedeckt, durch den Glauben daran, daß Er, der Gütige, dies wie mich für das Gute geschaffen hat.

Ich habe klar und freudig nachgedacht, daß mein Leben und, so schließe ich, alles Leben die Kraft Gottes ist, die *ganze* Kraft des Lebens ist, die durch mich, durch einen beschränkten und organischen *Teil* des Ganzen hindurchgeht, und ich kann diese Kraft durch mich hindurchlassen und kann sie aufhalten. Das ist meine ganze Rolle im Leben: verhindern kann ich nichts, aber ich kann aufhalten.

Das Leben der Welt ist in meiner Vorstellung folgendes: durch unzählige und verschiedenartige Röhrchen bewegt sich eine Flüssigkeit, oder ein Gas, oder ein Licht. Dieses Licht ist die ganze Kraft des Lebens – Gott. Diese Röhrchen sind wir, alle Wesen. Die einen Röhrchen sind vollständig unbeweglich, die anderen sind es kaum merkbar, die dritten etwas mehr und wir schließlich sind die vollständig beweglichen Röhrchen. Wir können das Licht vollständig durchlassen und können es zeitweilig zurückhalten.

Das, was wir unser Leben, persönliches Leben nennen – ist die Fähigkeit, uns dem Lichte in den Weg zu stellen, es nicht durchzulassen; das wahre Leben aber ist die Fähigkeit, sich so zu stellen, daß das Licht ganz und gar, ohne aufgehalten zu werden, durchdringt. Aber wenn der Mensch sich so hingestellt hat, hört die Bewegung seines Lebens auf. Sie hört schon auf, wenn der Mensch sich so aufzustellen anfängt. Die Bewegung des Lebens hört auf und dann fühlt der Mensch, daß er nur dann alles, was nötig ist, gethan hat, wenn er sich selbst so beiseite gesetzt hat, als existiere er gar nicht. Wenn der Mensch diese Regierung seiner persönlichen Existenz erkennt, dann überträgt er sein Leben auf das, was durch ihn hindurchgeht, auf Gott.

Ich wollte deutlicher mit Worten ausdrücken, was wahr ist, daß in mir die Kraft Gottes, die das Werk Gottes schafft, ist, und nachher überzeugte ich mich, daß dies nicht nötig sei. Es genügt, daß ich – nicht ich bin, sondern die Kraft Gottes, die in mir schafft. Wie auch Joh. 5, 19 geschrieben steht: „Der Sohn kann nichts aus sich selbst schaffen, wenn er nicht sieht, was der Vater schafft, denn was Er schafft, das schafft auch der Sohn."

Das, was uns als Bewegung unseres persönlichen Lebens erscheint, ist die Bewegung unserer Form des Lebens, wenn wir uns unter dem Richtungswinkel des göttlichen Lebens stellen. Wenn wir uns aber in die Richtung des Willens Gottes stellen, so geht derselbe durch uns hindurch, hört auf, uns zu bewegen, und dann schwindet die Illusion, dann erkennen wir, daß wir, unser Leben, nichts anderes ist, als die Kraft Gottes. Und dann ergiebt sich die Notwendigkeit, unser Bewußtsein aus der Hülle der Form in die Kraft ihrer [?] Richtung zu übertragen. [sic] Diese Schwierigkeit aber wird durch sich selbst besiegt und die Frage über die Unsterblichkeit und das zukünftige Leben wird beseitigt. Das Bewußtsein des Lebens ist aus der sich bewegenden Form in die Quelle der Kraft, in den ewigen, endlosen Willen Gottes selbst übertragen. Ich bin aus dem Bewußtsein der Form zu dem Bewußtsein des Lebens selbst übergegangen. Wie kann ich denn zweifeln, daß, was existiert, nur eins ist, war und sein wird, daß es nicht sterben wird?

Ich bin mir selbst bewußt als die Kraft des Lebens, die durch mich hindurchgeht; die Bewegung meines Lebens ist die Schwankung dieser Form, die unter dem Richtungswinkel der Kraft stand und allmählich sich in dieselbe Richtung stellt. Es stellt sich die Gleichheit der Richtung ein, die Bewegung hört auf, das Leibliche, Persönliche endet, ich gehe in die Kraft, die durch mich hindurchgeht, hinüber.

Aber was ist denn diese *ganze* endlose Kraft?

Ein ewiges Geheimnis, und es ist nicht nötig, mehr zu wissen. Ich weiß nur, daß für mich der Tod hierbei nicht schrecklich ist. „In Deine Hände befehle ich meinen Geist." Die Isolierung des Geistes, die durch die Form bewirkt werde, durch die ich hindurchging, hört auf und ich vereinige mich mit *allem*. Ich fing vor kurzem an zu fühlen, daß, wenn ich sterbe, ich in keinem Falle sterbe, sondern in allem anderen leben werde.

2.
Antwort an den Synod
(1901)

Übersetzt von Raphael Löwenfeld

> He who begins by loving Christianity better than Truth will proceed by loving his own Sect or Church better than Christianity, and end in loving himself better than all.
>
> *Coleridge*

Ich hatte ursprünglich nicht die Absicht, auf die Verfügung des Synods gegen mich zu antworten. Ich habe aber infolge dieser Verfügung eine große Zahl von Briefen bekommen, deren Verfasser ich nicht kenne; die Einen schmähen mich, weil ich etwas leugnen soll, was ich nicht leugne, die Anderen beschwören mich, an etwas zu glauben, an das ich zu glauben nicht aufgehört habe, noch andere drücken mir ihre Übereinstimmung mit meinen Anschauungen aus, die aber in Wirklichkeit wohl kaum vorhanden ist, und bekunden mir eine Sympathie, auf die ich kaum ein Anrecht habe. So habe ich mich denn entschlossen, sowohl auf die Verordnung selbst zu antworten und nachzuweisen, was in ihr ungerecht ist, als auch auf die Zuschriften meiner unbekannten Korrespondenten.

Die Verfügung des Synods hat als Ganzes viele Mängel. Sie ist ungesetzlich oder absichtlich zweideutig; sie ist willkürlich, unbegründet, unwahr und enthält überdies Verleumdung und Aufreizung zu schlechten Empfindungen und Handlungen.

Sie ist ungesetzlich oder absichtlich zweideutig – denn will sie eine Exkommunikation aus der Kirche sein, so genügt sie nicht den kirchlichen Grundsätzen, nach denen eine solche Exkommunikation ausgesprochen werden kann. Ist sie aber die Kundmachung dessen, daß jemand, der nicht an die Kirche und ihre Dogmen glaubt, nicht zu ihr gehört, so sagt sie etwas Selbstverständliches, und eine solche Kundmachung kann nur den einen Zweck haben, als Exkommunikation zu erscheinen, ohne in Wirklichkeit eine zu sein; und das ist in der That auch geschehen, denn sie ist nicht anders aufgefaßt worden.

Sie ist willkürlich, denn sie beschuldigt mich allein des Unglaubens in all den Punkten, die ausdrücklich aufgeführt sind, während doch nicht nur viele, sondern fast alle gebildeten Menschen diesen Unglauben teilen und ihm in ihren Gesprächen, in ihrer Lektüre, in Flugschriften und Büchern immer wieder Ausdruck gegeben haben und Ausdruck geben.

Sie ist unbegründet, denn sie bezeichnet als die Hauptursache ihres Erscheinens die große Verbreitung meiner Irrlehre, die die Menschen verderben soll, während ich doch sehr wohl weiß, daß es kaum an hundert Menschen giebt, die meine Anschauung teilen, und daß die Verbreitung meiner Schriften über die Religion, dank der Zensur, so gering ist, daß der größte Teil der Menschen, die die Verfügung des Synods gelesen, kaum einen Begriff von dem haben, was ich über Religion geschrieben habe – wie dies aus den Briefen hervorgeht, die mir zugegangen sind.

Sie enthält eine offenbare Unwahrheit, denn sie sagt, es seien von der Kirche Versuche gemacht worden, mich eines Besseren zu belehren, die jedoch nicht von Erfolg gekrönt waren. Nie hat irgend etwas Derartiges stattgefunden.

Sie charakterisiert sich als das, was in der Sprache der Rechtswissenschaft Verleumdung genannt wird, denn sie enthält bewußt falsche Behauptungen, die die Absicht verraten, mir zu schaden.

Sie ist endlich eine Aufreizung zu schlechten Empfindungen und Handlungen, denn sie hat, wie nicht anders zu erwarten war, in den Herzen ungebildeter und urteilsloser Menschen Erbitterung und Haß gegen mich erregt, die sogar die Androhung von Mord nicht scheuen und in den Briefen, die mir zugingen, ihren Ausdruck fanden: „Jetzt bist Du dem Bannfluch verfallen und gehst nach dem Tode zu ewigen Qualen ein. Krepieren wirst Du, wie ein Hund … Fluch über Dich, alter Teufel … sei verflucht!" schreibt der Eine. Ein Anderer macht der Regierung Vorwürfe, weil sie mich noch nicht in ein Kloster gesperrt hat und pfropft seinen Brief mit Schimpfworten voll. Ein Dritter schreibt: „Wird Dich die Regierung nicht aus dem Wege räumen, so werden wir Dich selbst zum Schweigen bringen"; der Brief schließt mit Flüchen. „Ich werde schon Mittel finden" – schreibt ein Vierter – „um Dich Schweinekerl aus dem Wege zu räumen …", dann folgen unanständige Schimpfereien. Die Anzeichen der gleichen Erbitterung beobachtete ich manchmal, seit die Verfügung des Synods erschienen ist, wenn ich Menschen begegne. Am 25. Februar, gerade an dem Tage, wo der Beschluß veröffentlicht wurde, hörte ich, als ich über einen Platz ging, die Worte: „Das ist der Teufel in Menschengestalt!“ Und hätte die Menge gerade aus anderen Elementen bestanden, wer weiß, ob ich nicht gelyncht worden wäre, wie vor Jahren ein Mann bei der Pantelämon-Kapelle.

Die Verfügung des Synods ist demnach als Ganzes sehr schlecht; daß es am Ende der Verfügung heißt, die Personen, die sie unterzeichnet haben, wollen beten, daß ich so werde, wie sie, macht ihn nicht besser.

So ist die Verfügung als Ganzes; in Einzelheiten ist sie falsch in folgendem. Es heißt in der Verfügung: „Ein weltbekannter Schriftsteller, Russe von Geburt, der Taufe und Erziehung nach rechtgläubig, Graf Tolstoi, hat in der Verblendung seines hoffärtigen Geistes sich frech erhoben gegen den Herrn und seinen Christ und gegen sein heiliges Erbe, er hat offenkundig vor aller Welt seine Mutter, die rechtgläubige Kirche, die ihn genährt und aufgezogen hat, abgeschworen.“

Daß ich die Kirche, die sich selbst rechtgläubig nennt, abgeschworen habe, ist vollkommen richtig.

Aber nicht deshalb habe ich sie abgeschworen, weil ich mich gegen den Herrn erhoben hätte, im Gegenteil, nur deshalb, weil ich mit allen Kräften der Seele ihm zu dienen strebte. Ehe ich die Kirche abschwor und die Einheit mit der Nation, die mir unsagbar teuer war, habe ich, nachdem mir mancherlei Anzeichen Zweifel an der Wahrhaftigkeit der Kirche geweckt hatten, viele Jahre darauf verwandt, theoretisch und praktisch die Lehre der Kirche zu erforschen: theoretisch, indem ich alles über die Lehre der Kirche las, was ich nur lesen konnte, die dogmatische Theologie studierte und kritisch prüfte; praktisch, indem ich ein Jahr und darüber alle Vorschriften der Kirche streng befolgte, alle Fasten hielt und allen Kirchenandachten beiwohnte. Und ich kam zu der Überzeugung, daß die Lehre der Kirche theoretisch eine arglistige und schändliche Lüge sei, praktisch eine Summe von gröblichstem Aberglauben und Taschenspielerkünsten, die den Sinn der christlichen Lehre vollständig unkenntlich macht.[2]*

---

2 *Man braucht nur das Kirchenbuch zu lesen und die Zeremonien zu beobach-

So habe ich denn wirklich die Kirche abgeschworen, habe aufgehört, ihre Zeremonien zu erfüllen und habe in meinem Testament für meine Angehörigen niedergeschrieben, sie möchten, wenn ich sterbe, keinem Diener der Kirche zu mir Zutritt geben und meinen toten Körper so schnell als möglich fortschaffen, ohne Beschwörungen und ohne Gebete, wie man es mit jeglichem abstoßenden und unnützen Dinge thut, damit es die Lebenden nicht störe.

Wenn es aber dort heißt, „ich hätte meine litterarische Thätigkeit und das Talent, das mir Gott verliehen hat, der Verbreitung von Irrlehren im Volke gewidmet, die Christo und der Kirche widersprechen" u.s.w., und „ich hätte in Schriften und Briefen, die ich sowohl wie meine Schüler über die ganze Welt, besonders aber über das ganze Gebiet des teuren Vaterlandes verbreitet haben, mit dem Eifer des Fanatikers die Verachtung aller Dogmen der rechtgläubigen Kirche und des innersten Wesens des christlichen Glaubens gepredigt", so ist das unrichtig. Nie habe ich mich um die Verbreitung meiner Lehre gekümmert. Es ist wahr, für mich selbst habe ich in Schriften meine Auffassung der Lehre Christi ausgesprochen und habe diese Schriften vor den Menschen, die den Wunsch hatten, sie kennen zu lernen, nicht verborgen gehalten, selber aber habe ich sie nie drucken lassen; gesprochen aber habe ich mit Leuten über meine Auffassung der Lehre Christi nur dann, wenn sie mich danach gefragt haben. Solchen Leuten habe ich gesagt, was ich denke, und habe ihnen, wenn sie bei mir waren, meine Bücher gegeben.

Dann heißt es weiter, ich „verwerfe Gott, den in der heiligen Dreieinigkeit verehrten Schöpfer und Erhalter des Weltalls, ich leugne den Herrn Jesum Christum, den Gottmenschen, den Heiland

---

ten, die von der orthodoxen Geistlichkeit unaufhörlich vollzogen und als christlicher Gottesdienst betrachtet werden, um zu erkennen, daß all diese Zeremonien nichts anderes sind als verschiedene Arten von Taschenspielerkünsten, auf alle möglichen Fälle des Lebens angewendet. Damit ein Kind, das stirbt, in's Paradies komme, muß man es mit Öl salben, und unter Anwendung bestimmter Worte in Wasser tauchen; damit eine gebärende Frau aufhöre, unrein zu sein, muß man bestimmte Verschwörungsformeln über sie sprechen; damit ein Unternehmen Erfolg habe, damit in einem neuen Heim der Frieden wohne, damit das Getreide gedeihe, die Trockenheit aufhöre, damit eine Krankheit weiche, damit der Verstorbene es im Jenseits besser habe, – für alle diese und tausend andere Fälle giebt es bestimmte Verschwörungsformeln, die der Priester an einem bestimmten Orte gegen bestimmte Opfergaben anwendet.

und Erlöser der Welt, der um unser, der Menschen willen und um unserer Erlösung willen gelitten und von den Toten auferstanden ist, ich leugne die unbefleckte Empfängnis bei der Menschwerdung Christi, des Herrn, und die Jungfrauenschaft der heiligen Gottesmutter vor und nach der Geburt." Daß ich die unfaßbare Dreieinigkeit, das Märchen von dem Fall des ersten Menschen, das für unsere Zeit nicht den geringsten Sinn hat, die Geschichte von dem Gotte, der von einer Jungfrau geboren und das Menschengeschlecht erlöst hat, die einer Lästerung gleicht, verwerfe, das ist vollkommen richtig. Gott den Geist aber, Gott die Liebe, den einzigen Gott, den Urquell aller Dinge, den verwerfe ich keineswegs; vielmehr erkenne ich nichts außer Gott als wirklich seiend an und sehe allen Sinn des Lebens nur in der Erfüllung von Gottes Willen, wie er in der christlichen Lehre seinen Ausdruck gefunden hat.

Ferner heißt es: „Er glaubt nicht an ein Leben nach dem Tode und an eine Vergeltung." Wenn unter dem Leben nach dem Tode das jüngste Gericht verstanden wird, die Hölle mit ihren ewigen Qualen und ihren Teufeln, das Paradies – die ewige Seligkeit –, so ist es vollkommen richtig, daß ich ein solches Leben nach dem Tode nicht anerkenne; aber von einem ewigen Leben und einer Vergeltung hier und überall, jetzt und immer, bin ich so fest überzeugt, daß ich, der ich nach meinen Jahren am Rande des Grabes stehe, mich oft überwinden muß, um nicht den leiblichen Tod, das heißt die Neugeburt zu einem anderen Leben zu begehren; und ich glaube daran, daß jede gute That das wahre Glück meines ewigen Lebens vergrößert und jede schlechte That es vermindert.

Es heißt ferner, daß ich alle Sakramente leugne. – Das ist vollständig richtig. Ich halte alle Sakramente für niederträchtige, rohe Taschenspielerkünste, die der Lehre von Gott und der christlichen Lehre unangemessen sind, überdies für eine Verletzung der ausdrücklichsten Weisungen des Evangeliums. In der Taufe der Kinder sehe ich eine offenkundige Verdrehung des ganzen Sinnes, den die Taufe haben konnte für die Erwachsenen, die bewußt das Christentum annahmen; in der Vollziehung des Sakraments der Ehe an Menschen, von denen man weiß, daß sie sich vorher vereinigt haben, und in der Billigung der Scheidung, wie in der Einsegnung der Ehe Geschiedener sehe ich eine ausdrückliche Verletzung des Sinnes wie des Buchstabens der Lehre des Evangeliums.

In der periodischen Vergebung der Sünden bei der Beichte sehe ich einen schädlichen Betrug, der nur die Unsittlichkeit fördert und die Furcht vor der Versündigung vernichtet. In der letzten Ölung wie in der Firmung sehe ich rohe Taschenspielerkünste, ebenso in der Verehrung der Heiligenbilder und der Reliquien, wie überhaupt in *all* den Zeremonien, Gebeten, Beschwörungen, von denen das Kirchenbuch wimmelt. Im Abendmahl sehe ich eine Vergötterung des Fleisches und eine Verdrehung der christlichen Lehre. In der Ausübung der Priesterschaft sehe ich, außer der offenkundigen Vorbereitung zum Betrug, eine ausdrückliche Verletzung der Worte Christi, der ausdrücklich verbietet, irgend jemanden Lehrer, Vater, Meister zu nennen (Matth. 23, 8-10).

Endlich heißt es, und das soll den äußersten und höchsten Grad meiner Schuld bezeichnen, ich „überhäufe die heiligsten Gegenstände des Glaubens mit Schmähungen, ich hätte mich nicht gescheut, das allerheiligste Sakrament, das heilige Abendmahl, zu verspotten." Daß ich mich nicht gescheut habe, einfach und objektiv zu schildern, was der Priester thut zur Vorbereitung dieses sogenannten Sakraments, das ist vollständig richtig; daß aber das sogenannte Sakrament etwas Heiliges, und daß die einfache Schilderung, wie es aufgeführt wird, eine Lästerung sei, das ist vollkommen unrichtig. Nicht darin liegt eine Lästerung, daß man eine Wand Wand nennt und nicht Ikonostas, und eine Schale Schale nennt und nicht Poter (Kelch) und dergleichen mehr – die schrecklichste unaufhörliche empörende Lästerung besteht vielmehr darin, daß Menschen unter Anwendung aller möglichen Mittel des Betrugs und der Hypnose den Kindern und dem einfältigen Volke beibringen, daß, wenn man auf eine bestimmte Art und unter Anwendung bestimmter Worte Stückchen Brot schneidet und sie in den Wein legt, in diese Stückchen Gott eingeht; daß ein Lebender, in dessen Namen man ein Stückchen herausnimmt, gesund wird; ein Toter, in dessen Namen man ein solches Stückchen herausnimmt, im Jenseits größere Seligkeit hat; und in jemanden, der ein solches Stückchen ißt, Gott selbst eingeht.

Das ist schrecklich!

Wie man auch die Persönlichkeit Christi auffassen mag, seine Lehre, die das Übel der Welt vernichtet, die so einfach, so leicht, so unzweifelhaft den Menschen das Glück giebt, wenn sie sie nur nicht verdrehen – diese Lehre ist ganz verhüllt, ganz umgewandelt in einen rohen Hokuspokus von Waschungen, Ölungen, Körperbewegungen, Beschwörungen, Verschlucken von Brotstücken und dergleichen mehr, so daß von der Lehre nichts mehr übrig geblieben ist. Und wenn irgend einmal irgend jemand den Versuch macht, den Menschen in Erinnerung zu rufen, daß die Lehre Christi nicht in diesen Taschenspielerkünsten besteht, nicht in Gebeten, Messen, Lichtern, Heiligenbildern, sondern darin, daß die Menschen einander lieben, Böses nicht mit Bösem vergelten, nicht richten, ihre Nebenmenschen nicht töten sollen, gleich wird die Entrüstung derjenigen laut, denen dieser Betrug Gewinn bringt; und diese Menschen verkünden aller Welt mit beispielloser Frechheit in Kirchen, drucken in Büchern, Zeitungen, Katechismen, Christus habe nie verboten, zu schwören (zu eiden), habe nie verboten, zu töten (hinzurichten, Krieg zu führen), die Lehre vom Nichtwiderstreben sei mit satanischer List von den Feinden Christi ersonnen.[3*]

---

[3] *Rede des Ambrosius, Bischof von Charkow. *Anm. d. Autors.* –
Bischof Ambrosius von Charkow hat am 31. März 1901 in dem dortigen geistlichen Seminar eine Rede gehalten über Tolstoj und seine Lehre. Besonders sprach er über den Satz: „Widerstrebet nicht dem Übel mit Gewalt," den Tolstoj bekanntlich als den Grundpfeiler der Lehre Christi ansieht. Von dieser Lehre des Nichtwiderstrebens sagte er wörtlich: „Dieses mit satanischer List ersonnene Gebot werde auf alle Verirrungen unseres Jahrhunderts angewendet und diene zu ihrer Rechtfertigung." Tolstoj stehe nicht allein da; er habe auch Gesinnungsgenossen: den Fürsten Thilkow, Bodjanski, Certkow, Abrikosow, Tregubow, die bereits in der Litteratur einen Namen haben, und Andere, die im Geheimen unter dem Volke arbeiten.
Diese Agitatoren bilden sozialistische Gesellschaften und Kolonien. „Auf dem Gute Pawlowki im Kreise Gumy Gouvernement Charkow hat z. B. Fürst Thilkow 400 Desjatinen eigenen Landes den Bauern geschenkt, ihnen 40 Häuser gebaut und seine Anhänger dort angesiedelt. Besonders bemerkenswert ist es, daß, wie uns bekannt, die eigene Tochter des Grafen, Tatjana Lwowna, mehr als einmal nach Pawlowki gereist ist, um ihre Genossen zu besuchen und die dortigen Stundisten zu unterstützen." – Die Tolstojaner," sagte der Bischof weiter, „findet man in allen staatlichen und gesellschaftlichen Kreisen, von den Höchsten bis zu den Niedrigsten. Daß sie in den höchsten Kreisen vorhanden sind, geht aus der stillschweigenden Duldung hervor, die man den Feinden der Kirche und des wahren Wohles unseres Vaterlands gegenüber übt. Das geht auch aus der geheimen Beschützung der Altgläubigen und aller möglicher Sektierer hervor, durch die man die orthodoxe Kirche zu schädigen hofft, die den Liberalen und Materialisten so verhaßt ist." – Über die kommunistischen Ansiedelungen, genauer „christlichen

Schrecklich ist vor allem, daß die Menschen, denen das Gewinn bringt, nicht bloß die Erwachsenen betrügen, sondern da sie die Macht dazu haben, auch die Kinder, eben die Kinder, von denen Christus gesagt hat: Wehe dem, der sie betrügt. Schrecklich ist, daß diese Menschen um ihrer kleinlichen Vorteile willen ein so schreckliches Übel schaffen, indem sie den Menschen die Wahrheit verbergen, die Christus offenbart hat und die ein Glück giebt, das noch nicht aufgewogen wird von dem Tausendfachen der Vorteile, die sie dadurch haben. Sie handeln wie der Räuber, der eine ganze Familie, fünf bis sechs Menschen, totschlägt, um eine alte Jacke im Werte eines halben Thalers zu erbeuten. Gern hätten sie ihm den ganzen Anzug und all ihr Geld hergegeben, wenn er sie nur nicht getötet hätte. Aber er kann nicht anders handeln. Ganz so geht es den Betrügern von Religionswegen. Man könnte sie zehnmal besser, man könnte sie im größten Luxus erhalten, wenn sie nur die Menschen nicht zu Grunde richten wollten mit ihrem Betrug. Aber sie können nicht anders handeln. Und das ist das Schreckliche. Darum ist es nicht bloß erlaubt, sondern geboten, ihren Betrug aufzudecken. Wenn es etwas Heiliges giebt, so ist es gewiß nicht das, was sie ein Sakrament nennen, sondern gerade diese Verpflichtung, ihren religiösen Betrug aufzudecken, wenn man ihn erkannt hat.

Wenn der Tschuwasche seinen Götzen mit Rahm bestreicht oder ihn peitscht, bin ich im stande, seine Glaubensanschauungen zu schonen und gleichgültig vorüberzugehen; er thut das im Namen eines mir fremden Aberglaubens und rührt nicht an etwas, was mir heilig ist. Wenn aber die Menschen mit ihrem barbarischen Aberglauben, so viel ihrer auch seien, so alt ihr Aberglaube auch sei und so mächtig sie auch seien, im Namen des Gottes, durch den ich lebe, und der Lehre Christi, die mir das Leben gegeben hat und es allen Menschen geben kann, die roheste Taschenspielerkunst predigen, so kann ich das nicht ruhig mitansehen. Und wenn ich das, was sie thun, mit dem rechten Namen nenne, so handle ich nur, wie ich zu handeln gezwungen bin, wenn ich an Gott und die christliche Lehre

---

Gemeinschaften", die den Zorn des Kanzelredners hervorgerufen haben, habe ich schon 1891 in der ersten Auflage meiner „Gespräche über und mit Tolstoj" (Berlin 1891) Ausführliches berichtet. (Eine neue erweiterte Auflage dieser „Gespräche" erscheint gegenwärtig bei Eugen Diederichs in Leipzig. *Anm. d. Übersetzers.*

glaube. Wenn sie aber die Enthüllung ihres Betrugs Lästerung nennen, so beweist das nur die Stärke ihres Betrugs und müßte nur dazu beitragen, die Anstrengungen der Menschen, die an Gott und an die Lehre Christi glauben, zu steigern, um diesen Betrug, der den Menschen den wahren Gott verhüllt, zu vernichten.

Von Christus, der die Rinder, die Schafe und die Händler aus dem Tempel vertrieb, hätten sie sagen müssen, er lästert.

Wenn er jetzt erschiene und sähe, was in seinem Namen in der Kirche geschieht, er würde mit noch größerem und berechtigtem Zorn sicherlich alle diese entsetzlichen heiligen Tücher und Lanzen und Kreuze und Kelche und Lichte und Bilder hinauswerfen und all die Dinge, durch die sie bei ihrem Hokuspokus den Menschen Gott und seine Lehre verhüllen.

So steht es mit dem, was falsch und was richtig ist in der Synodalverfügung gegen mich. Ich glaube wirklich nicht an das, an was sie zu glauben vorgeben. Aber ich glaube an vieles, wovon sie den Menschen einreden möchten, daß ich es nicht glaube.

Ich glaube an folgendes: Ich glaube an Gott, der mir der Geist, die Liebe, der Urquell aller Dinge ist. Ich glaube, daß er in mir ist und daß ich in ihm bin. Ich glaube, daß der Wille Gottes nirgends klarer, deutlicher ausgedrückt ist, als in der Lehre des Menschen Christus. Wer diesen als Gott auffaßt und zu ihm betet, begeht nach meiner Meinung die größte Lästerung. Ich glaube, daß das wahre Glück des Menschen in der Erfüllung von Gottes Willen besteht. Sein Wille aber ist, daß der Mensch den Nebenmenschen liebe und darum gegen den Nebenmenschen so handle, wie er wünscht, daß gegen ihn gehandelt werde; so heißt es auch im Evangelium, darin besteht das ganze Gesetz und die Propheten. Ich glaube, der Sinn des Lebens jedes Menschen besteht daher nur darin, in sich die Liebe zu vermehren; diese Vermehrung der Liebe führt den einzelnen Menschen in diesem Leben zu immer größerem und größerem Glück, giebt nach dem Tode eine um so größere Glückseligkeit, je mehr Liebe dem Menschen innewohnt und trägt mehr als irgend etwas anderes dazu bei, das Reich Gottes auf Erden, das heißt eine solche Form des Zusammenlebens zu begründen, bei der die Zwietracht, der Betrug und die Gewalt, die jetzt herrschen, durch zwanglose Eintracht, Wahrheit und Brüderlichkeit aller Menschen ersetzt wird. Ich glaube, daß es nur ein Mittel giebt, um in der Liebe fortzuschreiten; das Gebet – nicht das Gebet der Gemeinschaft in den Gotteshäusern, das Christus ausdrücklich verworfen hat (Matth. 6, 5 – 13), sondern das Gebet, für das uns Christus selbst ein Muster gegeben hat: das einsame, dessen Wesen es ist, in unserem Bewußtsein den Sinn unseres Lebens und unsere Abhängigkeit von Gottes Willen wiederherzustellen und zu befestigen.

Diese meine Glaubensanschauungen mögen den Einen oder den Anderen beleidigen, kränken oder beunruhigen, hie oder da stören oder mißfallen – ich vermag sie ebenso wenig zu ändern wie meinen Körper. Ich muß für mich allein leben, auch allein für mich sterben (und das sehr bald), ich kann daher um keinen Preis anders glauben, als ich glaube, indem ich mich bereite, zu dem Gott zurückzukehren, von dem ich ausgegangen bin. Ich glaube nicht daran, daß mein Glaube der unzweifelhaft wahre für alle Zeiten sei, aber ich sehe keinen anderen, der einfacher und klarer ist und allen Bedürfnissen meines Geistes und meines Herzens mehr entspricht; wenn ich einen solchen kennen lerne, so nehme ich ihn sofort an, denn Gott braucht nichts so sehr als Wahrheit. Zurückkehren jedoch zu dem Glauben, von dem ich unter solchen Leiden mich eben erst befreit habe, kann ich um keinen Preis mehr; wie der Vogel in den Lüften nicht mehr zurück kann in die Eierschale, aus der er hervorgekrochen ist.

„Wer damit beginnt, das Christentum mehr als die Wahrheit zu lieben, wird sehr bald seine Kirche oder seine Sekte mehr lieben, als das Christentum, und wird schließlich dahin kommen, sich selbst (seine Ruhe) mehr zu lieben, als alles in der Welt", hat Coleridge gesagt.

Ich bin den umgekehrten Weg gegangen. Ich habe damit begonnen, meinen orthodoxen Glauben mehr zu lieben, als meine Ruhe, dann habe ich das Christentum mehr geliebt, als meine Kirche, jetzt aber liebe ich die Wahrheit mehr als alles in der Welt. Und daher fällt die Wahrheit für mich zusammen mit dem Christentum, wie ich es verstehe. Und ich bekenne dieses Christentum; und in *dem* Maße, in dem ich es bekenne, lebe ich in Frieden und Freuden und gehe in Frieden und Freuden dem Tode entgegen.

Moskau den 4. April 1901

Anhang

Verordnung des Allerheiligsten Synods vom 20. – 22. Februar 1901 Nr. 557 mit einem Sendschreiben an die treue Gemeinde der rechtgläubigen griechisch-russischen Kirche über den Grafen Leo Tolstoj.

Der allerheiligste Synod hat in seiner Fürsorge um die Herde der rechtgläubigen Kirche und um sie vor den verderblichen Ketzereien zu schützen und die Verirrten zu retten, nachdem ihm Kunde geworden von dem Grafen Leo Tolstoi und seiner antichristlichen und kirchenfeindlichen Irrlehre, für recht befunden, um einer Verletzung des kirchlichen Friedens vorzubeugen, das unten folgende Sendschreiben durch Abdruck in den „Kirchlichen Nachrichten" der Welt kund zu thun:

Durch die Gnade Gottes

Der Hochheilige Allreußische Synod sendet der treuen Herde der rechtgläubigen katholischen griechisch-russischen Kirche Gruß in dem Herrn. Ich ermahne Euch, lieben Brüder, daß Ihr aufsehet auf die, die da Zertrennung und Ärgernis anrichten neben der Lehre, die Ihr gelernet habt, und weichet von denselbigen (Röm. 16, 17).

Von Anbeginn an hat die Kirche Christi Schmähungen und Angriffe von zahlreichen Ketzern und Irrlehrern erduldet, die bemüht waren, sie zu stürzen und in ihren Grundpfeilern, die auf dem Glauben an Christum, den Sohn des lebendigen Gottes, ruhen, zu erschüttern. Aber alle Kräfte der Hölle haben nach der Verheißung des Herrn die heilige Kirche nicht zu überwinden vermocht, die in alle Ewigkeit unüberwindlich sein wird. Auch in unseren Tagen ist nach Gottes Ratschluß ein neuer Irrlehrer erstanden, Graf Leo Tolstoj. Ein weltbekannter Schriftsteller, Russe von Geburt, Taufe und Erziehung nach rechtgläubig, hat Graf Tolstoj in der Verblendung seines hoffärtigen Geistes sich frech erhoben gegen den Herrn und Seinen

Christ und gegen Sein heiliges Erbe; er hat offenkundig vor aller Welt seine Mutter, die rechtgläubige Kirche, die ihn genährt und aufgezogen hat, abgeschworen; er hat seine litterarische Thätigkeit und das ihm von Gott verliehene Talent dazu verwandt, im Volke Lehren zu verbreiten, die Christo und der Kirche widersprechen, und in den Köpfen und Herzen der Menschen den Glauben der Väter auszurotten, den orthodoxen Glauben, auf dem das Weltall gegründet ist, in dem unsere Vorfahren gelebt und ihr Heil gefunden haben, und durch den bis heut das heilige Rußland fest und stark war. In seinen Schriften und Briefen, die er und seine Jünger über die ganze Welt, besonders aber über das Gebiet unseres teuren Vaterlandes in Mengen verbreiten, predigt er mit dem Eifer des Fanatikers die Vernichtung aller Dogmen der rechtgläubigen Kirche und des innersten Wesens des christlichen Glaubens: er verwirft den persönlichen lebendigen Gott, den die heilige Kirche als Schöpfer und Erhalter des Weltalls preist. Er leugnet den Herrn Jesum Christum, den Gottmenschen, den Heiland und Erlöser der Welt, der um unser, der Menschen, willen gelitten hat und um unserer Erlösung willen von den Toten auferstanden ist; er leugnet die unbefleckte Empfängnis bei der Menschwerdung Christi, des Herrn, und die Jungfrauenschaft der heiligen Gottgebärerin, der reinen Jungfrau Maria, vor und nach der Geburt; er erkennt ein Leben nach dem Tode und eine Vergeltung nicht an; er verwirft alle Sakramente der Kirche und die segenspendende Kraft des heiligen Geistes, die in ihnen ruht; er ist nicht davor zurückgeschreckt, die heiligsten Gegenstände des Glaubens des rechtgläubigen Volkes zu verspotten und das Höchste der Sakramente, das heilige Abendmahl, zu schmähen. All dies predigt Leo Tolstoj ununterbrochen in Wort und Schrift zur Verführung und zum Entsetzen der gesamten orthodoxen Kirche; er ist damit nicht im geheimen vorgegangen, sondern hat sich offenkundig, vor allen, bewußt und absichtlich von jeglicher Gemeinschaft mit der rechtgläubigen Kirche losgerissen. Es wurden Versuche zu seiner Belehrung gemacht, aber sie waren nicht von Erfolg gekrönt. Darum erkennt die Kirche ihn nicht als ihr Mitglied an und kann ihn so lange nicht als solches anerkennen, bis er Buße gethan und seine Gemeinschaft mit ihr wiederhergestellt hat. Dies bekunden wir hiermit vor der gesamten Kirche zur Befestigung der Aufrechtstehenden und zur Belehrung der Irrenden, insonderheit aber zu neuer Belehrung des Grafen Tolstoj selber. Viele der ihm Nahestehenden, die den Glauben behalten haben, denken mit Kummer daran, daß er am Ende seiner Tage ohne den Glauben an Gott und den Herrn, unseren Erlöser, dasteht, nachdem er die Segnungen und die Gebete der Kirche und jegliche Gemeinschaft mit ihr verworfen hat.

Indem wir somit seinen Abfall von der Kirche bekunden, beten wir zugleich, der Herr möge ihm Muße geben, die Wahrheit zu erkennen (2. Tim. 2–25). So wollen wir denn beten, barmherziger Gott, der Du den Tod der Sünder nicht willst, höre uns, sei uns gnädig und führe ihn zurück zu Deiner heiligen Kirche. Amen.

Die Urschrift haben unterzeichnet:

Antonius, Metropolit von Petersburg und Ladogn.
Theognost, Metropolit von Kiew und Galizien.
Wladimir, Metropolit von Moskau und Kolomä.
Hieronymus, Erzbischof von Cholm und Warschau.
Jakob, Bischof von Kischinew und Chotin.
Marcellus, Bischof.
Boris, Bischof.

3.
AN DEN ZAREN UND SEINE LEUTE
Ein offener Brief
(1901)

Übersetzt
von Raphael Löwenfeld

Wieder Totschlag, wieder Straßenkampf, wieder drohende Strafen an Leib und Leben, wieder Schrecken, falsche Beschuldigungen, Drohungen und Erbitterung von der einen Seite und wiederum Haß, Rachedurst, Opferbereitschaft von der anderen. Wiederum sind alle Russen in zwei feindliche Lager geteilt und begehen die größten Verbrechen oder rüsten sich dazu.

Möglich, daß die Gärung, die jetzt in die Erscheinung getreten ist, niedergehalten wird, möglich aber auch, daß die Soldaten-, Polizei- und Linienmannschaften, auf die die Regierung solche Hoffnungen setzt, begreifen, daß die That, die man von ihnen verlangt, das furchtbare Verbrechen des Brudermords ist, und den Gehorsam verweigern. Wenn aber auch jetzt die Gärung niedergehalten wird, verstummen wird sie nicht, sie wird vielmehr im stillen immer weiter und weiter um sich greifen und unvermeidlich früher oder später mit gesteigerter Kraft in die Erscheinung treten und noch schlimmere Leiden und Verbrechen erzeugen.

Warum das? Warum das, wenn es doch so leicht ist, sich davon freizumachen?

Wir richten unser Wort an Euch Alle, an Euch, die Ihr die Macht habt, vom Zaren an, von den Mitgliedern des Reichsrats, den Ministern, bis zu den Verwandten – Oheimen, Brüdern, Angehörigen des Zaren, die Ihr durch Überredung auf ihn wirken könnt. Wir richten unser Wort an Euch nicht als an Feinde, sondern an Brüder, die Ihr – ob Ihr wollt oder nicht – unzertrennlich mit uns verbunden seid, so verbunden, daß alle Leiden, die wir erdulden, auch auf Euch zurückfallen, und um so schwerer, wenn Ihr fühlt, daß Ihr die Möglichkeit hattet, diese Leiden zu beseitigen, und dies nicht gethan habt – machet, daß dieser Zustand ein Ende habe.

Ihr, oder die meisten von Euch, glaubt, es komme alles daher, daß mitten im regelmäßigen Gange des Lebens plötzlich unruhige, unzufriedene Menschen auftreten, die das Volk aufwiegeln und diesen regelmäßigen Gang stören; daß nur diese Menschen an allem schuld sind, daß man diese unruhigen, unzufriedenen Menschen zur Ruhe bringen, zügeln müsse, daß dann alles wieder gut sein wird und nichts einer Veränderung bedarf.

Wenn es wirklich nur an unruhigen und bösen Menschen läge, dann brauchte man sie ja nur einzufangen, in die Gefängnisse zu sperren oder hinzurichten, und alle Unruhen hätten ein Ende. Aber seit mehr als dreißig Jahren schon fängt man diese Menschen zu Tausenden, sperrt sie ein, richtet sie hin, schickt sie in die Verbannung, und ihre Zahl wird immer größer und die Unzufriedenheit mit der herrschenden Gesellschaftsordnung wächst nicht bloß, sondern breitet sich nach allen Seiten aus; sie hat heute schon Millionen des arbeitenden Volks ergriffen, die ungeheure Mehrzahl des ganzen Volks. Es ist klar, die Unzufriedenheit kommt nicht von unruhigen und bösen Menschen, sondern von etwas anderem. Ihr, Männer der Regierung, müßtet nur auf einen Augenblick die Aufmerksamkeit von dem hitzigen Kampfe, mit dem Ihr jetzt beschäftigt seid, ablenken – Ihr müßtet nur aufhören, in Euerer Naivetät zu glauben, was in dem jüngsten Rundschreiben des Ministers des Innern ausgesprochen wird: daß nämlich „die Polizei nur rechtzeitig die Menge auseinanderzutreiben und unter sie zu schießen brauche, wenn sie nicht auseinandergehen will, damit Ruhe und Stille herrsche". – Ihr müßtet nur aufhören, daran zu glauben, um ganz klar die Ursache zu erkennen, die die Unzufriedenheit im Volke hervorruft und ihren Ausdruck findet in den Unruhen, die einen immer größeren, immer weiteren Umfang annehmen.

Die Gründe liegen darin, daß die Regierung infolge der unglückseligen zufälligen Ermordung des Zaren, der das Volk befreit hat, die eine kleine Gruppe von Menschen ausgeführt hat, die in dem Irrtum befangen waren, daß sie damit dem gesamten Volke dienen, zu dem Entschluß gekommen ist, nicht nur vorwärtszugehen und mehr und mehr die despotischen Regierungsformen aufzugeben, die unseren Lebensbedingungen widersprechen, sondern, im Gegenteil, in der Meinung, das Heil liege gerade in diesen brutalen, überlebten Formen, im Laufe von zwanzig Jahren nicht nur nicht vorwärtsschreitet, wie es die allgemeine Entwickelung und komplizierte Gestaltung unseres Lebens fordert, ja nicht einmal auf dem alten Platze stehen geblieben ist, sondern zurückschreitet und durch diese rückschrittliche Bewegung sich mehr und mehr von dem Volke und seinen Bedürfnissen entfernt hat.

Demnach sind nicht die bösen und unruhigen Menschen schuld, sondern Ihr selbst, Ihr Regierenden, die Ihr Euer Augenmerk auf nichts anderes richtet, als auf die eigene Ruhe im gegenwärtigen Augenblick. Nicht darum handelt es sich, daß Ihr Euch jetzt vor Feinden schützet, die Euch übel wollen – kein Mensch will Euch übel – sondern daß Ihr die Ursache der Unzufriedenheit der Gesellschaft anerkennet und sie beseitiget. Unmöglich können alle Menschen Zwietracht und Feindschaft wollen; sie ziehen es immer vor, in Eintracht und Liebe mit ihren Brüdern zu leben. Wenn sie sich jetzt empören und Euch übel zu wollen scheinen, so geschieht es nur deshalb, weil sie in Euch das Hindernis sehen, das sie selbst und Millionen ihrer Brüder um die höchsten Güter der Menschheit beraubt – um Freiheit und Bildung.

Es braucht nur so wenig, damit die Menschen aufhören, sich zu empören und über Euch herzufallen, und dieses Wenige ist für Euch selbst so notwendig, giebt Euch so augenscheinlich Beruhigung, daß es erstaunlich wäre, wenn Ihr es nicht thätet.

Und zu thun ist im Augenblick nur sehr wenig. Nur folgendes ist im Augenblick nötig:

Erstens – die Bauern in allen ihren Rechten mit den anderen Bürgern gleichzustellen und darum:

a) das thörichte Institut der Landesvorsteher, das gänzlich isoliert dasteht, aufzuheben;

b) die besonderen Vorschriften über das Verhältnis der Arbeitnehmer zu den Arbeitgebern abzuändern;

c) die Bauern zu befreien von dem drückenden Paßzwang, wenn sie von einem Ort zum andern übersiedeln wollen, und von den Verpflichtungen, die ausschließlich die Bauern belasten, wie Quartiersteuer, Vorspannsteuer, Dorfpolizeisteuer;

d) sie zu befreien von der ungerechten Verpflichtung, Schulden anderer auf Grund der Gegenseitigkeits-Bürgschaft zu zahlen, auch von den Loskaufsgeldern, die längst die Höhe der losgekauften Güter erreicht haben; und

e) vor allem anderen – die sinnlose, ganz und gar überflüssige schmachvolle körperliche Züchtigung abzuschaffen, die nur für die arbeitsamste, sittlich beste und zahlreichste Gesellschaftsklasse noch in Geltung ist.

Die Gleichstellung der Bauernklasse, die die ungeheure Mehrzahl des Volks ausmacht, in allen Rechten mit den anderen Volksschichten ist darum besonders wichtig, weil eine Gesellschaftsordnung, bei der diese Mehrheit nicht die gleichen Rechte mit allen anderen genießt, sondern sich in der Lage eines Sklaven befindet, der durch besondere Ausnahmegesetze gebunden ist, nicht dauerhaft und unerschütterlich sein kann. Nur bei voller Gleichheit der arbeitenden Mehrzahl mit allen anderen Bürgern und bei ihrer Befreiung von schmählichen Ausnahmebestimmungen ruht die Gesellschaftsordnung auf fester Grundlage.

Zweitens – muß die Anwendung der sogenannten Bestimmungen über erhöhten Schutz aufhören, die alle bestehenden Gesetze aufheben und die Bevölkerung der Gewalt von sehr häufig unsittlichen, dummen und grausamen Beamten ausliefern. Die Aufhebung des erhöhten Schutzes ist darum wichtig, weil diese Lähmung der Wirkung der allgemeinen Gesetze das Denunzianten- und Spionentum großzieht, die brutale Gewalt fördert und hervorruft, die *so oft* gegen Arbeiter zur Anwendung kommt, die mit ihren Herren und Gutsbesitzern in Widerspruch geraten (nirgends kommen so grausame Qualen zur Anwendung, wie da, wo diese Bestimmungen in Wirksamkeit treten). Hauptsächlich deshalb, weil nur dank diesen schrecklichen Maßregeln immer häufiger und häufiger die Todesstrafe zur Anwendung kommt, die sicherer als alles andere die Menschen im Innersten zerstört, die dem christlichen Geist des russischen Volkes widerspricht und bis zum heutigen Tage in unserer Gesetzgebung nicht anerkannt ist und die das größte, von Gott und dem menschlichen Gewissen verbotene Verbrechen ist.

Drittens – muß alles beseitigt werden, was der Bildung, der Erziehung und dem Unterricht hindernd im Wege steht:

a) Es darf kein Unterschied bei der Erreichung der Mittel zur Bildung zwischen Personen verschiedener Stände gemacht werden; es müssen also alle ausschließlich für das Volk bestimmten Verbote in Bezug auf Lesen, Unterricht und Bücher, die man aus irgend einem Grunde als verderblich für das Volk ansieht, aufgehoben werden;

b) der Zutritt zu allen Schulen muß jedermann offen stehen, ohne Unterschied des Volkstums und des Bekenntnisses, die Juden mit inbegriffen, die, man weiß nicht warum, dieses Recht nicht haben;

c) die Lehrer dürfen nicht daran gehindert werden, den Unterricht in den Schulen in den Sprachen zu geben, welche die Kinder sprechen, die die Schule besuchen;

d) vor allem aber muß es jedem, der sich der pädagogischen Thätigkeit widmen will, frei stehen, Privatschulen jeder Art, höhere und niedere, zu gründen und zu leiten.

Die Befreiung der Bildung, der Erziehung und des Unterrichts von den Beschränkungen, unter denen sie jetzt stehen, ist darum wichtig, weil nur diese Beschränkungen das arbeitende Volk hindern, sich von eben der Unbildung zu befreien, die jetzt der Regierung zum Hauptvorwand für die Anwendung dieser Beschränkungen auf das Volk dient. Die Befreiung von der Einmischung der Regierung in das Werk der Bildung des arbeitenden Volkes würde dem Volke die Möglichkeit geben, sich unvergleichlich schneller und zweckmäßiger all die Kenntnisse anzueignen, deren es bedarf, und nicht die, die man ihm aufdrängt. Die Erlaubnis zur Gründung und Leitung von Schulen durch Privatpersonen aber würde den immer wieder auftretenden Unruhen unter der studierenden Jugend, die mit den Methoden der Institute, in denen sie sich befindet, unzufrieden ist, ein Ende machen. Gäbe es keine Hindernisse für die Gründung freier Privatschulen, höherer und niederer, so würden die jungen Leute, die mit der Ordnung der staatlichen Lehrinstitute unzufrieden sind, in die Privatanstalten übergehen, die ihren Forderungen entsprächen.

Und endlich, viertens – und das ist das Wichtigste, müssen alle Beschränkungen der Freiheit der Religionsübung aufgehoben werden:

a) Es müssen alle die Gesetze aufgehoben werden, die jede Abweichung von der staatlich anerkannten Kirche als Verbrechen strafen;

b) es muß die Eröffnung und Errichtung von Kapellen und Kirchen der Altgläubigen, von Bethäusern der Baptisten, Molokanen, Stundisten u. a. freigegeben werden;

c) es müssen religiöse Versammlungen und religiöse Predigten aller Bekenntnisse gestattet werden;

d) es dürfen die Anhänger der verschiedenen Bekenntnisse nicht gehindert werden, die Menschen in *dem* Glauben zu erziehen, den sie für den wahren halten.

Es ist eine Notwendigkeit, daß das geschehe; denn abgesehen selbst von der durch die Geschichte und die Wissenschaft begründeten und von aller Welt anerkannten Wahrheit, daß religiöse Verfolgungen nicht nur ihr Ziel verfehlen, sondern die entgegengesetzte Wirkung hervorrufen, indem sie verstärken, was sie gern vernichten möchten, abgesehen ferner davon, daß nur die Einmischung der Regierungsgewalt in Sachen des Glaubens das schädlichste und darum schlimmste Laster der Heuchelei erzeugt, das Christus so scharf entlarvt hat, abgesehen von alledem verhindert die Einmischung der Gewalt in Sachen des Glaubens die Erreichung des höchsten Glücks des einzelnen Menschen, wie der Gesamtheit der Menschen – ihre Vereinigung. Die Vereinigung aber wird keineswegs durch gewaltsame und unmögliche Erhaltung aller Menschen in dem einmal angenommenen äußeren Bekennen einer religiösen Lehre erreicht, der man Unfehlbarkeit zuschreibt, sondern nur durch das freie Fortschreiten der gesamten Menschheit der einzigen Wahrheit zu, die darum einzig und allein die Menschen vereinigen kann.

Dies sind die bescheidensten und, wie wir meinen, leicht ausführbaren Wünsche der ungeheuren Mehrzahl der russischen Gesellschaft. Die Durchführung dieser Maßregeln wird unzweifelhaft die Gesellschaft beruhigen und sie erlösen von den schrecklichen Leiden (und was schlimmer ist als Leiden, von den Verbrechen), die unvermeidlich von beiden Seiten begangen werden, wenn die Regierung nur Sorge tragen wird für die Niederhaltung der Unruhen, ohne sich um die Beseitigung ihrer Ursachen zu kümmern.

Wir richten unser Wort an Euch Alle – den Zaren, die Minister, die Mitglieder des Reichsrats, die Berater und Freunde des Zaren – überhaupt an alle Personen, die die Macht haben: Helfet mit, die Gesellschaft zu beruhigen und sie zu erlösen von Leiden und Verbrechen. Wir richten unser Wort an Euch, nicht als Menschen aus einem anderen Lager, sondern als Gesinnungsgenossen und Brüder wider Willen.

Es darf nicht sein, daß es in einer Gesellschaft von Menschen, die ein Band umschließt, den einen wohl ergeht, den anderen schlecht.

Besonders aber darf es nicht so sein, daß es der Mehrzahl schlecht ergeht. Allen aber kann es nur dann wohlergehen, wenn es der kraftvollen, arbeitenden Mehrzahl wohlergeht, auf der die ganze Gesellschaft ruht.

So helfet denn, die Lage dieser Mehrzahl zu verbessern, und zwar in der Hauptsache: in ihrer Freiheit und Bildung. Dann erst wird auch Eure Lage eine ruhige und wahrhaft gute sein.

Dies hat Leo Tolstoj geschrieben, und da er es schrieb, war er bemüht, nicht nur seiner eigenen Meinung Worte zu leihen, sondern der Meinung vieler vortrefflicher, uneigennütziger, vernünftiger und guter Menschen, die das Gleiche wollen.

15. März 1901

II.
Gott und Unsterblichkeit

Leo N. Tolstoi

Aus dem Russischen
übersetzt von L. A. Hauff[1]

1.
Gedanken von Gott
[Zusammenstellung 1898]

Gott ist für mich das, nach dem mein Streben gerichtet ist; in diesem Streben besteht mein Leben, und darum existiert Gott für mich, aber in solcher Gestalt, daß ich Ihn nicht begreifen, nicht nennen kann. Wenn ich Gott begreifen werde, so werde ich zu Ihm gehen, und ich brauchte nicht nach Ihm zu streben, das Leben aber würde nicht sein. Aber – was ein Widerspruch zu sein scheint – ich kann Ihn nicht begreifen oder nennen, und doch kenne ich Ihn – ich weiß die Richtung zu Ihm, und von allem meinem Wissen ist dieses sogar das zuverlässigste.

Ich kenne Ihn nicht, aber dabei ist mir immer schrecklich zu Mut, wenn ich ohne Ihn bin, und nur dann bin ich ruhig, wenn ich mit Ihm bin. Noch seltsamer ist es, daß es für mich jetzt, in meinem jetzigen Leben nicht nötig ist, Ihn mehr und besser zu kennen, als ich Ihn jetzt kenne. Ich kann mich Ihm nähern und habe Verlangen danach, und darin liegt mein Leben, aber die Annäherung kann mein Wissen nicht vermehren.

Jeder Versuch einer Vorstellung, daß ich Ihn erkenne (z. B., daß Er der Schöpfer sei oder barmherzig oder etwas Ähnliches), entfernt mich von Ihm und unterbricht meine Annäherung zu Ihm.

---

[1] Textquelle | Leo N. Tolstoi: *Gott und Unsterblichkeit.* / Das Leben und die Lehre Christi. / Du sollst dem Bösen nicht Widerstand leisten. Aus dem Russischen übersetzt von L. A. Hauff. Berlin: Verlag von Otto Janke [1901]. [131 Seiten].

Noch seltsamer ist das, daß ich nur Ihn allein wirklich lieben kann, das heißt mehr als mich selbst und mehr als alles. Nur bringt diese Liebe keinerlei Aufenthalt, keinerlei Verminderung (im Gegenteil nur Vermehrung), keine Sinnlichkeit, kein Schwanken, keine Wohldienerei, keine Furcht, keine Selbstzufriedenheit. Alles, was gut ist, liebt man nur durch diese Liebe, und so kommt es, daß man nur durch Ihn liebt und demzufolge lebt.

Nun, das ist's, was ich denke oder vielmehr fühle. Dem ist nur hinzuzufügen, daß das Fürwort „Er" nach meinem Gefühl Gott etwas beleidigt. Das Wörtchen „Er" vermindert Ihn gleichsam.

Zur Vorstellung von Gott muß nach meinem Gefühl noch die Bestimmung Arnolds hinzugefügt werden, welche ich immer als die eine und hauptsächlichste Seite, von welcher aus man sich Gott vorstellt, verstanden habe. (M. Arnold leitet seine Vorstellung von dem Propheten des Alten Testaments ab, und wirklich ist das bis zu Christus vollkommen genügend.) Gott ist das Ewige, Unendliche, außer uns Bestehende und uns Erfüllende, das von uns Rechtschaffenheit verlangt. Man kann sagen: Das Gesetz des menschlichen Lebens ist der Wille Gottes in Beziehung auf den Teil des Lebens der Menschen, welcher in ihrer Gewalt ist. Ich sage, daß diese Bestimmung genügend war bis Christus, aber Christus offenbart uns, daß die Erfüllung dieses Gesetzes, außer seiner äußerlichen Verbindlichkeit für die menschliche Vernunft, noch einen anderen, einfacheren, das ganze Dasein des Menschen umfassenden inneren Antrieb hat, nämlich die Liebe. Die Liebe, nicht zur Frau, zum Kind, zum Vaterland und so weiter, sondern die Liebe zu Gott (Gott ist die Liebe) ist die höchste Liebe – jenes Gefühl der Zärtlichkeit, Lebensfreude, welche auch das dem Menschen eigene, selige, wahre Leben ist, das keinen Tod kennt.

Gott erkennt man nicht sowohl mit der Vernunft, selbst nicht mit dem Herzen, sondern aus dem Gefühl vollständiger Abhängigkeit von Ihm, ähnlich wie das Gefühl, das ein Brustkind in den Händen der Mutter empfindet. Es weiß nicht, wer es hält, wer es wärmt, wer es nährt, aber es weiß, daß dieser Jemand besteht, und wenn es ihn auch nicht kennt, liebt es doch denselben.

Ich habe früher Erscheinungen des Lebens gesehen, ohne daran zu denken, woher diese Erscheinungen kommen, und warum ich sie sah.

Darum habe ich begriffen, daß alles, was ich sah, vom Licht herkommt, welches das Verständnis ist. Und ich freute mich so sehr, daß ich vollkommen zufrieden war mit der Erkenntnis des Verständnisses allein als Ursprung von allem.

Aber dann sah ich, daß das Verständnis das Licht ist, welches wie durch mattes Glas zu mir gelangt. Das Licht sehe ich, aber das, was dieses Licht giebt, kenne ich nicht, ich weiß nur, daß es existiert.

Eben das, was die Quelle des Lichtes ist, das ich nicht kenne, von dessen Dasein ich aber überzeugt bin, das ist Gott.

Es ist erstaunlich, daß ich nicht früher diese unzweifelhafte Wahrheit erkennen konnte, daß hinter dieser Welt und unserem Leben in derselben jemand oder etwas ist, welches weiß, warum diese Welt besteht, und wir auf derselben wie die Blasen aus dem kochenden Wasser, welche platzen und verschwinden.

Du sagst: „Ich kann nicht begreifen, daß Gott irgendwo eine Ewigkeit lang saß und ihm dann plötzlich einfiel: Ich werde die Welt erschaffen! Worauf er sie erschuf und sagte: Es ist gut!"

Es ist wahr, wir können das auch nicht begreifen, wenn wir nichts fragen, und uns plötzlich das gesagt wird.

Aber sage mir, kann man das begreifen, daß alles, was ist, von jeher war und keinen Anfang hatte? Das ist unmöglich.

Und Du sagst, alles hat einen Anfang, und von Anfang zu Anfang gehend, seist Du weit gelangt. Und durch Nachdenken und Schlußfolgerungen seist Du zum Ursprung gelangt, nicht vor siebentausend Jahren, sondern viel weiter. Und so sahest Du nicht nur die Erschaffung der Erde und des Lebens auf derselben, sondern auch die Erschaffung der Sonne und noch weiter. –

Aber wie weit Du auch gelangt bist, Du erkennst, daß der Uranfang noch ebenso weit entfernt und unerreichbar ist, aber dennoch suchst Du den Uranfang; nach ihm ist Dein Blick gerichtet, von ihm sprichst Du, von ihm, sagst Du, ist alles ausgegangen.

Nun, und dieses, nicht ein Teil, sondern der Uranfang, das ist es, was ich Gott nenne.

Vielleicht, wenn ich sage Gott, kannst Du nicht umhin, mich zu verstehen und zu verurteilen. Wir kennen ihn beide nicht, weil wir in gleicher Weise glauben, und niemand kann von uns verlangen, Gott zu begreifen, so wie er ist – im Buche des Lebens.

Wir müssen uns von dem lossagen, wodurch wir begreifen, von unserem Geiste, um ihn so zu begreifen. Ganz ebenso kann niemand von Moses verlangen, daß er den Himmel, die Sonne und die Sterne besser begreife als die Erde. Die Antwort Mosis auf die Frage, woher wir gekommen seien, ist dieselbe, die auch Du gegeben hast: „Vom Uranfang, von Gott."

Aber, wirst Du sagen, der Uranfang ist noch bei weitem nicht das, was man unter dem Wort Gott versteht. Unter diesem Wort versteht man ein Wesen, das für die Menschen sorgt. Man sagt, daß Er mit seinem Finger das Gesetz geschrieben habe, im feurigen Busch erschienen sei, seinen Sohn gesandt habe und so weiter, alles das liegt nicht im vernünftigen Begriff des Ursprungs.

Und ich stimme diesen Worten bei. Im Uranfang war nicht dieser Gott.

Aber ebenso unbegreiflich wie Dir der lebendige, barmherzige, liebende und für die Menschen sorgende Gott ist, ebenso unbegreiflich ist für den menschlichen Geist, wie er selbst und wie sein Leben sei.

Sage mir, was Leben ist, und ich werde Dir sagen, was der lebendige Gott ist.

Du wirst sagen: „Das Leben ist eine falsche Erkenntnis der eigenen Freiheit und der Befriedigung seiner Bedürfnisse und der Auswahl unter denselben."

Aber woher kam dieses Leben? – Du wirst sagen: „Es entwickelte sich aus den niedrigsten Organismen."

Aber die niedrigsten Organismen trugen schon diese Erkenntnis in sich. Und woher sind diese niedrigsten Organismen gekommen?

Du sagst: „Vom unendlichen Uranfang. Diesen nenne ich Gott."

Ich sage: „Die Erkenntnis meines Lebens, die Erkenntnis der Freiheit ist Gott, aber auch dies ist nicht der ganze Gott."

Außerdem, daß ich lebe, und nach Befriedigung meiner Bedürfnisse strebe, erkenne ich die Freiheit der Auswahl. Ich habe noch den Verstand, der mich bei dieser Auswahl leitet.

Woher kommt der Verstand? Dieser Verstand sucht den Ursprung, dieser Verstand kämpft mit dem Menschen selbst, besiegt ihn selbst, zähmt seine Begierden und stellt ihm Gesetze. Aber die Gesetze sind nichts anderes als der Kampf, die Bezähmung der Begierde.

Sage mir: Woher kommt diese Vernunft des Menschen, welche Gesetze aufstellt, die den Trieben des Fleisches widersprechen?

Du sagst: „Diese Gesetze sind vom Menschen."

„Aber woher kommt die Vernunft des Menschen?"

Von der Entwickelung des Lebendigen.

Und das Lebendige vom Nichtlebendigen? – Aber auch im Nichtlebendigen waren sie – diese Keime. In den von der sich drehenden Sonne sich losreißenden Teilen waren schon die Keime der Vernunft. Und in der Sonne und in jenen Sternen, von denen sich die Sonne losgerissen hat?

Wenn es eine Vernunft giebt, und sie aus der Entwickelung herkommt, so verbirgt sich ihr Ursprung auch in der Unendlichkeit.

Das ist der Uranfang der Vernunft und ist auch Gott.

Und wie bei Dir, so existieren auch bei mir alle jene Begriffe des Ursprungs, welche sagen, daß der Anfang des Lebens und der Vernunft zusammenfließen.

Du deutest nur den Gang Deiner Gedanken an, ich aber nenne alles Gott. Aber ich nenne es so deshalb, weil ich irgendwie das benennen muß, was Du nur andeutest, und was bei Dir in drei Gedankengänge zerfällt.

Ich finde oft Menschen, welche keinen Gott anerkennen außer dem, den wir in uns selbst erkennen. Und ich wunderte mich darüber.

Gott ist in mir, aber Gott ist der unendliche Ursprung. Wie also und warum ist Er in mich geraten? – Man kann nicht umhin, sich diese Frage vorzulegen, aber sobald man fragt, muß man auch die innere Veranlassung erkennen. Warum haben die Menschen kein Bedürfnis nach einer Antwort auf diese Frage? – Deshalb, weil die Antwort auf diese Frage für sie in der Wirklichkeit der körperlichen Welt liegt. Ob nach Moses oder nach Darwin, das ist ganz gleichgültig. Und darum muß man, um den äußeren Gott zu begreifen, verstehen, daß nur die Ausdrücke unserer Gefühle wirklich sind, das heißt wir selbst, unser geistiges Ich.

Was ist Gott? Warum ist Gott?

Gott ist das Unbegrenzte von allem dem, was ich in mir als begrenzt kenne. Ich bin ein organischer Körper – Gott ist ein unendlicher Körper. –

Ich bin ein Wesen, das dreiundsechzig Jahre gelebt hat – Gott ist ein Wesen, das ewig lebt. Ich bin ein Wesen, das denkt in den Grenzen seines Verstandes – Gott ist ein Wesen, das denkt ohne Grenzen. – Ich bin ein Wesen, das zuweilen ein wenig liebt, Gott aber ist ein Wesen, das immer unendlich liebt. – Ich bin ein Teil, Er ist alles. – Ich kann mich nicht anders begreifen, denn als Teil von Ihm.

Wenn Dich eine ungelöste Frage quält, so fühlst Du Dich als krankes Glied eines ganzen, gesunden Körpers, Du fühlst Dich als kranker Zahn im gesunden Körper und bittest den ganzen Körper, dem einen Glied zu helfen.

Der ganze Körper ist Gott; das Glied bin ich.

Ein Aberglaube, der alle unsere metaphysischen Begriffe am meisten verwirrt, ist der Glaube, daß die Welt erschaffen sei, daß sie aus nichts hervorgegangen sei, und daß es einen erschaffenden Gott gebe.

In Wirklichkeit haben wir keinen Grund, einen Gott als Schöpfer anzunehmen und keine Notwendigkeit. (Die Chinesen und Indier kennen diese Begriffe nicht.) Aber ein Gott als Schöpfer ist auch nicht vereinbar mit dem christlichen Gott, Gott dem Vater, Gott dem Geist, von dem ein Teilchen in mir lebt, mein Leben bildet, und welchen hervorzurufen den Sinn meines Lebens bildet.

Gott, der Schöpfer, ist gleichmütig und läßt Leiden und Böses zu; Gott der Geist behütet vor Leiden und vor dem Bösen und ist immer das höchste Heil. Einen Gott-Schöpfer giebt es nicht. Ich bin und erkenne mit den mir verliehenen Werkzeugen der Sinne die Welt und meinen inneren Vater Gott. Er ist mein geistiger Ursprung, die äußere Welt aber ist nur meine Begrenzung.

Oft sprechen die Leute, welche vom Kummer über den Tod eines geliebten Wesens überwältigt sind, von dem Bösen, das Gott den Menschen zufüge, und während sie so sprechen und denken, stellen sich die Menschen vor, daß sie an Gott glauben und zu Ihm beten.

Gott thut also Böses. Aber wenn Gott Böses thut, so ist Er nicht gut, nicht die Liebe, wenn Er aber nicht gut ist, so ist Er nicht. Das kommt daher, daß die Menschen so überzeugt davon sind, daß das Böse, das sie thun, nicht nur gut, sondern vortrefflich sei (wie sie auch behaupten, es sei schön, seine Kinder {über die Maßen} zu lieben), daß, wenn sie das Böse erleiden, welches nur Folge ihrer Irrtümer, ihrer Sünden ist, sie nicht sich selbst, sondern Gott die Schuld daran zuschreiben. Und so halten sie in der Tiefe ihrer Seele Gott für böse, das heißt, sie leugnen Ihn, und darum erhalten sie von Ihm keinen Trost.

Man muß das thun, was die Duchoborzen thun, jeden Menschen mit tiefer Verbeugung grüßen, weil sie bedenken, daß in ihm Gott ist. Kann man das nicht mit dem Körper thun, dann soll es mit dem Geist geschehen.

Die Erkenntnis, das Empfinden Gottes, der in mir lebt und durch mich wirkt, kann nicht immer empfunden werden.

Es giebt Beschäftigungen, denen man sich vollständig hingeben muß, ohne an etwas anderes zu denken; an Gott dabei zu denken, ist nicht möglich; es würde störend wirken.

Man muß einfach leben, ohne Gewaltthat, ohne sich hinreißen zu lassen. Aber sobald innere Zweifel erscheinen, und Schwanken, Schwermut, Mißgunst, so muß man sogleich, indem man sein geistiges Wesen in sich und seine Verbindung mit Gott anerkennt, sich aus dem Gebiet des Körperlichen in das Gebiet des Geistes übertragen und nicht deshalb, um von den Geschäften des Lebens sich zu entfremden, sondern im Gegenteil, um sich mit Kräften auszurüsten zur Vollbringung derselben, dadurch, daß man die Hindernisse überwindet. Wie ein Vogel muß man sich auf den Füßen weiter bewegen mit geschlossenen Flügeln, aber sobald ein Hindernis kommt, die Flügel ausbreiten und auffliegen, und alles wird leicht, und alles Schwere verschwindet.

Was geht daraus hervor, daß der Mensch als sein Ich nicht sein besonderes Wesen, sondern Gott erkennt, der in ihm lebt?

Erstens, daß der Mensch, welcher seinem besonderen Wesen nach nicht Güter dieser Welt wünscht, auch weniger danach streben wird, sie den anderen wegzunehmen.

Zweitens, da der Mensch in seinem Ich Gott erkennt, welcher allen Wesen Gutes wünscht, so wird auch der Mensch ihnen dasselbe wünschen.

Das Gebet wird an einen persönlichen Gott gerichtet nicht deshalb, weil Gott persönlich ist – (ich weiß sogar sicher, daß Er nicht persönlich ist, weil eine Persönlichkeit eine Beschränkung bedeutet, Gott aber grenzenlos ist) – sondern deshalb, weil ich ein persönliches Wesen bin. Wenn ich ein grünes Glas an die Augen halte, so sehe ich alles grün. Ich kann nicht anders, als die Welt grün zu sehen, obgleich ich weiß, daß sie nicht so ist.

———

Folgendes ist mir begegnet: Ich dachte immer angestrengter nach über die Fragen des Lebens: worin es bestehe, wonach es strebe, was die Liebe sei, und entfernte mich immer weiter nicht nur von dem Begriff des alttestamentlichen Gottes und Schöpfers, sondern auch von dem Begriff des Vaters, von dem Verständnis des Heils, des Ursprungs alles Lebens und meiner selbst. Und der Teufel verführte mich, es fiel mir ein, man könne diesen Begriff ganz umgehen, was besonders wichtig wäre für die Vereinigung mit den Chinesen, Anhängern des Confucius, mit den Buddhisten und unsern gottlosen [A]Gnostikern. Ich dachte, man könne sich mit einem Begriff und mit der Erkenntnis jenes Gottes begnügen, welcher in mir ist, ohne Gott in sich selbst anzuerkennen; jenen Gott, welcher ein Teilchen seiner selbst in mich gelegt hat. Und – seltsam – dabei befiel mich Traurigkeit und Angst. Ich wußte nicht, warum, aber ich fühlte, daß ich geistig plötzlich schrecklich gefallen war und jede Freudigkeit und geistige Kraft verloren hatte.

Und jetzt erst erriet ich, daß das daher kam, weil ich mich von Gott entfernt hatte. Ich begann, nachzudenken – es ist seltsam zu sagen – ich begann mich zu fragen: giebt es einen Gott oder nicht? Und so fand ich Ihn gleichsam aufs neue wieder und mir wurde so freudig zu Mut und es kam ein so festes Vertrauen auf Ihn und darauf, daß ich mich mit Ihm vereinigen kann und soll, und daß Er mich hört, und eine solche Freudigkeit erhob sich, daß ich alle diese letzten Tage das Gefühl hatte, daß mir etwas sehr Gutes widerfahren sei. Und ich frage mich selbst, warum mir so froh zu Mut sei. Ja, Gott ist Gott, und ich habe nichts zu fürchten und zu sorgen, ich kann mich nur freuen.

Ich fürchte, daß dieses Gefühl vergeht, sich abstumpft, aber noch jetzt ist mir freudig zu Mut. Gerade, als ob ich um ein Haar breit das teuerste Wesen verloren hätte und es doch nicht verlor, sondern nur seinen unschätzbaren Wert erkannte. Ich hoffe, daß wenn auch dieses Gefühl des Entzückens vorübergeht, doch viel Neuerworbenes übrigbleiben wird.

Vielleicht ist es das, was einige den lebendigen Gott nennen. Wenn es das ist, so bin ich schuldbewußt ihnen gegenüber, weil ich mit ihnen nicht übereinstimmte und mit ihnen stritt.

Das Wichtigste in diesem Gefühl ist das Bewußtsein vollkommener Sicherheit, das Bewußtsein dessen, daß Er ist, daß Er das Heil ist, daß Er mich kennt und ich ganz von Ihm umgeben bin, von Ihm komme, zu Ihm gehe und einen Teil von Ihm bilde, sein Kind. Alles, was mir böse erscheint, scheint mir nur deshalb so, weil ich mir glaube und nicht Ihm, und aus diesem Leben, in welchem es so leicht ist, Seinen Willen zu erfüllen, weil dieser Wille auch zugleich der meinige ist, kann ich nirgends hin geraten, als nur zu Ihm und in Ihm ist die volle Freude und das Heil.

Alles, was ich schreibe, drückt nicht das aus, was ich empfand. Wenn ich einen physischen oder moralischen Schmerz empfinde, wenn ein Sohn stirbt oder etwas zu Grunde geht, was ich liebe, und ich selbst nichts thun kann, und Leiden mich erwarten, – da plötzlich erinnere ich mich an Gott und alles wird gut und froh und hell …

———

Es giebt keinen einzigen gläubigen Menschen, welcher nicht von Augenblicken des Zweifels heimgesucht würde, Zweifel am Dasein Gottes. Und diese Zweifel sind nicht schädlich, im Gegenteil, sie führen zur höheren Erkenntnis Gottes. Dieser Gott, den Du kanntest, ist zur Gewohnheit geworden, und Du glaubst nicht mehr an Ihn. Du glaubst nur dann wieder vollkommen an Ihn, wenn Er sich Dir von neuem offenbart. Und Er offenbart sich Dir von einer neuen Seite, wenn Du Ihn mit ganzer Seele suchst.

———

Ich dachte viel an Gott, an die Art seines Lebens und begann zu zweifeln an dem einen und dem anderen. Und dann vor kurzem empfand ich einmal den Wunsch, mich an den Glauben an Gott und an die Unvergänglichkeit meiner Seele anzuschließen. Und zu meiner Verwunderung fühlte ich eine so feste, ruhige Zuversicht, wie ich sie nie zuvor empfunden hatte, so daß alle Zweifel augenscheinlich den Glauben nicht nur nicht abschwächten, sondern sogar in hohem Grade befestigten.

———

Zu Gott muß man niemals zum Scherz gehen, als ob man sagen wollte: „Laßt mich zu Gott gehen, ich werde ein gottseliges Leben führen, ich habe nach des Teufels Art gelebt, aber jetzt werde ich nach Gottes Art leben, ich werde es versuchen, es kann nichts schaden." Aber es kann viel schaden. Zu Gott muß man nur dann gehen, wie zur Hochzeit, wenn man auch ebenso gut nicht gehen könnte und ebenso gut nicht heiraten würde. Und darum sage ich jedem nicht: „Gehe absichtlich der Versuchung entgegen," demjenigen aber, der die Frage so stellt: „Wie ist's, werde ich nicht fehlgreifen, wenn ich nicht zum Teufel gehe, sondern zu Gott?" rufe ich aus vollem Halse zu: „Gehe, gehe zum Teufel, auf jeden Fall zum Teufel!" Es ist hundertmal besser, sich tüchtig am Teufel zu verbrennen, als am Kreuzweg stehen zu bleiben oder heuchlerisch zu Gott zu gehen.

Ich habe Herbert Spencers Antwort an Balfour gelesen, das Bekenntnis des [A]Gnosticismus[2], wie man jetzt den Atheismus nennt.

Ich sage, daß der [A]Gnosticismus*, wenn er auch etwas anderes sein will als Atheismus und die angebliche Möglichkeit zum Wissen herstellt, in Wirklichkeit dasselbe ist, wie Atheismus, weil seine Wurzel die Nichtanerkennung Gottes ist.

So habe ich Herbert Spencer gelesen, welcher sagt: „Es ist noch nicht so weit, daß ich den Glauben an Gott von mir zu werfen wünsche, aber ich sollte das thun. Der Selbstbetrug ist nur eine andere Alternative." – „Nein, es ist kein Vergnügen," sagt er ferner, „wenn man sich selbst nur als ein unendlich kleines Hitzbläschen auf dem Planeten erkennt, welcher selbst ein unendlich kleines Sandkörnchen ist, im Vergleiche: *with the totality of things* (mit der Gesamtheit aller Dinge). (Ich möchte ihn fragen, was er versteht unter *totality of things.*) Es bietet keinen Trost, daß die uns heimsuchenden unheilbaren Leiden von blinden Naturkräften herrühren, welche ebenso teilnahmslos und zufällig jetzt einen Wurm zermalmen und morgen ganze Welten. Und die Anschauung des Weltalls ohne bemerkbaren Ursprung und Ende und ohne uns begreiflichen vernünftigen

[2] [Gemeint ist wohl **Agnostizismus* (sodann: **Agnostiker*); die Übersetzung dieses Abschnitts irritiert; vgl. dagegen anders die Übertragung der ‚Gedanken über Gott' z. B. in: Graf Leo TOLSTOI: Über Gott und Christentum. Deutsch von Dr. N. Syrkin. Dritte Auflage. Berlin: Hugo Steinitz Verlag 1901, S. 31ff.]

Zweck gewährt keine Befriedigung. Der Wunsch, die Bedeutung von dem allem zu begreifen, ist nicht weniger stark bei dem [A]Gnostiker* als bei anderen. Aber da er keine Erklärung dafür findet, begnügt er sich nicht mit dem, was ihm geboten wird."

Ganz dasselbe sagte mir neulich N.: „Es geht eine Rotation vor sich, und inmitten dieser nach Zeit und Raum unendlichen Umdrehung erscheine ich. Ich lebe und verschwinde, – das ist unzweifelhaft. Alles übrige aber, das heißt die Vorstellungen von einem vernünftigen Wesen, aus dem ich hervorgegangen bin, und um dessen Ziele zu erreichen, ich lebe, zusammen mit allem, was existiert, – diese Vorstellung ist Selbstbetrug."

Diese beiden verschiedenen und einander entgegengesetzten Weltanschauungen muß man sich so vorstellen:

Die einen, die [A]Gnostiker*, sagen: „Ich sehe mich selbst, ein von meinen Eltern abstammendes Geschöpf, sowie auch alle anderen, mich umgebenden lebendigen Wesen, welche in gewissen, meiner Untersuchung und Erforschung unterliegenden Umständen leben, und ich erforsche mich selbst und die anderen Geschöpfe, sowohl lebendige als nicht lebendige, und die Lebensbedingungen, in denen sie sich befinden. Und entsprechend dieser Erforschung richte ich mein Leben ein. Die Frage nach der Herkunft untersuche ich ganz ebenso, und durch die Beobachtung und Erfahrung erlange ich ein immer größeres Wissen. Die Frage aber, woher diese ganze Welt kam, warum sie existiert, und ich in ihr, lasse ich unbeantwortet, da ich keine Möglichkeit sehe, ebenso bestimmt, klar und erschöpfend Antwort darauf zu geben, wie ich auf die Frage nach den Lebensbedingungen der Geschöpfe in der Welt antworten kann. Und die Antwort auf diese Frage, welche besagt, daß angeblich ein vernünftiges Wesen, Gott, existiert, aus welchem ich hervorging (gewöhnlich sagt man, aus welchem die Welt hervorging und versteht unter diesem Hervorgehen die Erschaffung der Welt, was die christliche Lehre nicht bestätigt) und welches für seine Zwecke das Gesetz meines Lebens bestimmt hat, – diese Antworten auf die Frage erkenne ich nicht an, da sie nicht die Klarheit und Beweiskräftigkeit besitzen, welche die wissenschaftlichen Antworten auf Fragen von den Ursachen und Bedingungen verschiedener Lebenserscheinungen haben."

So sagt der [A]Gnostiker*, und wenn er auch keine Möglichkeit eines anderen Wissens zuläßt, als das, welches durch Beobachtung und Schlußfolgerung über die Beobachtungen erworben wird, so ist er, wenn er auch nicht recht hat, doch vollkommen logisch und konsequent.

Der Christ aber, welcher Gott anerkennt, spricht: „Ich erkenne mich als lebend nur deshalb an, weil ich mich als vernünftig kenne, da ich mich als vernünftig erkenne, kann ich nicht umhin, zuzugestehen, daß mein Leben und das eines jeden Wesens gleichfalls vernünftig sein muß. Um vernünftig zu sein, muß es einen Zweck haben. Der Zweck dieses Lebens muß außerhalb mir liegen – in dem Wesen, für das ich und alles Bestehende als Werkzeug zur Erreichung seiner Zwecke dienen. Dieses Wesen existiert, und ich muß im Leben das Gesetz seines Willens erfüllen. Die Fragen aber, wie dieses Wesen sei, das von mir die Erfüllung seines Gesetzes verlangt und wann dieses vernünftige Leben in mir entstanden sei, und wie es in anderen Wesen in Raum und Zeit entstehe, – das heißt, wie Gott sei, persönlich oder unpersönlich, ob und wie Er die Welt erschaffen habe und wann in mir die Seele entstanden sei, in welchem Alter und wie sie in anderen entstehe, und woher die Seele gekommen sei und wohin sie gehe und in welcher Stelle des Körpers sie lebe, – alle diese Fragen muß ich unbeantwortet lassen, weil ich im voraus weiß, daß ich im Gebiet der Beobachtungen und der Schlußfolgerungen über diese Beobachtungen niemals zu einer endgültigen Antwort gelangen kann, weil dies alles verborgen ist in Zeit und Raum. Eben deshalb nehme ich auch die von der Wissenschaft gegebenen Antworten nicht an; auf die Fragen, wie entstand die Welt, die Sonne, die Erde, wie entsteht die Seele und in welchem Teil des Gehirns befindet sie sich.“

Im ersteren Falle nimmt der [A]Gnostiker*, der sich nur als Lebewesen erkennt, und darum nur das anerkennt, was den äußeren Sinnen unterliegt, – nicht den geistigen Ursprung an und versöhnt sich mit der die Anforderungen der Vernunft störenden Sinnlosigkeit seines Daseins. Im zweiten Falle nimmt der Christ, der sich nur als vernünftiges Wesen erkennt und darum nur das anerkennt, was den Forderungen des Verstandes entspricht, nicht die Wirklichkeit der Resultate der äußeren Erfahrung an und hält daher diese Resultate für phantastisch und irrig.

Beide haben recht; aber ein wesentlicher Unterschied zwischen ihnen liegt darin, daß nach der ersten Weltanschauung alles in der Welt streng wissenschaftlich, logisch und vernünftig sei, mit Ausnahme des Lebens des Menschen und der ganzen Welt selbst, die keinen Sinn haben. Und darum gehen aus dieser Weltanschauung sehr viele interessante und unterhaltende Vorstellungen hervor, aber nichts, was zur Leitung im Leben dienlich ist; wogegen in der zweiten Weltanschauung das Leben des Menschen und der ganzen Welt einen bestimmten und vernünftigen Sinn erhält, und die einfachste und allen verständliche Anwendung auf das Leben, bei welcher auch die Möglichkeit wissenschaftlicher Forschungen nicht vernichtet wird, welche dabei auf die ihnen zukommende Stelle gestellt werden.

Nichts beweist besser das Dasein Gottes als die Bestrebungen der Evolutionisten, die Sittlichkeit anzuerkennen und sie aus dem Kampf abzuleiten.

Daß sie aus dem Kampf nicht hervorgehen kann, ist augenscheinlich; aber dennoch fühlen sie, daß man sie nicht entbehren kann und erkennen sie auch und bemühen sich, sie aus ihren Lehrsätzen abzuleiten, obgleich es ebenso seltsam oder noch seltsamer und unlogisch wäre, sie aus der Theorie der Evolutionisten herzuleiten, als sie von den Vorschriften abzuleiten, die von dem hebräischen Gott auf dem Sinai gegeben wurden. Ihr Irrtum, welcher darin besteht, daß sie die Anerkennung ihres geistigen Ich als Produkt Gottes, als Teilchen von ihm, ohne welchen keine vernünftige Weltanschauung bestehen kann, verneinen, veranlaßt sie, ein ungerechtfertigtes und sogar widersprechendes Geheimnisvolles (d. h. in Beziehung auf die Sittlichkeit) dieses selben Gottes zuzugeben, den sie aus ihrer Weltanschauung ausgeschlossen haben.

Vorgestern sagte mir ein Franzose fragend: ob es nicht genug sei für die Begründung der Sittlichkeit an der Gutherzigkeit und Schönheit, das heißt wieder dieser selbe Gott, den sie infolge der seltsamen Geisteskrankheit, von der sie befallen sind, sich zu nennen fürchten.

Man sagt, Gott müsse man als Persönlichkeit begreifen. Darin liegt ein großes Mißverständnis. Persönlichkeit ist Beschränkung. Der

Mensch fühlt sich als Persönlichkeit nur deshalb, weil er mit anderen Persönlichkeiten in Berührung kommt. Wenn der Mensch allein wäre, so wäre er keine Persönlichkeit. Diese zwei Begriffe bestimmen einander gegenseitig: die äußere Welt, die anderen Wesen und die Persönlichkeit. Wenn es keine Welt anderer Wesen gäbe, so würde der Mensch sich nicht als Persönlichkeit fühlen (erkennen). Er würde auch das Dasein anderer Wesen nicht anerkennen. Und darum ist der Mensch inmitten der Welt nicht anders denkbar wie als Persönlichkeit.

Aber wie kann man von Gott sagen, daß Er eine Persönlichkeit, daß Gott persönlich sei? Darin liegt die Wurzel des Anthropomorphismus. Von Gott kann man nur das sagen, was Moses und Mohammed sagten, daß Er Eins sei, und daß Er Eins sei nicht in dem Sinn, daß es nicht einen anderen oder andere Götter gebe – in Beziehung auf Gott kann es keinen Begriff der Zahl geben – und darum kann man auch nicht einmal von Gott sagen, Er sei Eins (1 in der Bedeutung als Zahl), sondern in dem Sinn, daß Er nur ein Centrum habe, daß Er nicht ein Begriff, sondern ein Wesen sei – das was die Rechtgläubigen den lebendigen Gott nennen, im Gegensatz zum pantheistischen Gott, das heißt ein höchstes, geistiges Wesen, das in allem lebt. Er ist Eins in dem Sinn, daß Er ist, als Wesen, an das man sich wenden kann, – das heißt nicht um zu beten, – daß ein Verhältnis besteht zwischen mir, dem Begrenzten, der Persönlichkeit und Gott, dem Unerreichbaren, aber Bestehenden. Die hauptsächlichste Unerreichbarkeit Gottes für uns besteht eben darin, daß wir Ihn kennen als einheitliches Wesen – anders können wir Gott nicht kennen – und doch können wir ein einheitliches Wesen, das alles erfüllt, nicht begreifen. Wenn Gott nicht einheitlich ist, so zerfließt Er, Er existiert nicht; wenn aber Gott Eins ist, so stellen wir uns Ihn unwillkürlich als Persönlichkeit vor, und dann ist Er nicht mehr das höchste Wesen, nicht das All. Aber um Gott zu kennen und uns auf Ihn zu stützen, müssen wir Ihn begreifen als den, der alles erfüllt und dabei einheitlich ist.

Die Welt ist so, wie wir sie sehen, nur in dem Fall, wenn keine anders gearteten, mit anderen Sinnen als wir begabte Wesen bestehen. Wenn wir aber nicht nur die Möglichkeit, sondern auch die Notwendigkeit sehen, daß auch andere, mit anderen Sinnen als wir begabte Wesen bestehen, so ist die Welt in keinem Falle nur so beschaffen, wie wir sie sehen.

Unsere Vorstellung von der Welt zeigt uns unsere Beziehungen zur Welt ganz ebenso wie eine Ansicht, die wir uns aufzeichnen von dem, was wir bis zum Horizont sehen, keineswegs die wirkliche Bestimmung der gesehenen Gegenstände darstellt. Die anderen Sinne, das Gehör, der Geruch und hauptsächlich das Gefühl, welche unsere Eindrücke durch das Sehen noch berichtigen, geben uns einen bestimmten Begriff von den gesehenen Dingen; aber das, daß wir die gesehenen Gegenstände als breit, dick, hart oder weich kennen, daß wir wissen, wie sie klingen oder riechen, beweist noch nicht, daß wir diese Dinge vollständig kennen, und daß ein neuer, sechster Sinn, wenn er uns verliehen würde, uns nicht offenbaren würde, daß unser nach den fünf Sinnen gebildeter Begriff ebenso trügerisch ist wie der Begriff der Ebene und der Verkleinerung der Gegenstände in der Ferne, den uns das Gesicht allein gegeben hat.

Ich sehe im Spiegel einen Menschen, höre seine Stimme und bin vollständig überzeugt, daß das ein wirklicher Mensch ist. Aber ich trete auf ihn zu, um seine Hand zu ergreifen und fühle nur das Glas des Spiegels, woran ich meinen Irrtum erkenne. Dasselbe muß auch mit einem Sterbenden vorgehen. Es entsteht ein neuer Sinn, welcher ihm (mit diesem neuen Sinn und der durch ihn gegebenen neuen Erkenntnis) den Irrtum offenbart, dem er unterworfen war in der Erkenntnis seines Körpers und alles dessen, was er mit Hilfe der Sinne seines Körpers als existierend angenommen hatte.

Aber was ist dieser Gott, das heißt das Ewige, Unendliche, Allmächtige, das sich sterblich, begrenzt und schwach machte? Warum hat Gott sich von sich selbst getrennt? Das weiß ich nicht. Ich weiß nur, daß es so ist, und daß darauf das Leben beruht. Alles, was wir kennen, ist nichts anderes als nur dasselbe Teilchen von Gott. Alles das, was wir als Welt erkennen, ist nur die Erkenntnis dieser Teilchen. Unsere Erkenntnis der Welt (das, was wir Stoff in Raum und Zeit nennen), das ist die Berührung der Grenzen unserer Gottheit mit ihren anderen Teilen. Geburt und Tod sind Übergänge von einem Teil zum anderen.

Der strengste und konsequenteste [A]Gnostiker* erkennt Gott an, ob er will oder nicht. Er kann nicht anders als anerkennen, daß erstens in seinem Dasein und dem der ganzen Welt ein ihm nicht verständlicher Sinn liegt und zweitens, daß es ein Gesetz seines Lebens giebt – ein Gesetz, dem er sich unterwerfen, oder von dem er sich abwenden kann. Eben diese Erkenntnis des höchsten, dem Menschen unverständlichen, aber unzweifelhaft bestehenden höchsten Sinnes des Lebens und des Gesetzes seines Lebens ist Gott und sein Wille.

Und eine solche Erkenntnis Gottes ist sehr viel fester als die Erkenntnis Gottes als Schöpfer, als Dreieinigkeit, Erlöser und so weiter.

Die Menschen kennen zwei Götter, einen, den sie nötigen wollen, ihnen zu dienen, indem sie durch Gebete von ihm die Erfüllung ihrer Wünsche verlangen und einen anderen Gott, welchem wir dienen sollen, und dessen Willen zu vollziehen der Gegenstand aller unserer Wünsche sein soll.

Alles, was ich weiß, weiß ich nur deshalb, weil ich weiß, daß Gott ist, und ich Ihn kenne. Nur darauf kann man sich fest verlassen, sowohl in den Beziehungen zu den Menschen als zu sich selbst und dem außerweltlichen und außerzeitlichen Leben. Nicht nur finde ich das nicht mystisch, sondern ich finde, daß die gegenteilige Ansicht Mysticismus ist, und daß ersteres die einzige allen begreifliche Wirklichkeit ist.

Die Natur, sagt man, sei ökonomisch mit ihren Kräften und erreiche bei der geringsten Anstrengung die größten Resultate. So ist es auch mit Gott. Um das Reich Gottes in der Welt zu errichten, in welchem einer dem andern dient, und um die Feindschaft zu vernichten, hat Gott nicht nötig, dies selbst zu thun. Er legte in den Menschen seine Vernunft, welche in dem Menschen die Liebe befreit und alles, was Er will, wird durch den Menschen gethan. Gott thut seine Arbeit durch uns, aber eine Zeit giebt es nicht für Gott oder sie ist unendlich. Indem Er in den Menschen die vernünftige Liebe gelegt hat, hat Er schon alles gethan.

Warum hat Er das gethan durch den Menschen und nicht selbst? – Die Frage ist dumm und so, wie sie nie jemand in den Kopf gekommen wäre, wenn wir nicht alle durch den einfältigen Aberglauben von der Erschaffung der Welt durch Gott demoralisiert wären.

———

Es ist unzweifelhaft, daß etwas geschieht in dieser Welt, und es wird gethan durch alle lebenden Wesen und auch durch mich und durch mein Leben. Wozu wären sonst diese Sonne, diese Frühlinge und Winter und vor allem wozu dieses dreijährige, mutwillige und übermütige Mädchen in seiner Lebenslust und diese Alte, die ihren Verstand überlebt hat, und der Wahnsinnige? Diese verschiedenen Wesen, welche augenscheinlich für mich keinen Sinn haben und dabei doch so energisch leben und an welche das Leben so fest geschroben ist, diese Geschöpfe überzeugen mich mehr als alles andere, daß sie notwendig sind für irgend eine vernünftige, mir aber unverständliche Sache.

———

Lieben heißt das wünschen, was auch der geliebte Gegenstand wünscht. Die Gegenstände der Liebe aber wünschen Entgegengesetztes und darum kann man das lieben, was eins und dasselbe wünscht. Eins und dasselbe wünscht Gott.

———

Gott lieben heißt das wünschen, was Gott wünscht. Er aber wünscht das Heil aller.

„Brüder, laßt uns einander lieben. Der, welcher liebt, ist von Gott geboren und erkennt Gott, weil die Liebe Gott ist." (Es heißt, Gott ist die Liebe, man muß aber sagen, die Liebe ist Gott.) Übrigens ist auch Gott die Liebe, das heißt, wir kennen Gott nur in der Liebe und die Liebe ist Gott, das heißt, wenn wir lieben, so sind wir nicht Götter, sondern Gott.

———

Ja, die Liebe ist Gott. Und liebe, liebe den, der Dir Schmerz macht, der Dir mißfällt und den Du nicht liebtest, und alles das, was Dir seine Seele verbarg, wird schwinden, und Du wirst, wie durch klares Wasser, auf dem Grunde das göttliche Wesen seiner Liebe erblicken. Und Du hast nicht nötig und kannst nicht dem vergeben, Du hast nur Dir selbst zu verzeihen dafür, daß Du Gott nicht in ihm geliebt hast, in dem Er war und wegen dieses Mangels an Liebe Gott nicht gesehen hast.

Die Liebe ist die Erscheinung (die Erkenntnis) Gottes in uns selbst und darum das Streben, aus sich selbst herauszugehen, sich zu befreien, ein göttliches Leben zu führen. Dieses Streben ruft Gott hervor, das heißt die Liebe zu andern.

Mein hauptsächlichster Gedanke ist der, daß die Liebe auch wieder in anderen Liebe hervorruft. Das Erwachen Gottes in Dir ruft das Erwachen Gottes auch in anderen hervor.

Während ich aus Tula ausritt, dachte ich daran, daß ich ein Teilchen von Ihm sei, welches auf bekannte Weise von anderen solchen Teilchen getrennt wurde. Er aber ist alles, der Vater. Und ich empfand Liebe zu Ihm. Jetzt kann ich dieses Gefühl nicht erneuern, aber ich erinnere mich desselben. Es war so freudig, daß ich mir sagte: Ich habe doch gedacht, daß ich nichts Neues mehr kennen lernen werde, aber hier habe ich ein wunderbares, seliges, neues Gefühl gefunden.

Heute dachte ich auf dem Bette liegend über die Liebe zu Gott nach (ich möchte lieber sagen: Liebe Gottes, das heißt göttliche Liebe), und daß das erste und wichtigste Gebot ist: die göttliche Liebe. – Eine andere ähnliche und aus ihr entspringende ist die Liebe zum Nächsten.

Das Verlangen nach dem Heil ist nicht Gott, sondern nur eine neue Erscheinungsform, eine der Seiten, unter welchen wir Gott sehen. Gott äußert sich in mir als Sehnsucht nach dem Heil.

Der in Menschen eingeschlossene Gott sucht sich dadurch zu befreien, daß Er das Wesen, in dem Er sich befindet, ausweitet und vergrößert. Dann bemerkt Er die nicht vorher gesehenen Grenzen dieses Wesens und bemüht sich, sich dadurch zu befreien, daß Er das Wesen verläßt, um ein anderes einzunehmen.

Ein vernunftbegabtes Wesen findet keinen Platz im Leben der Persönlichkeit, und sobald es vernünftig ist, so bemüht es sich, herauszugehen.

Die christliche Lehre offenbart dem Menschen, daß das Wesentliche in seinem Leben nicht sein besonderes Dasein ist, sondern Gott, der in diesem Wesen eingeschlossen ist. Dieser Gott aber wird erkannt durch den vernunftbegabten Menschen und durch die Liebe.

Die Liebe für sich selbst konnte im Menschen nur so lange bestehen, bis in ihm die Vernunft erwachte. Sobald die Vernunft erwacht war, so wurde dem Menschen klar, daß sein Wunsch nach dem Heil für sich selbst, das Einzelwesen, – eitel war, weil dieses Heil für ein einzelnes und sterbliches Wesen nicht zu verwirklichen ist. Sobald die Vernunft erschien, so war nur ein Wunsch nach dem Heil möglich, das Verlangen des Heils für alle, weil bei diesem kein Kampf, sondern Einigkeit herrscht und kein Tod, sondern ein Übergang des Lebens.

Gott ist nicht die Liebe, aber in dem unvernünftigen Lebewesen erscheint er als Liebe zu sich selbst, in dem vernünftigen Lebewesen aber als Liebe für alles Bestehende.

Warum sind Sie kleinmütig? Sie erwarten viel. Sie erwarten, wie mir scheint, Gott im Donner und Sturm, aber nicht in der Stille. Das beste ist, „niemals nachgeben", wie Sie sagen, darin ist die Hand Gottes am meisten sichtbar und fühlbar.

Sie sagen, ich scheine Gott nicht anzuerkennen. Das ist ein Irrtum. Ich erkenne nichts an, außer Gott.

Und ich glaube, ich habe Ihnen auch meinen Begriff von Gott brieflich und mündlich mitgeteilt, welchen ich jetzt zur Antwort geben würde auf die Frage: „Was ist Gott?"

Gott ist dieses ganze unendliche All, von dem ich ein Teilchen bin, und darum ist alles in mir durch Gott begrenzt, und ich fühle Ihn in allem, und das ist durchaus keine Phrase, das ist das, worin ich lebe.

Mit dem, was Sie sagen von dem Verständnis und von Gott bin ich vielleicht nicht ganz einverstanden, aber ich denke ebenso wie Sie. Ich bin nicht ganz einverstanden, weil es schwer ist, solche Gegenstände genau auszudrücken, und das Wort zu viel oder zu wenig ausdrücken kann, und weil man niemals eine Formulierung als vollständig, dem entsprechend, was man sagen will, anerkennen kann. Ich fühle nur, daß wir denken und fühlen in gleicher Richtung, und das freut mich sehr. Es ist unmöglich, über diese Gegenstände nicht nachzudenken, aber jeder denkt unwillkürlich nach seiner Weise. Alle Gedanken zu formulieren, wie das in den Glaubenssymbolen geschah, ist nicht nur nutzlos, sondern kann sogar gefährlich werden. Formulieren kann und soll man die Schlußfolgerungen, die auf das Leben anzuwenden sind, wie das Moses that: „Du sollst nicht töten," und Christus: „Du sollst dem Übel nicht Widerstand leisten." Aber ich wiederhole, daß ich in derselben Richtung denke und vollkommen darin beistimme, daß das Maß des Verständnisses sich ergiebt aus dem Maße der Reinheit, der Demut und Liebe.

Wir wollen uns bemühen, das zu sagen, was wir wissen, das Nötige, das Freudige und Unzweifelhafte, und Gott (derselbe, den man, wie Sie glauben, umgehen muß) wird uns helfen. Wenn ich Ihn nenne, erkenne ich meine Unzulänglichkeit an, ich bemühe mich – ich, ein schwaches Behältnis – den Teil von mir zu öffnen, der Ihn einnimmt, damit Er in mich eintrete, so weit ich geeignet bin, Ihn zu empfangen. Das Wichtigste aber, Er ist mir nötig, um das auszudrücken, wohin ich gehe, und zu wem ich komme. In diesem einförmigen Leben hienieden kann ich Ihn nicht fühlen. Ich kann nicht diese Form des Gedankens und des Ausdrucks entbehren, aber bei dem Übergang aus dem früheren Leben in dieses, und aus diesem Leben in ein anderes, kann ich nicht umhin, mit seinem Namen das zu benennen, woher ich komme, und wohin ich gehe, weil das die dem wahren Sinne der Sache am nächsten kommende Ausdrucksweise ist: – Von Gott zu Gott, aus dem Außerzeitlichen und Außerräumlichen in dasselbe.

Was soll ich aber hier, verlassen inmitten dieser Welt? – An wen soll ich mich wenden? – Bei wem soll ich eine Antwort suchen? –

Bei den Menschen? – Sie wissen nichts, sie lachen nur und wollen nichts wissen. Sie sagen: „Das ist Unsinn, denke nicht daran, hier ist die Welt mit ihren Süßigkeiten. Mache Dir das Leben angenehm."

Doch sie können mich nicht betrügen. Ich weiß, daß sie selbst nicht an das glauben, was sie sagen. Ebenso wie ich quälen sie sich und leiden unter der Furcht vor dem Tode, vor sich selbst und vor Dir, Herr, den sie nicht nennen wollen.

Ich habe Dich auch lange nicht gekannt, und ich habe lange Zeit dasselbe gethan wie sie. Ich kenne diesen Trug, und wie er das Herz bedrückt und wie schrecklich das Feuer der Verzweiflung ist, das in dem Herzen desjenigen glüht, der Dich nicht nennt. So viel man es auch begießt, es verbrennt ihr Inneres, wie es mich verbrannte.

Aber, Herr, ich hatte Dich genannt, und meine Leiden hatten ein Ende, meine Verzweiflung verschwand.

Ich verfluche meine Schwäche und suche Deinen Weg. Aber ich verzweifle nicht, ich fühle Deine Nähe, ich fühle die Hilfe, wenn ich auf Deinen Wegen wandle, und die Verzweiflung, wenn ich von ihnen abweiche.

Dein Weg ist hell und einfach, Dein Joch ist weich, und Deine Last ist leicht. Lange bin ich von Deinen Wegen abgeirrt. In meinem jugendlichen Leichtsinn war ich stolz und warf jede Last und jedes

Joch ab und vermied es, Deine Wege zu wandeln. Und wie schwer fühle ich Dein Joch und Deine Last, obgleich ich weiß, daß sie leicht sind.

Herr, vergieb mir die Verirrungen meiner Jugend, hilf mir, Dein Joch ebenso freudig zu tragen, als ich es freudig auf mich nehme.

Eben, als ich allein geblieben war nach längerer Beschäftigung, fragte ich mich, was ich thun solle, und hatte keinen persönlichen Wunsch (außer den körperlichen Bedürfnissen, welche sich nur regen, wenn es sich um Essen und Trinken handelt), da empfand ich eine solche Freude über die Erkenntnis des Willens Gottes, daß ich nichts wünschte und wollte als zu thun, was Er will.

Das Gefühl entstand infolge der Frage, die ich mir selbst vorlegte, nachdem ich in der Stille allein geblieben war: „Wer bin ich und warum bin ich?“ Und so klar kam die Antwort: „Wer und was ich auch sein mag, ich bin von jemand gesandt, um etwas zu thun. Nun, und ich will es thun.“ Und mit welcher Freude empfand ich meinen Zusammenhang mit dem Willen Gottes.

Das ist mein zweites, lebendiges Gefühl von Gott. Damals empfand ich unmittelbare Liebe zu Gott. Jetzt aber kann ich mich nicht erinnern, wie es war. Ich erinnere mich nur, daß es ein freudiges Gefühl war. O, welches Glück – ist die Vereinigung! Jetzt habe ich ein so schönes Gefühl von Gott.

2.
Das Leben und die Lehre Christi

[1881-1883]

I.
Jesus nannte in seiner Kindheit Gott seinen Vater.

Zu jener Zeit war in Judäa der Prophet Johannes. Derselbe verkündete das Kommen Gottes auf die Erde. Er sagte, wenn die Menschen ihr Leben ändern, alle Menschen unter sich für gleich ansehen, nicht mehr beleidigen, sondern einander helfen, dann werde Gott zur Erde kommen und auf Erden sein Reich aufrichten. Nachdem Jesus diese Verkündigung gehört hatte, entfernte er sich von den Menschen und ging in die Wüste, um den Sinn des Lebens der Menschen und sein Verhältnis zum unendlichen Ursprunge des All, der „Gott" genannt wird, zu begreifen. Jesus erkannte als seinen Vater den unendlichen Ursprung von allem an, das, was Johannes „Gott" nannte.

Nachdem er einige Tage in der Wüste ohne Nahrung geblieben war, wurde Jesus vom Hunger gequält und dachte: „Ich bin der Sohn Gottes, des Allmächtigen, und darum muß ich allmächtig sein, wie auch er; aber nun will ich essen, und kein Brot erscheint auf meinen Willen, also bin ich nicht allmächtig." Darauf sagte er sich: „Ich kann nicht aus Steinen Brot machen, aber ich kann mich des Brotes enthalten. Und darum, wenn ich nicht allmächtig bin im Fleisch, so bin ich doch allmächtig im Geist. – Ich kann das Fleisch besiegen, und darum bin ich der Sohn Gottes, nicht im Fleisch, aber im Geist."

„Aber wenn ich der Sohn des Geistes bin," sagte er ferner zu sich selbst, „kann ich mich vom Fleisch trennen und es vernichten?" Und darauf antwortete er: „Ich bin erzeugt vom Geist im Fleisch, das war der Wille· meines Vaters, und darum kann ich mich seinem Willen nicht widersetzen."

„Aber wenn Du Deine Wünsche des Fleisches nicht befriedigen kannst und Dich vom Fleisch nicht trennen kannst," sagte er sich ferner, „so mußt Du arbeiten für das Fleisch und Dich ergötzen an allen Freuden, die es Dir giebt." Und darauf antwortete er: „Ich kann nicht die Wünsche des Fleisches befriedigen und kann mich nicht vom Fleische trennen, aber mein Leben ist allmächtig im Geiste meines Vaters, und darum muß ich im Fleische arbeiten und dienen nur dem Geist – dem Vater."

Und nachdem Jesus sich davon überzeugt hatte, daß das Leben des Menschen nur im Geiste des Vaters liegt, ging er aus der Wüste und begann, den Menschen seine Lehre zu verkündigen. Er sagte, in ihm sei der Geist, von nun an sei der Himmel offen, und die himmlischen Kräfte vereinigten sich im Menschen. Für die Menschen sei das ewige und freie Leben gekommen – alle Menschen, so unglücklich sie auch im Fleische sein mögen, können selig werden.

II.

Die sich für rechtgläubig haltenden Juden verehrten einen äußerlichen Gott, den Schöpfer und Herrn der Welt. Nach ihrer Lehre hat dieser äußerliche Gott mit uns einen Vertrag geschlossen. Nach diesem Vertrag versprach dieser Gott, den Juden zu helfen, und diese verpflichteten sich, ihn zu verehren, und die wichtigste Bedingung des Vertrages war die Heiligung des Sabbaths.

Jesus sagte: „Der Sabbath ist eine menschliche Einrichtung. Der lebendige Mensch in seinem Geiste ist wichtiger als alle unsere Gebräuche. Die Heiligung des Sabbaths und jede äußerliche Gottesverehrung enthält in Wirklichkeit einen Betrug. Es ist nicht möglich, am Sabbath nichts zu thun. Eine gute That soll der Mensch immer thun. Und wenn der Sabbath die Ausführung einer guten That hindert, so bedeutet das, daß der Sabbath falsch verstanden ist."

Für eine andere Bedingung des Vertrages mit Gott halten die rechtgläubigen Juden die Vermeidung des Verkehrs mit Ungläubigen.

Darauf sagte Jesus, Gott verlange von den Menschen nicht Opfer, sondern ihre Liebe zu einander.

Für eine andere Bedingung des Vertrages hielten sie die Vorschriften über die Abwaschungen und Reinigungen.

Jesus lehrte aber: Gott verlange nicht äußerliche Reinlichkeit, sondern nur Barmherzigkeit und Menschenliebe. Dabei sagte Jesus, die äußeren Gebräuche seien schädlich, und selbst die kirchliche Überlieferung sei ein Übel. Die kirchliche Überlieferung macht, daß die Menschen die wichtigsten Thaten der Liebe verwerfen, wie zum

Beispiel die Liebe zu Vater und Mutter, und dieses durch die kirchlichen Überlieferungen rechtfertigen.

Von allem Äußerlichen, von allen Vorschriften des früheren Gesetzes, welches die Fälle bestimmt, in welchen der Mensch sich besudelt, sagte Jesus: „Ihr sollt wissen, daß nichts den Menschen von außen her besudelt, sondern nur das, was er denkt und thut."

Darauf kam Jesus nach Jerusalem, der Stadt, welche für heilig galt, und ging in den Tempel, von welchem die Rechtgläubigen glaubten, daß Gott selbst darin wohne, und sagte, Gott Opfer zu bringen sei nicht nötig. Der Mensch sei wichtiger als der Tempel; man müsse nur den Nächsten lieben und ihm helfen.

Dann sagte Jesus, es sei nicht nötig, Gott zu verehren an einem besonderen Orte, sondern man müsse dem Vater in der That und im Geiste dienen. Den Geist kann man nicht sehen oder zeigen. Der Geist ist das Bewußtsein des Menschen von seiner Eigenschaft als Sohn des unendlichen Geistes. Der Tempel ist unnötig, der wahre Tempel ist die Welt der Menschen, die sich in Liebe vereinigen. Er sagte, alle äußerliche Gottesverehrung sei nicht nur falsch und schädlich, wenn sie mitwirkt zu den Thaten des Bösen, – wie die Gottesverehrung der Juden, welche den Mord befiehlt, und die Vernachlässigung der Eltern zuläßt –, aber sie ist schädlich deshalb, weil der Mensch, der die äußerlichen Gebräuche erfüllt, sich für gerecht und der Thaten der Liebe enthoben hält. Er sagte: „Nur jener Mensch strebe zum Guten und vollbringe Thaten der Liebe, welcher seine Unvollkommenheit fühlt. Um Thaten der Liebe zu vollbringen, muß man sich für unvollkommen halten. Die äußere Gottesverehrung aber wird zum Selbstbetrug und zur Selbstzufriedenheit. Alle äußere Gottesverehrung ist unnötig und muß aufgegeben werden. Man kann nicht Thaten der Liebe mit der Beobachtung der Gebräuche vereinigen, und man kann nicht durch äußerliche Gottesverehrung Thaten der Liebe vollbringen. Der Mensch ist ein Sohn Gottes im Geiste, und darum soll er dem Vater im Geist dienen."

III.

Die Schüler des Johannes fragten Jesus, wie das Reich Gottes beschaffen sei. Er sagte: „Das Reich Gottes, wie ich es verkünde, ist dasselbe, das Johannes verkündet hat. Es besteht darin, daß alle

Menschen, so arm sie auch sein mögen, selig werden können."

Und Jesus sprach zum Volk: „Johannes hat zuerst dem Volke das Reich Gottes verkündet, nicht in der äußeren Welt, sondern in der Seele des Menschen." Die Rechtgläubigen wollten ihn hören, begriffen aber nichts, weil sie nur das begreifen, was sie selbst vom äußerlichen Gott erdenken. Und das, was sie erdenken, verkündigen sie und wundern sich, daß sie niemand hört. Johannes aber verkündigte die Wahrheit des Reiches Gottes in den Menschen, und darum hat er mehr gethan als alle. Er hat das gethan, daß seit seiner Zeit das Gesetz und die Propheten und alle äußerliche Gottesverehrung unnötig geworden sind. Seit der Zeit seiner Lehre hat sich geoffenbart, daß das Reich Gottes in der Seele der Menschen ist.

Der Anfang und das Ende von allem liegt in der Seele des Menschen. Jeder Mensch erkennt außer seinem körperlichen Leben, außer der ihm begreiflichen Abstammung vom leiblichen Vater im Mutterleib in sich selbst den freien, vernünftigen, vom Fleische unabhängigen Geist.

Dieser unendliche und aus dem Unendlichen entsprungene Geist ist der Ursprung von allem und das, was wir „Gott" nennen. Wir kennen ihn nur deshalb, weil wir ihn in uns selbst kennen. Dieser Geist ist der Ursprung unseres Lebens, und ihn muß man höher als alles stellen. In ihm muß man leben. Wenn wir diesen Geist zur Grundlage des Lebens machen, so erhalten wir das wahre unendliche Leben. Jener Vater-Geist, welcher diesen Geist in die Menschen gesandt hat, kann ihn nicht dazu gesandt haben, um die Menschen zu täuschen, damit die Menschen, die in sich das ewige Leben erkennen, es verlieren. Wenn in den Menschen der unendliche Geist ist, so mußte er dazu gegeben sein, damit die Menschen in ihm das ewige Leben haben. Und darum hat der Mensch, der in diesem Geist sein Leben vermutet, das ewige Leben. Der Mensch aber, welcher in diesem Geiste sein Leben vermutet, hat kein Leben. Die Menschen können selbst wählen Leben oder Tod. Das Leben ist im Geist, der Tod im Fleisch. Das Leben des Geistes ist gut, ist das Licht. Das Leben im Fleisch ist das Böse, die Finsternis. An den Geist glauben heißt: gute Werke vollbringen, nicht an ihn glauben heißt: die Werke des Bösen verrichten. Das Gute ist das Leben, das Böse ist der Tod. Gott, den äußerlichen Schöpfer, den Ursprung aller Anfänge, kennen wir nicht. Alles, was wir uns von ihm vorstellen können, ist das, daß er in die Menschen den Geist gesäet hat, wie der Sämann überall hin, ohne das Land zu wählen, und die Samenkörner, welche auf gutes Land fallen, gehen auf, und die auf unfruchtbares Land kommen, vergehen. Nur der Geist giebt dem Menschen das Leben, und von dem Menschen hängt es ab, es zu erhalten oder zu verlieren. Das Böse existiert nicht für den Geist, das Böse ist das Ebenbild des Lebens. Es giebt nur Lebendiges und Nichtlebendiges.

So ist die Vorstellung der Menschen von der ganzen Welt, aber jeder Mensch hat eine Erkenntnis des himmlischen Reiches in seiner Seele. Jeder kann nach seiner Wahl in dasselbe eingehen oder nicht eingehen. Um in dasselbe einzugehen, muß man an das Leben des Geistes glauben. Der, welcher an das Leben des Geistes glaubt, hat das ewige Leben.

IV.

Jesus erbarmte sich der Menschen deshalb, weil sie nicht das wahre Heil kennen, und lehrte es sie. Er sagte: „Selig diejenigen, welche kein Eigentum, keinen Ruhm haben und nicht darum sorgen. Aber unglücklich diejenigen, welche Reichtum und Ruhm suchen, weil die Armen und Unterdrückten im Willen des Vaters leben, die Reichen aber nur Vorteile von den Menschen in diesem zeitlichen Leben suchen. Um den Willen des Vaters zu erfüllen, muß man sich nicht fürchten, arm und verachtet zu sein, man soll sich dessen freuen, um den Menschen zu zeigen, worin das wahre Heil besteht.

Um den Willen des Vaters zu erfüllen, der allen Menschen das Leben und das Heil bringt, muß man fünf Gebote erfüllen.

1. Gebot: Niemand beleidigen und so handeln, daß in keinem das Böse erwacht, weil aus dem Bösen Böses entsteht.

2. Gebot: Nicht mit Frauen kosen und nicht die Frau verlassen, mit der man sich vereinigt hat, weil das Verlassen der Frau und der Wechsel derselben alle Lasterhaftigkeit in der Welt hervorbringt.

3. Gebot: Nicht schwören, weil man nichts versprechen kann, da der Mensch ganz in der Gewalt Gottes ist und Schwüre für böse Sachen abgenommen werden.

4. Gebot: Dem Bösen nicht Widerstand leisten, Beleidigungen ertragen und noch mehr thun als die Menschen verlangen. Nicht richten und nicht Prozesse führen, weil der Mensch selbst voll von Irr-

tümern ist und andere nicht belehren kann. Durch Rachsucht lehrt der Mensch nur andere dasselbe.

5. Gebot: Keinen Unterschied machen zwischen seinen Landsleuten und Fremden, weil alle Menschen Kinder desselben Gottes sind. –

Diese fünf Gebote soll man nicht dazu befolgen, um das Lob der Menschen zu verdienen, sondern für sich selbst, für die eigene Seligkeit. Und deshalb soll man nicht vor den Augen der Menschen beten noch fasten.

Der Vater weiß alles, was den Menschen nötig ist, und man hat ihn um nichts zu bitten. Man soll sich nur bemühen, im Willen des Vaters zu leben. Der Wille des Vaters aber geht dahin, niemand zu zürnen. Fasten ist unnötig, weil die Menschen nur fasten der Lobreden der Menschen wegen. Aber Lobreden der Menschen muß man vermeiden. Man muß nur darum sorgen, im Willen des Vaters zu bleiben. Alles andere wird von selbst kommen. Wenn man sich um das Fleischliche kümmert, so kann man sich um das himmlische Reich nicht mehr kümmern, und auch ohne Sorge um Nahrung und Kleidung wird der Mensch leben. Der Vater giebt das Leben. Man soll nur darum sorgen, daß man in der gegenwärtigen Stunde im Willen des Vaters bleibt. Der Vater giebt den Kindern, was sie nötig haben. Man kann nur Kräfte des Geistes wünschen, welche der Vater giebt. Die fünf Gebote bezeichnen den Weg zum himmlischen Reich. Nur dieser schmale Weg führt zum ewigen Leben.

Die falschen Lehrer, die Wölfe in Schafsfellen, bemühen sich immer, die Menschen von diesem Wege abzubringen. Man muß sie zurückweisen. Die falschen Lehren kann man immer daran erkennen, daß sie das Böse lehren im Namen des Guten. Wenn sie die Gewaltthat, Hinrichtungen, lehren, so sind sie falsche Lehren. An dem, was sie lehren, kann man sie erkennen.

Nicht derjenige erfüllt den Willen Gottes, der den Namen Gottes nennt, sondern derjenige, der das Gute thut. Wer also diese fünf Gebote erfüllt, der wird ein festes, unzweifelhaftes Leben haben, welches niemand von ihm nehmen kann. Wer sie aber nicht erfüllt, der wird kein festes Leben haben, sondern ein solches, das bald von ihm genommen wird, so daß nichts übrigbleibt.

Die Lehre Jesu verwundert und gefällt dem ganzen Volk dadurch, daß sie alle als frei anerkennt. Die Lehre Jesu war die Erfüllung der Prophezeiungen des Jesaias, darüber, daß der Erwählte Gottes den Menschen das Licht bringen, das Böse besiegen und das Gute befestigen werde durch Milde, Demut und durch das Gute, aber nicht durch Gewalt.

V.

Die Weisheit des Lebens besteht darin, sein Leben als Sohn des Geistes – des Vaters – anzusehen. Die Menschen geben sich den Zwecken des fleischlichen Lebens hin, und wenn sie diese Zwecke erreicht haben, quälen sie sich und andere. Wenn sie die Lehre vom Leben des Geistes erkannt haben und sich im Fleisch demütigen, so finden die Menschen vollkommene Befriedigung im Leben des Geistes, demselben Leben, das auch ihnen bestimmt ist.

Es geschah einmal, daß Jesus ein Weib fremden Glaubens um einen Trunk bat. Das Weib verweigerte ihm denselben unter dem Vorwande, es sei anderen Glaubens als er. Darauf sagte ihr Jesus: „Wenn Du begreifen würdest, daß ein lebendiger Mensch Dich um einen Trunk bittet, derselbe, in dem der Geist des Vaters lebt, so würdest Du ihm den Trunk nicht verweigern, sondern Dich bestreben, dadurch, daß Du Gutes thust, Dich im Geist mit dem Vater zu vereinigen. Und der Geist des Vaters würde Dir nicht solches Wasser geben, von dem man wieder trinken will, sondern solches, welches das ewige Leben giebt." Zu Gott beten kann man nicht nur an einem begrenzten Orte, sondern man kann nur mit dem dienen, worin der Geist Gottes ist, und ihm durch Thaten der Liebe dienen.

Und Jesus sprach zu seinen Jüngern: „Die wahre Nahrung des Menschen besteht darin, den Willen des Vaters – des Geistes – zu erfüllen. Diese Erfüllung ist immer möglich. Unser ganzes Leben ist die Einsammlung der Früchte des Lebens, welche der Vater in uns ausgesät hat. Die Früchte sind das Gute, das wir den Menschen erweisen. Man soll nichts erwarten, es ist nötig, unaufhörlich zu leben, indem man den Menschen Gutes thut."

Darauf geschah es, daß Jesus in Jerusalem war. In Jerusalem war ein Badehaus, bei welchem ein Kranker lag, der nichts that und Heilung durch ein Wunder erwartete. Jesus ging zu dem Kranken und sagte ihm: „Erwarte nicht Heilung von einem Wunder, sondern lebe selbst, soviel Kräfte in Dir sind, und irre Dich nicht im Sinne des

Lebens.“ Der Kranke hörte Jesus an, stand auf und ging. Als die Rechtgläubigen das sahen, machten sie Jesus Vorwürfe darüber, daß er das gesagt habe, und darüber, daß er am Sabbath den Schwachgewordenen aufgehoben habe. Jesus sprach zu ihnen: „Ich habe nichts Neues gethan, ich habe nur das gethan, was unser gemeinsamer Vater thut. Er lebt und heilt die Menschen, und das habe ich auch gethan.“ Und das ist die Bestimmung jedes Menschen. Jedem Menschen steht es frei, zu leben oder nicht zu leben. Leben heißt, den Willen des Vaters zu erfüllen, das heißt anderen Gutes thun. Nicht leben heißt, den eigenen Willen zu erfüllen und anderen nicht Gutes erweisen. Es liegt in der Gewalt eines jeden, dies oder das andere zu thun, und das Leben zu erhalten, oder zu vernichten.

Das wahre Leben der Menschen ist ähnlich dem Folgenden: Ein Hausvater giebt seinen Sklaven einen Teil eines kostbaren Gutes und befiehlt jedem, das zu bearbeiten, was er ihm giebt. Die einen arbeiten, die anderen aber nicht und verbergen das, was ihnen gegeben war. Der Hausvater verlangt Rechenschaft, und denjenigen, welche arbeiteten, giebt er noch mehr von dem, was sie hatten, denen aber, welche nicht arbeiteten, nimmt er das Letzte weg.

Der wertvolle Teil des Gutes des Hausvaters ist der Geist des Lebens im Menschen. Derjenige, welcher im Leben für das Leben des Geistes arbeitet, erhält ein ewiges Leben. Wer nicht arbeitet, verliert das, was ihm gegeben worden war.

Das wahre Leben ist nur das allen gemeinsame Leben, aber nicht das Leben des einzelnen. Alle sollen arbeiten für das Leben der anderen.

Danach ging Jesus in die Wüste, und viel Volk folgte ihm nach. Gegen Abend kamen die Jünger und sagten: „Womit soll man all dieses Volk ernähren?“

Unter dem Volk waren solche, welche gar nichts hatten, und solche, welche Brot und Fische mitgenommen hatten. Da sagte Jesus zu seinen Jüngern: „Gebt alles Brot, was vorhanden ist.“ Er nahm die Brote, gab sie seinen Jüngern, und diese verteilten sie an die anderen. Und die anderen thaten dasselbe. Und alle aßen und konnten das nicht aufessen, was da war, und alle waren zufrieden. Und Jesus sprach: „So sollt ihr thun. Es ist nicht nötig, daß jeder sich selbst Speise verschaffe, aber es ist nötig, was der Geist im Menschen befiehlt, anderen zu essen zu geben.“

Die wahre Speise des Menschen ist der Geist des Vaters. Die Menschen leben nur durch den Geist.

Dem allem, was das Leben ist, soll man dienen, weil das Leben nicht darin liegt, unseren Willen zu thun, sondern den Willen des Vaters des Lebens. Aber der Wille des Vaters des Lebens ist, daß all das geistige Leben, das in jedem ist, in ihm bleibt, und daß alle sich das Leben des Geistes erhalten bis zur Todesstunde. Der Vater, die Quelle alles Lebens, ist der Geist. Das Leben liegt nur in der Erfüllung des Willens des Vaters. Und darum muß man zur Erfüllung des Willens des Geistes sein Fleisch hingeben. Das Fleisch ist die Speise für das Leben des Geistes. Nur indem man sein Fleisch hingiebt, lebt der Geist.

Darauf wählte Jesus Jünger und sandte sie aus, überall seine Lehre vom Leben des Geistes zu verkündigen. Indem er sie aussandte, sprach er: „Ihr sollt das Leben des Geistes verkündigen. Darum sollt ihr euch zuvor von allen Begierden des Fleisches losmachen; ihr sollt nichts Eigenes haben. Seid bereit zu Verfolgungen, Entbehrungen und Leiden. Euch werden diejenigen hassen, welche das Leben des Fleisches lieben, sie werden euch quälen und töten, ihr aber fürchtet euch nicht. Wenn ihr den Willen des Vaters erfüllt, so habt ihr das Leben des Geistes, und niemand kann es von euch nehmen."

Die Jünger gingen, und als sie zurückkehrten, erklärten sie, daß überall die Lehre des Bösen von ihnen besiegt worden sei.

Da sagten die Rechtgläubigen zu Jesus, daß seine Lehre, wenn sie auch das Böse überwinde, doch selbst böse sei, da die Menschen, welche nach dieser Lehre leben, Leiden ertragen müßten. Darauf sprach Jesus:

„Das Böse kann nicht das Böse besiegen. Wenn das Böse besiegt wird, so kann es nur durch das Gute besiegt werden. Das Gute, das ist der Wille des Vaters, des Geistes, der allen Menschen gemeinsam ist. Jeder Mensch weiß, was gut für ihn ist. Wenn er das für andere Menschen thut, wenn er das thut, was der Wille des Vaters ist, so thut er Gutes. Und darum ist die Erfüllung des Willens des Vaters des Geistes gut, wenn sie auch verbunden ist mit Leiden und dem Tode aller, die den Willen des Vaters erfüllen."

VI.

Für das Leben des Geistes kann es keinen Unterschied geben zwischen Familiengliedern und Fremden.

Jesus sagte, daß seine Mutter und Brüder nichts für ihn bedeuten. Wie Mutter und Brüder stehen ihm nur diejenigen nahe, welche den Willen des gemeinsamen Vaters erfüllen.

Die Seligkeit und das Leben des Menschen hängt ab nicht von seinen Familienbeziehungen, sondern vom Leben des Geistes. Jesus sagt, selig seien diejenigen, welche das Verständnis Gottes haben. Für den Menschen, der im Geist lebt, giebt es kein Haus. Aber der Mensch lebt durch den Geist, und darum kann er kein Haus haben. Jesus sagt, er habe keinen bestimmten Ort für sich. Für die Erfüllung des Willens Gottes sei kein bestimmter Ort nötig, sie sei überall und immer möglich.

Der leibliche Tod kann nicht schrecklich sein für den Menschen, der sich dem Willen des Vaters ergiebt, weil das Leben des Geistes nicht abhängt vom Tode des Fleisches. Jesus sagt: „Derjenige, der an das Leben des Geistes glaubt, hat nichts zu befürchten."

Keinerlei Sorgen können den Menschen abhalten, durch den Geist zu leben. Auf die Worte eines Menschen, er werde die Lehre Jesu später erfüllen, vorher aber müsse er seinen Vater begraben, antwortete Jesus: „Nur die Toten können sich um Begräbnisse der Toten bekümmern, die Lebenden aber leben immer durch die Erfüllung des Willens des Vaters."

Die Sorgen um Familienglieder und häusliche Angelegenheiten können das Leben des Geistes nicht stören. Der, der sich darum kümmert, was für sein fleischliches Leben aus der Erfüllung des Willens des Vaters herauskommt, der ist wie ein Pflüger, der pflügt und nicht vorwärts blickt, sondern rückwärts.

Die Sorgen um die Freuden des fleischlichen Lebens, welche den Menschen so wichtig erscheinen, sind nichtig.

Die einzige Wichtigkeit des Lebens ist die Verkündigung des Willens Gottes und die Erfüllung desselben. Auf den Vorwurf Marthas, daß sie allein sich um das Abendessen kümmere, aber ihre Schwester Maria ihr nicht helfe und nur die Lehre anhöre, erwiderte Jesus: „Dein Vorwurf ist ungerecht. Kümmere Dich, wenn Du willst, um das, was Sorgen macht, aber laß diejenigen, welche keine fleischlichen Vergnügungen wünschen, das einzige thun, was für das Leben nötig ist."

Jesus sagt: „Der, welcher das wahre Leben gewinnen will, welches darin besteht, den Willen des Vaters zu erfüllen, der muß vor allem sich von seinen persönlichen Wünschen lossagen. Er darf nicht nur sein Leben nicht so einrichten wie er will, sondern er muß zu jeder Stunde bereit sein, alle Entbehrungen und alle Leiden zu ertragen.

Der, welcher sein fleischliches Leben einrichten will, wie es ihm gefällt, der verliert das wahre Leben der Erfüllung des Willens des Vaters.

Und es ist kein Vorteil, zu erwerben für das fleischliche Leben, wenn dieser Erwerb das Leben des Geistes schädigt.

Am meisten schädigt das Leben des Geistes die Gewinnsucht, der Erwerb von Reichtümern. Die Menschen vergessen, daß, so viel sie auch Reichtümer erwerben mögen, sie doch zu jeder Stunde sterben können und ihr Besitz nutzlos ist für ihr Leben. Der Tod hängt über jedem von uns. Krankheit, Mord, Unglücksfälle können jeden Augenblick unser Leben beenden. Der leibliche Tod ist eine unvermeidliche Möglichkeit in jeder Sekunde des Lebens. Wenn der Mensch lebt, so muß er zu jeder Stunde des Lebens an das Ende denken. Und dessen muß man sich erinnern und nicht sagen, daß wir das nicht wissen. Wir wissen und sehen alles voraus, was auf der Erde und am Himmel vorgeht, aber den Tod, der, wie wir wissen, uns jeden Augenblick erwartet, den vergessen wir. Wenn wir aber nicht vergessen, daß wir uns nicht dem fleischlichen Leben hingeben können, so können wir uns auf dasselbe nicht verlassen. Um meiner Lehre nachzufolgen, muß man die Vorteile, die man dem Dienste des leiblichen Lebens und des eigenen Willens erwirbt, mit denen vergleichen, die man durch die Erfüllung des Willens Gottes gewinnt. Nur derjenige, welcher dies klar erwogen hat, nur der kann mein Jünger sein. Aber wer überlegt, der wünscht kein scheinbares Heil und scheinbares Leben zur Erlangung des wahren Heils und des wahren Lebens. Das wahre Leben wird den Menschen gegeben, und sie wissen es und hören seinen Ruf, aber da sie beständig von kleinlichen Sorgen abgezogen werden, verlieren sie es. Das wahre Leben erinnert an das Festmahl, das ein Reicher gab und zu dem er Gäste einlud. Er rief die Gäste ebenso, wie die Stimme des Geistesvaters alle Menschen zu sich ruft. Aber von den Gästen waren einige mit Handel beschäftigt, andere mit Landwirtschaft, noch andere mit häuslichen Angelegenheiten, und sie kamen nicht zum Gastmahl. Nur die Bettler, welche keine leibliche Sorge hatten, kamen zum Gastmahl und erhielten das Glück. So ist es auch mit den Menschen, welche sich von den Sorgen des fleischlichen Lebens abziehen lassen. Sie verlieren das wahre Leben. Derjenige, welcher sich nicht von allen Sorgen um den Vorteil des fleischlichen Lebens lossagt, der kann nicht den Willen des Vaters erfüllen, weil er nicht zum Teil sich, zum Teil dem Vater dienen kann. Man muß überlegen: Ist es vorteilhaft, seinem Fleisch zu dienen? Kann man sein Leben einrichten, wie man selbst will? Man muß dasselbe thun wie ein Mensch, der ein Haus baut oder sich zum Kriege vorbereitet. Er überlegt, ob er das Haus vollenden, ob er siegen kann. Und wenn er sieht, daß er das nicht kann, so verschwendet er nicht vergebens Mühe oder Heere. Sonst bereitet er sich vergeblich den Untergang und wird von den Menschen verlacht. Wenn man das leibliche Leben einrichten könnte wie man will, dann müßte man dem Fleische dienen. Aber da man das nicht kann, so ist es besser, alles Fleischliche aufzugeben und dem Geiste zu dienen. Sonst erreicht man weder das eine noch das andere, weder das fleischliche Leben noch das geistige. Um den Willen des Vaters zu erfüllen, muß man sich daher ganz vom fleischlichen Leben lossagen.

Das fleischliche Leben ist der uns anvertraute fremde trügerische Reichtum, den wir so anwenden sollen, daß wir wahren Reichtum gewinnen.

Wenn bei einem Reichen sein Verwalter wohnt und weiß, daß, soviel er auch dem Herrn dienen mag, dieser ihn ohne Mittel entlassen wird, so wird dieser Verwalter vernünftig handeln, wenn er den Menschen Gutes thut, solange er noch über fremden Reichtum verfügt. Dann, wenn ihn auch der Herr entläßt, so werden diejenigen, denen er Gutes gethan hat, ihn aufnehmen und ernähren. Dasselbe müssen auch die Menschen mit ihrem fleischlichen Leben machen. Das fleischliche Leben ist jener fremde Reichtum, den sie nur zeitweilig verwalten. Wenn sie diesen fremden Reichtum gut anwenden, so erlangen sie wahren Reichtum.

Wenn wir nicht unser falsches Gut herausgeben, so erhalten wir nicht unser wahres Gut. Man kann nicht dem falschen Leben des

Fleisches und dem Geist zugleich dienen, man muß dem einen oder dem anderen dienen. Man kann nicht dem Reichtum und zugleich Gott dienen. Das, was dem Menschen groß erscheint, das ist nichtig vor Gott. Vor Gott ist der Reichtum böse. Der Reiche macht sich schon dadurch schuldig, daß er viel und üppig ißt, während die Armen vor seiner Thür hungern. Und alle wissen, daß das Eigentum, das wir nicht anderen hingeben, die Nichterfüllung des Willens Gottes ist."

Einmal kam zu Jesus ein rechtgläubiger reicher Machthaber und rühmte sich, daß er alle Gebote des Gesetzes erfüllt habe. Jesus erinnerte ihn daran, daß es ein Gebot giebt, alle Menschen zu lieben wie sich selbst, daß darin der Wille Gottes besteht. Der Machthaber sagte, er habe auch das erfüllt. Da sagte ihm Jesus: „Das ist nicht wahr. Wenn Du den Willen des Vaters erfüllen wolltest, so hättest Du kein Eigentum. Du kannst nicht den Willen des Vaters erfüllen, wenn Du Eigentum besitzest, das Du nicht anderen hingiebst." Und Jesus sprach zu seinen Jüngern: „Die Menschen glauben, daß man ohne Eigentum nicht leben könne; ich aber sage euch, das wahre Leben besteht darin, das Seinige anderen hinzugeben."

Ein Mann, Zacharias, hatte die Lehre Jesu gehört und glaubte daran und lud Jesus in sein Haus ein und sagte: „Ich gebe die Hälfte meines Vermögens den Armen, ein Viertel gebe ich denen, die ich beleidigt habe." Und Jesus sagte: „Hier ist ein Mann, der den Willen Gottes erfüllt, weil es nicht eine solche Lage giebt, in welcher der Wille Gottes erfüllt wurde, sondern unser ganzes Leben die Erfüllung desselben ist."

Das Gute kann man mit nichts messen, man kann nicht sagen, dieser habe mehr gethan und jener weniger. Die Witwe, welche ihren letzten Heller hingiebt, giebt mehr als der Reiche, der Tausende giebt. Man kann das Gute auch nicht damit messen, was nützlich und unnützlich ist.

Als Beispiel dafür, wie man das Gute thun muß, dient jene Frau, welche Jesus bedauerte und unvernünftigerweise ihm Öl für dreihundert Rubel auf die Füße goß. Judas sagte, sie habe dumm gehandelt, sie hätte dafür viele ernähren können. Aber Judas war ein Räuber und log, und wenn er vom leiblichen Nutzen sprach, dachte er nicht an die Armen. Nicht der Nutzen ist nötig und nicht die Zahl, aber nötig ist es, immer und zu jeder Stunde die Nächsten zu lieben und ihnen das Eigene hinzugeben.

VII.

Als Antwort auf das Verlangen der Juden von Beweisen für die Wahrheit seiner Lehre sagte Jesus: „Die Wahrheit meiner Lehre wird dadurch bewiesen, daß ich nicht in meinem Namen, sondern im Namen unseres gemeinschaftlichen Vaters lehre. Ich lehre das, was gut ist, im Namen des Vaters aller Menschen, und darum für alle Menschen."

„Thut, was ich sage, erfüllt die fünf Gebote, und ihr werdet sehen, daß wahr ist, was ich sage. Die Erfüllung der fünf Gebote jagt alles Böse aus der Welt. Und darum ist es wahr, daß sie auf Wahrheit begründet sind. Es ist klar, daß der, welcher das lehrt, was nicht in seinem persönlichen Willen liegt, sondern im Willen dessen, der ihn gesandt hat, – die Wahrheit lehrt. Das Gesetz Mosis lehrt die Erfüllung des Willens der Menschen, und darum ist es voll von Widersprüchen. Meine Lehre aber lehrt, den Willen des Vaters zu erfüllen, und darum führt sie zur Einheit."

Die Juden begriffen ihn nicht und verlangten äußerliche Beweise dafür, ob er selbst Christus sei, von dem in den Prophezeiungen geschrieben steht. Darauf sagte er ihnen: „Fragt nicht danach, wer ich sei und ob von mir in euren Prophezeiungen die Rede ist, sondern dringt in meine Lehre ein, in das, was ich von unserem gemeinsamen Vater sage. Mir als Menschen braucht ihr nicht zu glauben, aber das sollt ihr glauben, was ich im Namen unseres gemeinschaftlichen Vaters sage."

„Ihr sollt nicht nachdenken, woher ich komme, aber ihr sollt meine Lehre befolgen. Der, der meiner Lehre folgt, gewinnt das wahre Leben. Beweise für meine Lehre kann es nicht geben. Sie ist das Licht, und wie man das Licht nicht beleuchten kann, so kann man auch nicht die Wahrhaftigkeit der Wahrheit beweisen. Meine Lehre ist das Licht, und wer es sieht, der hat das Licht und das Leben. Und dafür giebt es keine Beweise. Wer aber in der Finsternis ist, der soll zum Licht gehen."

Aber die Juden fragten ihn wieder, wer er nach seiner leiblichen Abstammung sei. Er sagte: Ich bin, wie ich euch von Anfang an gesagt habe, ein Mensch, der Sohn des Vaters des Lebens. Nur der, der von sich selbst begreift, daß er der Sohn des Vaters des Lichtes ist (diese Wahrheit, die ich lehre), hat den Willen unseres gemeinsamen Vaters erfüllt – nur der hört auf, Sklave zu sein und wird frei, denn der Irrtum, das leibliche Leben für das wirkliche Leben zu nehmen, macht uns unfrei. Der, der die Wahrheit begreift, daß das Leben nur in der Erfüllung des Willens Gottes liegt, – nur der wird frei und unsterblich. Ebenso wie der Sklave im Hause seines Herrn nicht für immer bleibt, der Sohn aber immer bleibt, ebenso bleibt der Mensch, der als Sklave des Fleisches lebt, nicht für immer im Leben, der Mensch aber, der den Willen des Vaters im Geiste erfüllt, bleibt immer im Leben. Um mich zu begreifen, müßt ihr das begreifen, daß mein Vater nicht derselbe ist wie euer Vater, der, den ihr ‚Gott' nennt. Euer Vater ist ein lebendiger Gott, mein Vater aber ist der Geist des Lebens. Euer Vater, Gott, ist ein rachsüchtiger, menschenmordender Gott, der die Menschen straft, mein Vater aber giebt das Leben. Und darum sind wir Kinder verschiedener Väter. Ich suche die Wahrheit, ihr aber wollt mich dafür töten, eurem Gott zu Ehren. Euer Gott ist der Teufel, der Ursprung des Bösen, und wenn ihr ihn hört, so hört ihr den Teufel. Meine Lehre aber sagt, daß wir Söhne des Vaters des Lebens seien, und der, der meiner Lehre glaubt, wird den Tod nicht sehen."

Die Juden sagten: „Wie könnte der Mensch nicht sterben, wenn doch alle Gott gefälligen Menschen wie Abraham gestorben sind? Wie kannst Du sagen: ‚Du und die Deiner Lehre glauben, werden nicht sterben?'" Darauf sagte Jesus: „Ich sage nichts von mir selbst, ich spreche von jenem Ursprunge des Lebens, den ihr ‚Gott' nennt und welcher in den Menschen ist. Diesen Ursprung kenne ich und kann nicht umhin ihn zu kennen. Ich weiß seinen Willen und erfülle ihn und von diesem Ursprunge des Lebens sage ich, daß er wahr ist und sein wird, und daß es für ihn keinen Tod giebt."

„Das Verlangen nach Beweisen für die Wahrhaftigkeit meiner Lehre ist ebenso, als wollten die Menschen Beweise von einem Blinden verlangen, warum und wie er das Licht gesehen habe."

„Der geheilte Blinde, der derselbe Mensch geblieben war, der er früher war, könnte nur das sagen, daß er blind war und jetzt sehe. Dasselbe und nichts weiter kann der Mensch sagen, der den Sinn seines Lebens früher nicht begriff, ihn aber jetzt begreift."

Ein solcher Mensch würde nur sagen, daß er früher das wahre Heil des Lebens nicht gekannt hat, es aber jetzt kenne. Und der geheilte Blinde, wenn man ihm sagt, daß er falsch geheilt sei, daß der Mensch, der ihn heilte, ein Sünder sei, daß er anders geheilt werden müsse, kann nur sagen: „Ich verstehe nichts vom richtigen Heilen und von der Sündhaftigkeit dessen, der mich geheilt hat, oder von einer anderen besseren Heilung. Ich weiß nur, daß ich blind war und jetzt sehe."

„Ganz ebenso kann auch der, der den Sinn der Lehre vom wahren Heil, von der Erfüllung des Willens des Vaters, erfaßt hat, nichts davon sagen, ob diese Lehre richtig sei, ob der, der sie offenbarte, ein Sünder sei und ob er noch ein besseres Heil finden könne. Er wird sagen: ‚Früher habe ich den Sinn des Lebens nicht eingesehen, jetzt aber sehe ich ihn, und weiter weiß ich nichts.'"

Und Jesus sagte: „Meine Lehre ist die Erweckung des bisher schlafenden Lebens. Wer an meine Lehre glaubt, der wird zum ewigen Leben erweckt und lebt auch nach dem Tode."

„Meine Lehre wird durch nichts bewiesen, aber die Menschen geben sich meiner Lehre deshalb hin, weil sie allein allen Menschen das Leben verspricht."

„Wie die Schafe dem Hirten folgen, der ihnen Nahrung und das Leben giebt, so nehmen die Menschen meine Lehre deshalb an, weil sie allen das Leben giebt. Und wie die Schafe nicht dem Räuber folgen, der in den Schafstall eingedrungen ist, und sich von ihm abwenden, so können auch die Menschen nicht an jene Lehre glauben, welche Gewaltthaten und Hinrichtungen lehrt. Meine Lehre ist eine Thür für die Schafe, und alle die, welche mir nachfolgen, werden das wahre Leben finden. Wie von den Hirten nur diejenigen gut sind, welche selbst Wirte sind und die Schafe lieben und ihr Leben für die Schafe hingeben, die Mietlinge aber schlecht sind, diejenigen, welche nicht die Schafe lieben, – ist nur der ein wahrer Lehrer, der sich nicht selbst schont, ein schlechter Lehrer aber derjenige, der nur um sich selbst sorgt. Meine Lehre besteht darin, sich nicht zu schonen, sein leibliches Leben aber für das Leben des Geistes hinzugeben, und ich lehre das und thue das."

Die Juden begriffen ihn immer noch nicht und verlangten immer Beweise dafür, ob er Christus sei oder nicht, und ob man ihm daher glauben könne oder nicht. Sie sagten zu ihm: „Quäle uns nicht, sondern sage es uns gerade heraus. Bist Du Christus oder nicht?“

Darauf antwortete Jesus ihnen: „Nicht den Worten soll man glauben, sondern den Thaten. Nach den Thaten, die ich lehre, werdet ihr begreifen, ob ich in der Wahrheit lehre oder nicht. Thut, was ich thue, aber denkt nicht über die Worte nach. Erfüllt den Willen des Vaters, und dann werde ich euch mit mir und dem Vater vereinigen, weil ich der Menschensohn bin, dasselbe wie der Vater und dasselbe, was ihr ‚Gott‘ nennt, und was ich ‚Vater‘ nenne. Ich und der Vater sind eins. Und in euren Schriften ist gesagt, daß Gott den Menschen gesagt habe: ‚Ihr seid Götter.‘ Jeder Mensch ist im Geist ein Sohn des Vaters, und wenn er lebt in der Erfüllung des Willens des Vaters, so vereinigt er sich mit dem Vater. Wenn ich seinen Willen erfülle, so ist der Vater in mir und ich im Vater.“

Danach fragte Jesus die Jünger, wie sie seine Lehre vom Menschensohn begreifen. Simon Petrus antwortete ihm: „Deine Lehre besteht darin, daß Du der Sohn Gottes des Lebens bist, daß Gott das Leben des Geistes im Menschen ist.“ Und Jesus sagte ihm: „Glücklich bist Du, Simon, daß Du das begriffen hast. Ein Mensch konnte Dir das nicht offenbaren, aber Du hast es deshalb begriffen, weil Gott in Dir Dir dies geoffenbart hat. Auf diese Erkenntnis gründet sich das wahre Leben der Menschen. Für dieses Leben giebt es keinen Tod.“

VIII.

Auf die Zweifel der Jünger darüber, wie ihre Belohnung sein werde dafür, daß sie dem fleischlichen Leben entsagen, antwortete Jesus: „Für einen Menschen, der den Sinn der Lehre verstanden hat, kann es keine Belohnung geben, erstens deshalb, weil der Mensch, der seinen nächsten Verwandten und seinem Eigentum entsagt, im Namen meiner Lehre hundertmal mehr erwirbt als seine nahen Verwandten, und zweitens deshalb, weil der Mensch, der Belohnungen erwartet, mehr für sich erwartet als andere erhalten, und dies widerspricht der Lehre von der Erfüllung des Willens des Vaters.“ Für das himmlische Reich giebt es keinen Größeren und Kleineren; alle sind gleich. Diejenigen, welche Belohnung für das Gute verlangen, gleichen den Arbeitern, welche einen größeren Lohn verlangen als den, den sie mit ihren Arbeitgebern abgemacht haben, nur deshalb, weil sie nach ihrer Meinung würdiger als andere seien. Belohnung und Strafe, Erniedrigung und Erhöhung giebt es nicht für den, der die Lehre begreift. Niemand kann höher oder wichtiger sein als ein anderer nach der Lehre Jesu.

Jeder kann den Willen des Vaters erfüllen, aber dadurch macht sich keiner älter oder wichtiger oder besser als ein anderer. Dafür halten sich nur die Kaiser und solche, die ihnen dienen. „Nach meiner Lehre," sagt Jesus, „kann es keine Älteren geben, weil der, der besser sein will, der Diener aller sein soll, weil darin die Lehre besteht, daß dem Menschen das Leben gegeben sei nicht dazu, daß man ihm diene, sondern dazu, daß er sein ganzes Leben dem Dienste anderer Menschen hingebe. Und der, der dies nicht befolgt und sich selbst erhöht, der wird tiefer fallen als er stand." Um nicht an Belohnungen und Erhöhungen für sich selbst zu denken, muß man begreifen, worin der Sinn des Lebens liegt. Der Sinn des Lebens liegt in der Erfüllung des Willens des Vaters. Der Wille des Vaters aber liegt darin, daß das, was er gab, zu ihm zurückkehre. Wie der Hirt seine ganze Herde verläßt und ein verlorenes Schaf suchen geht, und wie eine Frau alles durchsucht, um ein verlorenes Geldstück zu finden, so offenbart sich auch die Thätigkeit des Vaters darin, daß er zu sich hinzieht, was sein war.

Man muß begreifen, worin das Leben der Wahrheit liegt. Das wahre Leben äußert sich immer darin, daß das Verlorene zurückkehrt, daß das Schlafende erwacht. Die Menschen, welche das wahre Leben haben und zu ihrem Ursprunge zurückgekehrt sind, können nicht nach Menschenart sich für besser oder schlechter halten, sondern, da sie Teilnehmer des Lebens des Vaters geworden sind, können sie sich nur freuen über die Rückkehr eines Verlorenen zum Vater. Wenn ein Sohn, der vom Wege abgekommen ist und sich vom Vater entfernt hat, bereut und zum Vater zurückkehrt, können dann nicht die anderen Söhne des Vaters neidisch werden infolge der Freude des Vaters, so daß sie sich über die Rückkehr des Bruders nicht freuen?

Um der Lehre zu glauben, um sein Leben zu ändern und die Lehre zu erfüllen, bedarf es keiner äußerlichen Beweise, noch Versprechungen von Belohnungen, sondern nur der klaren Begriffe dessen, was das wahre Leben ist. Wenn die Menschen glauben, daß sie unbeschränkte Nutznießer des Lebens seien, daß das Leben ihnen gegeben sei zum fleischlichen Genuß, so muß ihnen augenscheinlich jede That der Aufopferung für einen anderen als eine der Belohnung würdige erscheinen, und ohne Belohnung werden sie nichts mehr thun. Wenn man von den Arbeitern, welche vergaßen, daß ihnen der Garten mit der Bedingung übergeben worden war, die Früchte ihrem Herrn zu bringen, ohne Entschädigung Pacht verlangen würde, und wenn man sie immer wieder an die Pacht erinnern würde, so würden sie ihn erschlagen. So ist auch die Ansicht derjenigen Menschen, welche sich für Herren des Lebens halten und nicht begreifen, daß das Leben ein Geschenk der Vorsehung ist, welche die Erfüllung ihres Willens verlangt. Um zu glauben und zu handeln, muß man begreifen, daß der Mensch nichts selbst thun kann, und daß, wenn er sein fleischliches Leben für das Heil hingiebt, er nichts thut, was Dank und Belohnung verdient. Man muß begreifen, daß der Mensch, wenn er Gutes thut, nur seine Pflicht thut, die er erfüllen muß. Nur wenn der Mensch so sein Leben versteht, kann er so glauben, daß er wahre Thaten des Guten vollbringt.

In dieser Auffassung des Lebens besteht auch das unsichtbare himmlische Reich. Nicht das, welches irgendwo so erscheint, daß man es zeigen kann. Das himmlische Reich liegt im Verständnis der Menschen. Die Welt lebte und lebt noch immer nach alter Art. Die Menschen essen, trinken, heiraten, handeln, sterben, und daneben lebt in den Seelen der Menschen das himmlische Reich. Das himmlische Reich ist das Verständnis des Lebens, wie ein Baum, der im Frühjahr von selbst wächst.

Das wahre Leben, die Erfüllung des Willens des Vaters, ist nicht das vergangene, nicht das zukünftige, sondern das jetzige Leben. (Das, was im jetzigen Augenblick jedem zu thun bevorsteht.)

Und darum darf man für das wahre Leben niemals erschlaffen. Die Menschen sollen das Leben hüten, nicht das vergangene, nicht das zukünftige, sondern das, in dem sie leben und in demselben den Willen des Vaters aller Menschen erfüllen. Wenn sie dieses Leben hingehen lassen, ohne den Willen des Vaters zu erfüllen, so kehrt es nicht zurück, ebenso wie der Wachtposten, der aufgestellt ist, um die ganze Nacht zu wachen, nicht seine Pflicht erfüllt, wenn er auch nur einen Augenblick einschläft, weil in diesem Augenblick ein Räuber kommen kann. Und darum soll der Mensch seine ganze Kraft in die jetzige Stunde übertragen, darin nur liegt die Erfüllung des

Willens des Vaters. Der Wille des Vaters aber ist das Leben und das Heil aller Menschen. Und darum ist die Erfüllung des Willens des Vaters das Wohl aller Menschen. Nur diejenigen leben, welche das Gute thun. Das Wohl der Menschen (jetzt, in dieser Stunde) ist das Leben, das sich mit dem gemeinsamen Vater vereinigt.

IX.

Der Mensch wird geboren mit der Erkenntnis des wahren Lebens, der Erfüllung des Willens Gottes. Die Kinder leben so. An den Kindern ist ersichtlich, worin der Wille des Vaters besteht. Um die Lehre Jesu zu begreifen, muß man das Leben der Kinder verstehen und ebenso sein wie sie. Die Kinder leben immer im Willen des Vaters, ohne die fünf Gebote zu verletzen. Sie würden sie auch niemals verletzen, wenn die Älteren sie nicht verführen würden. Die Leute, welche die Kinder in Versuchung führen, verletzen die Gebote und verderben die Kinder. Durch Verführung der Kinder thun die Menschen mit ihnen dasselbe, was ein Mensch thut, der einem anderen einen Stein um den Hals hängt und ihn ins Wasser wirft. Wenn es keine Versuchung gäbe, wäre die Welt glücklich. Die Welt ist nur unglücklich durch die Verführung. Die Versuchung ist das Böse, was die Menschen zum vermeintlichen Wohl ihres zeitlichen Lebens thun. Die Versuchungen verführen die Menschen, und darum muß man alles dafür aufopfern, um nicht in Versuchung zu fallen.

Die Versuchung wider das erste Gebot besteht darin, daß die Menschen sich vor der Welt für rein halten und andere für schuldig. Um nicht auf diesen Abweg zu geraten, müssen die Menschen sich erinnern, daß alle Leute immer in unendlicher Schuld vor dem Vater sind, und daß sie sich von dieser Schuld nur reinigen können, indem sie dem Nächsten verzeihen.

Und darum sollen die Menschen dem Nächsten Beleidigungen verzeihen, ohne darüber zu zürnen, daß der Beleidiger wieder und wieder beleidigt. So oft auch der Mensch beleidigt werden mag, muß er immer wieder vergeben, sich nicht des Bösen erinnern, weil das himmlische Reich nur bei Vergebung möglich ist. Wenn wir nicht vergeben, thun wir dasselbe, was der Schuldner thut. Ein Mann mit einer großen Schuld kam zu seinem Herrn und bat um Nachsicht. Der Herr erließ ihm alles. Der Mann ging zu seinem

Schuldner, der ihm eine Kleinigkeit schuldete, und begann ihn zu würgen. Um das ewige Leben zu haben, müssen wir den Willen des Vaters erfüllen. Vom Vater erbitten wir Verzeihung dafür, daß, wir seinen Willen nicht vollkommen erfüllten, und wir hoffen, diese Verzeihung zu erhalten. Was also thun wir, wenn wir nicht selbst vergeben? Wir thun dasselbe, was wir für uns befürchten.

Der Wille des Vaters ist das Heil, das Übel aber ist das, was uns vom Vater entfernt. Wie sollten wir also uns nicht bemühen, das Übel so schnell als möglich zu ersticken, weil es uns sonst des Lebens beraubt? Das Übel verwickelt uns in den leiblichen Untergang. In dem Maße, wie wir dieses Übels uns entledigen, erwerben wir das Leben. Wenn das Übel uns nicht trennt und wir vereinigt sind durch die Liebe, so haben wir alles, was wir wünschen können.

Die Verführung gegen das zweite Gebot liegt darin, daß wir denken, das Weib sei nur zum Genuß erschaffen, und wenn wir eine Frau verlassen und eine andere nehmen, so gewinnen wir mehr Genuß. Um nicht in diesen Irrtum zu verfallen, müssen wir uns erinnern, daß der Wille des Vaters nicht darin liegt, daß der Mensch sich der weiblichen Reize erfreue, sondern darin, daß jeder, der eine Frau gewählt hat, sich mit ihr zu einem Körper vereinige. Der Wille des Vaters liegt darin, daß jeder Mann eine Frau habe und jede Frau einen Mann. Wenn ein Mann sich an eine Frau hält, so werden alle Männer Frauen und alle Frauen auch Männer haben. Darum, wenn einer seine Frau wechselt, so beraubt er die Frau ihres Mannes und veranlaßt einen anderen Mann, seine Frau zu verlassen und die Verlassene zu nehmen. Man kann auch keine Frau haben, aber mehr als eine Frau kann man nicht haben, denn wenn man eine zweite hat, verletzt man den Willen Gottes, welcher die Vereinigung eines Mannes mit einer Frau gebietet.

Die Verfehlung gegen das dritte Gebot besteht darin, daß die Menschen zum Wohl ihres zeitlichen Lebens Behörden errichteten und von den Menschen Schwüre zur Ausführung der Angelegenheiten der Regierungsgewalt verlangen. Um nicht in diese Versuchung zu fallen, müssen die Menschen sich erinnern, daß sie niemand ihr Leben verdanken als Gott allein. Die Forderungen der Obrigkeit müssen die Menschen als Gewaltthat ansehen und nach dem Gebot des Nichtwiderstandes sich fügen und das vollbringen und hingeben, was die Obrigkeit von ihnen verlangt: Vermögen und

Arbeit; aber sie können nicht durch Versprechungen und Schwüre ihre Handlungen binden. Schwüre, die man den Menschen erpreßt, machen sie schlecht. Der Mensch, der das Leben im Willen des Vaters erkannt hat, kann sich nicht verpflichten in Bezug auf seine Handlungen, weil es für einen solchen Menschen nichts Heiligeres giebt als sein Leben.

Das Vergehen gegen das vierte Gebot liegt darin, daß die Menschen sich dem Zorn und der Wut hingeben und glauben, daß sie damit Menschen bessern. Wenn ein Mensch einen anderen beleidigt, so glauben die Leute, man müsse ihn strafen und das Recht bestehe darin, daß man Menschen verurteilt.

Um nicht in diesen Irrtum zu verfallen, muß man sich erinnern, daß die Menschen nicht berufen sind, andere zu verurteilen, sondern einander zu retten, und daß sie über andere nicht urteilen sollen, weil sie selbst nicht schuldlos sind. Das eine, was sie thun können, ist, andere durch das Beispiel der Reinheit, Vergebung und der Liebe zu belehren.

Die Verirrung gegen das fünfte Gebot liegt darin, daß die Menschen glauben, es sei ein Unterschied zwischen den Menschen ihrer Nation und fremder Völker, und daß es daher notwendig sei, sich gegen fremde Völker zu verteidigen und ihnen zu schaden.

Um nicht in diesen Irrtum zu verfallen, muß man wissen, daß alle Gebote sich in dem einen vereinigen: den Willen des Vaters zu erfüllen, der allen Menschen das Leben und das Heil gegeben hat, und darum allen Menschen ohne jeden Unterschied Gutes zu thun. Wenn andere Menschen noch einen Unterschied machen und die Völker, die sie für fremde halten, bekriegen, so muß doch jeder, ungeachtet dessen, um den Willen des Vaters zu erfüllen, jedem Menschen Gutes thun, wenn dieser auch einem anderen Volke angehört, das uns bekriegt.

Um nicht in einen der menschlichen Irrtümer zu verfallen, muß der Mensch nicht an das Fleischliche, sondern an das Geistige denken. Wenn der Mensch begriffen hat, daß das Leben nur darin besteht, jetzt im Willen des Vaters zu sein, so werden keine Entbehrungen, keine Leiden, noch der Tod schrecklich für ihn sein. Nur der erhält das wahre Leben, der zu jeder Stunde bereit ist, sein fleischliches Leben hinzugeben für die Erfüllung des Willens des Vaters.

Und damit alle begreifen, daß das wahre Leben das ist, für welches es keinen Tod giebt, sagte Jesus: „Das ewige Leben muß man nicht so verstehen, daß es dem jetzigen Leben ähnlich sei. Für das wahre Leben im Willen des Vaters giebt es weder Ort noch Zeit."

Diejenigen, welche zum wahren Leben erweckt wurden, leben im Willen des Vaters, und für den Willen des Vaters giebt es weder Zeit noch Ort. Sie leben für den Vater. Wenn sie für uns starben, so leben sie für Gott. Und darum schließt das eine Gebot alle in sich: Mit aller Kraft den Ursprung des Lebens zu lieben, und darum auch jeden Menschen, welcher diesen Ursprung in sich trägt.

Und Jesus sprach: „Dieser Ursprung des Lebens ist eben jener Christus, den ihr erwartet. Das Verständnis dieses Ursprunges des Lebens, für welchen es keine verschiedenen Persönlichkeiten, keine Zeit und keinen Ort giebt, liegt eben in jenem Menschensohn, den ich lehre. Alles, was den Menschen den Ursprung dieses Lebens verbirgt, ist Ärgernis, Verführung. Es giebt eine Verführung der Schriftgelehrten, der Altgläubigen, gebt euch ihr nicht hin. Es giebt Verführungen der Obrigkeit, gebt euch ihnen nicht hin. Es giebt auch noch das grausamste Ärgernis der Glaubenslehrer, welche sich ‚Rechtgläubige' nennen. Hütet euch vor dieser Verführung mehr als vor allen anderen, weil sie, diese prahlerischen Lehrer, welche sich eine falsche Gottesverehrung erdacht haben, euch von dem wahren Gott ablocken. Anstatt dem Vater des Lebens durch die That zu dienen, bringen sie nur Worte vor und lehren nur durch Worte. Selbst aber thun sie nichts, und darum könnt ihr nichts von ihnen lernen als Worte. Der Vater aber verlangt nicht Worte, sondern Thaten. Sie haben nichts zu lehren, weil sie selbst nichts wissen, aber zu ihrem eigenen Nutzen nennen sie sich Lehrer. Ihr aber wißt, daß niemand Lehrer anderer sein kann. Für alle giebt es nur einen Lehrer; der Herr des Lebens ist die Vernunft. Aber jene prahlerischen Lehrer, welche andere lehren wollen, berauben sich selbst des wahren Lebens und hindern andere es zu erkennen. Sie lehren, ihrem Gott zu dienen durch äußerliche Gebräuche und glauben, daß sie durch einen Schwur jemand dem Glauben zuführen können. Sie beschäftigen sich nur mit Äußerlichkeiten. Sie suchen nur, was dem Glauben ähnlich ist, aber an das, was in den Herzen der Menschen liegt, daran denken sie nicht. Und darum sind sie wie geschmückte Särge, außen schön, aber innen – Verwesung. Sie verehren mit Worten die

Heiligen und die Märtyrer, aber sie, dieselben Menschen, welche früher die Heiligen töteten und quälten, töten und quälen sie auch jetzt. Von ihnen geht alles Ärgernis in der Welt aus, weil sie unter dem Schein des Guten das Böse thun. Ihre Verführung ist die Wurzel aller Verführungen, weil sie dessen spotten, was in der Welt heilig ist. Noch lange werden sie sich nicht ändern und werden mit ihrem Betrug fortfahren und das Böse in der Welt vermehren. Aber die Zeit wird kommen, wo alle Tempel und alle äußerliche Gottesverehrung fallen werden und die Menschen die Liebe begreifen und sich in ihr vereinigen werden zum Dienst des einzigen Vaters des Lebens und zur Erfüllung seines Willens."

X.

Die Juden sahen, daß die Lehre Jesu das Reich, den Glauben und die Nationalität zerstört, und zugleich sahen sie, daß sie seine Lehre nicht widerlegen konnten, und deshalb beschlossen sie, ihn zu töten. Die Unschuld und Rechtschaffenheit Jesu veranlaßte sie zu zögern, aber der Oberpriester Kaiphas führte den Beweis, daß man Jesus töten müsse, wenn er auch ganz unschuldig sei.

Kaiphas sagte: „Wir haben nicht darüber zu urteilen, ob dieser Mensch gerecht ist oder nicht, wir haben nur zu überlegen, ob wir wollen oder nicht, daß unser Volk ein abgesondertes jüdisches Volk bleibe, oder ob wir wollen, daß es untergehe und zerstreut werde. Das Volk kommt um und wird zerstreut, wenn wir diesen Menschen freilassen und nicht töten."

Diese Beweisführung entschied die Sache, und die Rechtgläubigen verurteilten Jesus zum Tode und benachrichtigten das Volk davon, damit er ergriffen werde, sobald er in Jerusalem erscheine.

Obgleich Jesus davon wußte, ging er doch zum Osterfest nach Jerusalem. Die Jünger suchten ihn zu bereden, nicht dahin zu gehen, Jesus aber sagte: „Was die Rechtgläubigen mir anthun wollen und alles, was andere Menschen mir anthun können, kann für mich die Wahrheit nicht vertauschen. Wenn ich das Licht sehe, weiß ich, wo und wohin ich gehe. Nur der, der die Wahrheit nicht kennt, kann von Furcht und Zweifel befallen werden. Nur wer nicht sieht, kann straucheln."

Und er ging nach Jerusalem. Unterwegs hielten sie an in Bethanien. In Bethanien begoß ihn Maria mit einem Eimer[3] teuren Öls. Jesus wußte, daß ihm ein baldiger leiblicher Tod bevorstand, und antwortete den Jüngern auf ihre Vorwürfe gegen Maria, warum sie so viel teures Öl ausgegossen habe, daß dieses Salböl zur Vorbereitung seines Leibes zum Tode diene. Als Jesus Bethanien verließ und nach Jerusalem ging, kamen ihm Menschenmassen entgegen, und das überzeugte die Rechtgläubigen noch mehr von der Notwendigkeit, ihn zu töten. Sie warteten nur auf eine Gelegenheit, ihn zu ergreifen. Er wußte auch das, daß das geringste unvorsichtige Wort von ihm dem Gesetz zuwider eine Veranlassung zur Hinrichtung sein werde, aber ungeachtet dessen ging er in den Tempel und erklärte hier, daß die frühere Gottesverehrung der Juden durch Opfer und Trankopfer falsch sei und verkündigte seine Lehre.

Seine auf die Propheten begründete Lehre war so, daß die Rechtgläubigen immer keine offene Verletzung des Gesetzes finden konnten, für die sie ihn hätten dem Tode überliefern können, um so weniger, als der größere Teil des niedrigen Volkes auf Jesu Seite war. Aber zum Fest waren Heiden gekommen, und als sie von der Lehre Jesu hörten, wollten sie mit ihm darüber reden. Die Jünger erschraken, als sie dies hörten. Sie fürchteten, daß in diesem Gespräch mit den Heiden Jesus sich eine Blöße geben und das Volk erzürnen könnte. Anfangs wollten sie Jesus mit den Heiden nicht zusammenführen, dann aber entschlossen sie sich, ihm davon zu sagen, daß die Heiden mit ihm reden wollten. Als Jesus das hörte, wurde er bestürzt. Er begriff, daß seine Predigt vor den Heiden seine Verwerfung des jüdischen Gesetzes offen beweisen, die rohe Masse von ihm abwendig machen und den Rechtgläubigen Anlaß geben werde, ihn des Verkehrs mit den verhaßten Heiden zu beschuldigen. Jesus wußte das, zugleich aber wußte er auch, daß es sein Beruf sei, den Menschen, den Söhnen eines Vaters, ihre Einheit ohne Unterschied des Glaubens zu erklären. Er wußte, daß dieser Schritt seinem leiblichen Leben den Untergang bringe, aber daß dieser Untergang den Menschen das wahre Verständnis des Lebens geben werde, und darum sagte er: „Wie das Gerstenkorn untergehen muß, damit eine Frucht entstehe, so muß auch der Mensch sein leibliches Leben dafür

---

[3] [Im Markus- und im Matthäusevangelium: „Glas“ IvH]

hingeben, damit eine geistige Frucht erwächst. Wer sein leibliches Leben behüten will, der verliert das wahre Leben, wer aber das leibliche Leben nicht schont, der gewinnt das wahre Leben. Ich bin betrübt über das, was mir bevorsteht. Aber ich habe bis jetzt nur dazu gelebt, um diese Stunde zu erleben. Wie sollte ich also in dieser Stunde nicht thun, was ich thun muß? Darum mag in dieser Stunde der Wille des Vaters in mir sich offenbaren."

Jesus wandte sich an das Volk, an Heiden und Juden, und sagte ihm offen, was er dem Nikodem nur im geheimen gesagt hatte. Er sagte: „Das Leben der Menschen mit ihren verschiedenen Glaubensbekenntnissen und Obrigkeiten muß gänzlich geändert werden. Alle Obrigkeiten der Menschen müssen vernichtet werden. Man muß nur die Bedeutung des Menschen als Sohn des Vaters des Lebens begreifen, so wird dieses Verständnis alle menschlichen Werke und Obrigkeiten vernichten und alle Menschen vereinigen."

Die Juden sagten: „Du zerstörst unseren ganzen Glauben. Nach unserem Gesetz giebt es nur einen Christus, Du aber sagst, es gebe nur einen Menschensohn und man müßte ihn erhöhen. Was bedeutet das?"

Er antwortete: „Den Menschensohn zu erhöhen bedeutet, in dem Lichte des Verständnisses leben, das in dem Menschensohn ist, um, so lange das Licht leuchtet, in diesem Licht zu leben. Ich lehre keinen neuen Glauben, sondern nur den, den jeder in sich kennt. Jeder kennt in sich das Leben. Und jeder weiß, daß das Leben ihm und allen Menschen vom Vater des Lebens gegeben worden ist. Meine Lehre besteht nur darin, das Leben zu lieben, das der Vater allen Menschen gegeben hat."

Viele vom gewöhnlichen Volk glaubten Jesus. Die Vornehmen aber und die Beamten glaubten ihm nicht, weil sie nicht über den ewigen Sinn seiner Rede nachdenken wollten, sondern nur über die zeitliche Bedeutung seiner Lehre. Sie sahen, daß er das Volk ihnen entfremdete und wollten ihn töten, fürchteten sich aber, ihn öffentlich zu ergreifen, und darum wollten sie ihn nicht in Jerusalem am hellen Tage ergreifen, sondern sonstwo im geheimen. Und zu ihnen kam einer der zwölf Jünger, Judas Ischariot, und sie bestachen ihn, damit er ihre Dienstleute zu Jesus führen solle, wenn dieser nicht beim Volk sei. Judas versprach es und ging wieder zu Jesus, um Zeit und Gelegenheit abzuwarten.

Am ersten Feiertage ging Jesus mit seinen Jüngern, um Ostern zu feiern, und Judas, welcher glaubte, daß Jesus von seinem Verrat nichts wisse, ging mit ihm. Jesus aber wußte, daß Judas ihn verkauft hatte, und als alle am Tische saßen, nahm Jesus das Brot, brach es in zwölf Teile und gab jedem Jünger einen Bissen, und auch Judas wie den anderen. Und ohne jemand zu nennen, sagte er: „Nehmet hin, das ist mein Leib." Und dann nahm er einen Becher mit Wein, übergab ihn den anderen, damit sie alle, auch Judas, daraus trinken sollten, und sagte: „Einer von euch wird mein Blut vergießen. Trinkt mein Blut." Dann stand Jesus auf und begann allen Jüngern die Füße zu waschen, auch Judas; und als er damit fertig war, sagte er: „Ich weiß, daß einer von euch mich dem Tode überliefern und mein Blut vergießen wird, aber ich habe ihm zu essen und zu trinken gegeben und ihm die Füße gewaschen. Das habe ich deshalb gethan, um euch zu lehren, wie ihr gegen diejenigen verfahren sollt, die euch Böses thun. Wenn ihr so verfahren werdet, so werdet ihr selig werden."

Die Jünger fragten alle, wer von ihnen der Verräter sei, aber Jesus antwortete nicht, damit sie ihn nicht bestrafen. Als es dunkel wurde, deutete Jesus auf Judas, und zugleich befahl er ihm zu gehen. Judas stand vom Tische auf und entfloh, und niemand hielt ihn auf.

Dann sagte Jesus: „Ich werde euch sagen, was es bedeutet, den Menschensohn zu erhöhen. Es bedeutet, ebenso gut zu sein wie der Vater, nicht nur gegen diejenigen, die uns lieben, sondern gegen alle, auch gegen diejenigen, die uns Böses thun. Darum sollt ihr nicht über meine Lehre urteilen und sie nicht zu deuten versuchen, wie es die Rechtgläubigen thaten, sondern thut das, was ich jetzt vor euch gethan habe. Das eine Gebot gebe ich euch: ‚Liebet die Menschen.' Meine ganze Lehre liegt darin, immer und bis zum Ende die Menschen zu lieben."

Darauf befiel Jesus eine Angst, und er ging mit den Jüngern in der Nacht in den Garten hinaus, um sich zu verbergen. Und unterwegs sagte er ihnen: „Ihr seid alle nicht stark und alle zaghaft. Wenn man mich ergreifen wird, werdet ihr alle entfliehen" Darauf antwortete Petrus: „Nein, ich verlasse Dich nicht und werde Dich verteidigen bis zum Tode." Und alle Jünger sagten dasselbe. Und darauf erwiderte Jesus:

„Wenn es so ist, so bereitet euch zur Verteidigung vor, nehmt Vorräte mit, weil ihr fliehen müßt, und nehmt Waffen mit zur Verteidigung." Die Jünger sagten, sie hätten zwei Messer. Und als Jesus dieses Wort von den Messern hörte, wurde er betrübt. Er ging an einen einsamen Ort, begann zu beten und forderte auch die Jünger dazu auf. Aber die Jünger verstanden ihn nicht. Jesus sagte: „Mein Vater, heiliger Geist, laß den Kampf der Versuchung in mir ein Ende nehmen, bestärke mich in der Erfüllung Deines Willens. Ich will nicht meinen Willen, um mein fleischliches Leben zu verteidigen, ich will nur Deinen Willen, um nicht dem Bösen Widerstand zu leisten." Die Jünger aber verstanden ihn nicht.

Und er sprach zu ihnen: „Denkt nicht an das Fleischliche, sondern bemüht euch, euch durch den Geist zu erheben. Die Kraft liegt im Geist, das Fleisch ist schwach."

Und zum andern Mal sagte er: „Mein Vater, wenn die Leiden unvermeidlich sind, so mögen sie geschehen, aber auch in den Leiden wünsche ich eins: daß nicht mein Wille, sondern der Deinige geschehe." Die Jünger verstanden ihn nicht. Und wieder kämpfte er mit der Versuchung, und endlich siegte er und ging zu den Jüngern und sagte: „Jetzt ist es entschieden, ihr könnt ruhig sein. Ich werde nicht schwanken und mich den Händen der Menschen dieser Welt überliefern."

XI.

Jesus fühlte sich bereit zum Tode und ging, um sich zu überliefern. Petrus hielt ihn zurück und fragte ihn, wohin er gehe. Jesus antwortete: „Ich gehe dahin, wohin Du nicht gehen kannst. Ich bin bereit zum Tode, Du aber bist noch nicht bereit." Petrus sagte: „Nein, auch ich bin jetzt bereit, mein Leben für Dich hinzugeben." Jesus antwortete: „Der Mensch kann sich zu nichts verpflichten." Und allen Jüngern sagte er: „Ich weiß, daß mir der Tod bevorsteht, aber ich glaube an das Leben des Vaters und darum fürchte ich mich nicht. Regt euch nicht auf über meinen Tod, sondern glaubt an den wahren Gott und Vater des Lebens, dann wird euch mein Tod nicht schrecklich erscheinen. Wenn ich mit dem Vater des Lebens vereinigt bin, kann ich das Leben nicht verlieren. Zwar kann ich euch nicht sagen, in welcher Weise und wo das Leben nach dem Tode fortdauern wird, aber ich zeige euch den Weg zum wahren Leben. Meine Lehre spricht nicht davon, welcher Art das Leben sein wird, aber sie offenbart den einzigen wahren Weg des Lebens. Sie besteht darin, sich mit Gott zu vereinigen. Der Vater ist der Ursprung des Lebens. Meine Lehre besteht darin, nach dem Willen des Vaters zu leben und seinen Willen zu erfüllen zum Heil aller Menschen. Euer Führer nach meinem Tode wird eure Erkenntnis der Wahrheit sein. Wenn ihr meine Lehre befolgt, werdet ihr immer fühlen, daß ihr in der Wahrheit seid, daß der Vater in euch ist und ihr im Vater seid. Und wenn ihr wißt, daß der Vater in euch lebt, so werdet ihr die Ruhe empfinden, welche euch niemand nehmen kann. Und darum, wenn ihr die Wahrheit wißt und lebt in ihr, so kann weder mein Tod noch der eurige euch schrecken.

Die Menschen erscheinen als besondere Wesen, jeder mit seinem besonderen Willen, aber das ist nur Täuschung. Das einzige wahre Leben ist das, das als Ursprung des Lebens den Willen des Vaters anerkennt. Meine Lehre offenbart diese Einheit des Lebens und stellt das Leben dar nicht als einzelne Zweige, sondern als einen ganzen Baum, auf welchem alle Zweige wachsen. Nur derjenige, der im Willen des Vaters lebt, wie ein Zweig am Baume, nur der lebt. Und wer nach seinem eigenen Willen leben will, der stirbt wie ein abgefallener Zweig. Der Vater gab mir das Leben für das Gute, und ich lehre euch zu leben für das Gute. Wenn ihr meine Gebote erfüllen werdet, werdet ihr selig werden. Das Gebot, das meine ganze Lehre ausdrückt, ist nur das, daß alle Menschen einander lieben sollen.

Die Liebe aber besteht darin, sein leibliches Leben für andere zu opfern. Eine andere Bestimmung der Liebe giebt es nicht. Und indem ihr mein Gebot der Liebe erfüllt, werdet ihr es nicht wie Sklaven erfüllen, welche, ohne zu begreifen, den Befehl ihres Herrn erfüllen, sondern ihr werdet leben wie auch ich, weil ich euch den Sinn des Lebens erklärt habe, der aus der Erkenntnis des Vaters des Lebens hervorgeht. Ihr habt meine Lehre nicht deshalb angenommen, weil ihr sie zufällig gewählt habt, sondern deshalb, weil sie die einzige wahre ist, bei welcher die Menschen frei sind.

Die Lehre der Welt besteht darin, den Menschen Böses zu thun, meine Lehre aber darin, einander zu lieben. Und darum wird euch die Welt hassen, ebenso wie sie mich haßte. Die Welt begreift nicht meine Lehre, und darum wird sie euch verfolgen und euch Böses zufügen, in der Meinung, dadurch Gott zu dienen. Also wundert euch nicht darüber und begreift, daß es so sein muß. Die Welt, die den wahren Gott nicht begreift, muß euch verfolgen, ihr aber sollt die Wahrheit bekräftigen.

Ihr grämt euch darüber, daß man mich töten wird; aber man wird mich darum töten, weil ich die Wahrheit bekräftige. Und darum ist mein Tod notwendig zur Bekräftigung der Wahrheit. Mein Tod, bei dem ich nicht von der Wahrheit zurückweiche, wird euch stärken, und ihr werdet begreifen, was Falschheit und was Wahrheit ist, und was aus der Erkenntnis der Falschheit und der Wahrheit hervorgeht. Ihr werdet begreifen, daß der Irrtum darin liegt, daß die Menschen an das fleischliche Leben glauben, aber nicht an das Leben des Geistes, daß die Wahrheit in der Vereinigung mit dem Vater liegt und daß daraus der Sieg des Geistes über das Fleisch hervorgeht.

Wenn ich auch im fleischlichen Leben nicht mehr sein werde, wird mein Geist bei euch sein. Ihr alle werdet, wie alle Menschen, nicht immer in euch die Kraft des Geistes empfinden. Zuweilen werdet ihr schwach werden und die Kraft des Geistes verlieren. Ihr werdet in Versuchung fallen. Zuweilen werdet ihr wieder zum wahren Leben erweckt werden. Es werden bei euch Stunden kommen, wo das Fleisch besiegt ist. Aber das sind vorübergehende Zeiten, nach dem Leiden werdet ihr im Geist wieder geboren werden, wie ein Weib, das in Geburtsschmerzen liegt und dann die Freude darüber empfindet, daß es einen Menschen in die Welt gesetzt hat. Dasselbe werdet auch ihr empfinden, wenn ihr nach der Besiegung des Fleisches euch im Geiste erhebt. Ihr werdet dann eine solche Seligkeit empfinden, daß euch nichts zu wünschen übrigbleibt. Ihr sollt im voraus wissen, ungeachtet der Verfolgungen, des inneren Kampfes und der Kleinmütigkeit, daß der Geist in euch lebendig ist, und daß nur der wahre Gott das von mir geoffenbarte Verständnis des Willens des Vaters ist."

Dann wandte sich Jesus zum Vater, dem heiligen Geist, und sagte: „Ich habe gethan, was Du befohlen hast, ich habe den Menschen geoffenbart, daß Du der Ursprung von allen bist. Und sie haben mich begriffen. Ich lehrte sie, daß sie alle hervorgingen von dem einen Ursprunge des unendlichen Lebens und daß sie deshalb alle eins sind; daß, wenn der Vater in mir ist und ich im Vater, so auch sie eins mit mir und mit dem Vater sind. Ich habe ihnen auch das geoffenbart, daß, da Du, der sie liebt, sie in die Welt gesandt hast, so auch sie durch die Liebe in der Welt leben sollen."

XII.

Als Jesus seine Rede zu den Jüngern beendet hatte, stand er auf, und anstatt zu fliehen, oder sich zu verteidigen, ging er Judas entgegen, der die Kriegsknechte herbeiführte, um ihn zu ergreifen. Jesus ging auf ihn zu und fragte ihn, warum er hier sei. Judas aber gab keine Antwort, und die Soldaten umringten Jesus. Petrus eilte herbei, um seinen Lehrer zu verteidigen, ergriff ein Messer, um zu kämpfen. Aber Jesus hielt Petrus an und sagte ihm: derjenige, der zum Messer greife, müsse selbst durch das Messer untergehen, und befahl ihm, das Messer abzugeben.

Und dann sagte Jesus zu denjenigen, die gekommen waren, um ihn zu ergreifen: „Ich bin auch früher allein unter euch gegangen und habe mich nicht gefürchtet. Und so fürchte ich euch auch jetzt nicht, und übergebe mich euch. Ihr könnt thun, was ihr wollt." Und als alle Jünger geflohen waren, blieb Jesus allein. Der Anführer der Soldaten befahl, Jesus zu binden und zu Anan zu führen. Anan war früher Oberpriester und wohnte auf einem Hofe mit Kaiphas. Kaiphas war in dieser Zeit aber Oberpriester. Dieser hatte auch die Beweggründe erdacht, denen zufolge beschlossen wurde, Jesus zu töten. Denn wenn man ihn nicht töte, werde das ganze Volk untergehen. Jesus, der sich im Willen des Vaters fühlte, war zum Tode bereit und widersetzte sich nicht, als man ihn ergriff, und fürchtete sich nicht, als man ihn fortführte. Aber dieser selbe Petrus, welcher soeben noch Jesus versprochen hatte, ihn nicht zu verleugnen und für ihn zu sterben, dieser selbe, welcher Jesus verteidigen wollte, erschrak, als er sah, daß man Jesus zum Tode führte, und fürchtete, daß man auch ihn hinrichten werde. Und auf die Fragen der Söldner, ob er nicht auch mit Jesus gewesen sei, verleugnete er ihn und ging von ihm, und erst nachher, als der Hahn krähte, begriff Petrus alles das, was Jesus ihm gesagt hatte. Er begriff, daß es zwei Ärgernisse des Fleisches giebt, die Angst und der [sic] Kampf, und daß mit diesen Jesus gekämpft hatte, als er im Garten gebetet hatte und die Jünger eingeladen hatte, auch zu beten. Und jetzt war er in beide

Irrtümer des Fleisches verfallen, vor denen Jesus ihn gewarnt hatte. Er wollte mit dem Bösen kämpfen, und um die Wahrheit zu verteidigen, wollte er kämpfen und Böses thun; und da er jetzt also die Angst vor fleischlichen Leiden nicht ertragen konnte, hatte er seine Lehre verleugnet. Jesus ergab sich nicht der Verführung des Kampfes, weder als die Jünger zwei Messer bereit hielten, um ihn zu verteidigen, noch der Verführung des Schreckens vor den Menschen in Jerusalem, vor den Heiden und jetzt vor den Soldaten, als man ihn band und zum Gericht führte.

Jesus wurde vor Kaiphas geführt. Kaiphas fragte ihn, worin seine Lehre bestehe, aber Jesus gab keine Antwort, da er wußte, daß Kaiphas nicht fragte, um zu erfahren, worin die Lehre bestehe, sondern nur, um ihn zu beschuldigen, und sagte: „Ich habe nichts verborgen und verberge nichts. Willst Du wissen, worin meine Lehre besteht, so frage diejenigen, die sie gehört und begriffen haben." Dafür schlug der Wächter des Erzpriesters Jesus auf die Wange, und Jesus fragte ihn, warum er ihn schlage. Dieser aber antwortete ihm nicht. Der Oberpriester aber fuhr mit dem Gericht fort. Man führte Zeugen herbei, welche aussagten, daß Jesus sich dessen gerühmt habe, er werde den jüdischen Glauben vernichten. Und die Oberpriester befragten Jesus, aber als dieser sah, daß man ihn nicht befragte, um etwas zu erfahren, sondern nur zum Schein eines gerechten Gerichts, gab er keine Antwort. Da fragte ihn der Oberpriester: „Sage mir, bist Du Christus, der Sohn Gottes?" Da antwortete Jesus: „Ja, ich bin Christus, der Sohn Gottes, und nun werdet ihr sehen, daß der Menschensohn Gott gleich ist."

Und der Oberpriester freute sich über diese Worte und sagte den anderen Richtern: „Genügen diese Worte, um ihn zu verurteilen?" Und die Richter sagten: „Sie genügen, und wir verurteilen ihn zum Tode."

Und als sie das gesagt hatten, warf sich das ganze Volk auf Jesus und begann ihn zu schlagen, ihm ins Gesicht zu speien und ihn zu beschimpfen. Er aber schwieg.

Die Juden hatten kein Recht, Menschen mit dem Tode zu bestrafen. Sie mußten die Erlaubnis vom römischen Statthalter haben, und als sie ihn auf ihre Weise gerichtet und verhöhnt hatten, führten sie ihn darum zum römischen Statthalter Pilatus, damit er Jesus hinrichte. Pilatus fragte sie, warum sie ihn töten wollten. Sie sagten:

„Darum, weil er ein böser Mensch ist." Pilatus sagte: „Wenn er ein böser Mensch ist, so richtet ihn nach eurem Gesetz." Sie antworteten: „Wir wollen, daß Du ihn hinrichtest, weil er schuldig ist gegen den römischen Kaiser. Er ist ein Aufrührer, er reizt das Volk auf, verbietet, dem Kaiser Abgaben zu zahlen und nennt sich ‚König der Juden'." Pilatus rief Jesus zu sich und sagte: „Was bedeutet das, daß Du König der Juden seist?" Jesus antwortete: „Willst Du wissen, was mein Königreich bedeutet, oder fragst Du mich nur zum Schein?" Pilatus antwortete: „Ich bin kein Jude, und mir ist alles gleichgültig, ob Du Dich ‚Kaiser der Juden' nennst oder nicht, aber ich frage Dich, was bist Du für ein Mensch, und warum sagen sie, Du seist ihr Kaiser?" Jesus sagte: „Sie reden die Wahrheit, daß ich mich Kaiser nenne. Ich bin auch Kaiser, aber mein Reich ist nicht von dieser Welt, sondern im Himmel. Die irdischen Kaiser bekämpfen sich, sie haben Heere, aber siehe, sie haben mich gebunden und geschlagen, und ich habe ihnen nicht Widerstand geleistet, ich bin ein himmlischer Kaiser. Ich bin allmächtig durch den Geist."

Pilatus sagte: „Dann ist es also wahr, daß Du Dich für einen Kaiser hältst?" Jesus antwortete: „Du selbst weißt es. Jeder, wer das wahre Leben führt, ist frei. Ich lebe nur darin und lehre nur das, um den Menschen die Wahrheit zu offenbaren, daß sie im Geiste frei seien." Pilatus sagte: „Du lehrst die Wahrheit, aber niemand weiß, was Wahrheit ist, und jeder hat seine Wahrheit." Nachdem er das gesagt hatte, wandte er sich von Jesus und ging wieder zu den Juden. Als Pilatus zu den Juden gegangen war, sagte er: „Ich habe nichts Ungerechtes an diesem Menschen gefunden, wozu ihn hinrichten?" Die Oberpriester sagten: „Man muß ihn deshalb hinrichten, weil er das Volk aufwiegelt." Da begann Pilatus Jesus in Gegenwart der Oberpriester zu verhören. Jesus aber sah, daß dies nur ein Verhör zum Schein war, und gab keine Antwort. Da sagte Pilatus: „Ich allein kann ihn nicht richten. Führt ihn fort zu Herodes." Im Gericht bei Herodes gab Jesus gleichfalls keine Antwort auf die Beschuldigungen der Oberpriester, und Herodes, der Jesus für einen unbedeutenden Menschen hielt, befahl, ihn zum Spott mit einem roten Mantel zu bekleiden, und sandte ihn zurück zu Pilatus. Pilatus hatte Mitleid mit Jesu. Er suchte die Oberpriester zu überreden, Jesus freizulassen, des Feiertags wegen, aber die Oberpriester gaben nicht nach. Sie alle und das Volk hinter ihnen schrieen, man müsse

Jesus kreuzigen. Pilatus versuchte zum zweiten Mal sie zu überreden, Jesus freizulassen, aber die Oberpriester und das Volk schrieen, man müsse ihn hinrichten. Sie sagten: „Er ist schuldig, weil er sich ‚Sohn Gottes‘ nennt.“ Pilatus rief wieder Jesus zu sich und fragte ihn: „Was bedeutet das, daß Du Dich ‚Sohn Gottes‘ nennst?“ Jesus gab keine Antwort. Da sagte Pilatus: „Warum antwortest Du mir nicht, da ich doch die Gewalt habe, Dich zu töten oder freizulassen?“ Jesus antwortete: „Du hast keine Gewalt über mich, die Gewalt hat nur ein Höherer.“ Und Pilatus versuchte zum dritten Male, die Oberpriester zu überreden, Jesus freizulassen, aber sie sagten zu ihm: „Wenn Du diesen Menschen nicht hinrichtest, den wir Dir gezeigt haben als Aufrührer gegen den Kaiser, so bist Du selbst ein Feind des Kaisers.“

Als Pilatus diese Worte vernahm, fügte er sich und befahl, Jesus hinzurichten. Aber vorher wurde Jesus entkleidet und geschlagen und dann wieder mit dem Mantel zum Spott bekleidet. Sie schlugen, verlachten und verspotteten ihn. Dann gaben sie ihm das Kreuz zu tragen und führten ihn zum Hinrichtungsplatz, und dort kreuzigten sie ihn. Und als Jesus am Kreuze hing, spottete alles Volk über ihn, und auf diese Spottreden antwortete Jesus: „Vater, vergieb ihnen, denn sie wissen nicht, was sie thun.“ Dann, als er dem Tode nahe war, sagte er: „Mein Vater, in Deine Gewalt gebe ich meinen Geist.“ Er neigte das Haupt und verschied.

3.
„Du sollst dem Bösen nicht Widerstand leisten“
(1896)

Geehrter Herr Crasby [Crosby[4]].

Ich freue mich sehr über Ihre Nachrichten von Ihrer Thätigkeit und darüber, daß diese Thätigkeit anfängt, die Aufmerksamkeit auf sich zu ziehen. Vor fünfzig Jahren hat die Erklärung [William Lloyd] Garrisons über den Nichtwiderstand nur eine Abkühlung ihm gegenüber hervorgerufen, und die ganze fünfzigjährige Arbeit von [Adin] Ballou in derselben Richtung begegnete nur einem hartnäckigen Schweigen. Mit großem Vergnügen habe ich in der Zeitschrift „Voice“ die schönen Gedanken amerikanischer Schriftsteller über die Frage des Nichtwiderstandes gelesen. Ich schließe nur die alte, ganz unbegründete, Christus verleumdende Ansicht des Herrn Denis aus, welcher annimmt, daß die Austreibung des Viehes aus dem Tempel durch Christus bedeute, daß er die Menschen mit der Peitsche geschlagen und seinen Jüngern befohlen habe, dasselbe zu thun.

Die Gedanken, welche diese Schriftsteller ausgesprochen haben, besonders H. Newton und G. Hetton, sind vortrefflich. Aber dennoch muß man bedauern, daß diese Gedanken nicht auf die Frage antworten, welche Christus den Menschen gestellt hat, sondern auf diejenige, welche an ihrer Stelle die sogenannten Rechtgläubigen (Kirchenlehrer) gestellt haben, die größten und gefährlichsten Gegner des Christentum.

Mr. Higginson sagt: „Das Gesetz des Nichtwiderstandes ist unmöglich als allgemeine Regel (non resistance is not admissible as a general rule).“

H. Newton sagt: „Die praktischen Folgen (practical results) der Anwendung der Lehre Christi werden davon abhängen, welchen Grad von Glauben die Menschen dieser Lehre entgegenbringen.“ Herr C. Martyn meint, daß das Stadium, in dem wir uns befinden, noch nicht geeignet sei für die Anwendung der Lehre vom Nichtwi-

[4] [Ernest Howard Crosby (1856-1907); Autor u. a. von: *Tolstoy and his message.* New York: Funk and Wagnell's Company 1904; ebenso ein Buch über *William.*]

derstande. G. Hetton sagt: „Um das Gebot des Nichtwiderstandes zu erfüllen, muß man lernen, es im Leben anzuwenden." Dasselbe sagt auch Frau Zivermore, welche aber das Gesetz des Nichtwiderstandes für in Zukunft anwendbar hält.

Alle diese Meinungen handeln nur davon, was für die Menschen daraus folgen wird, wenn sie alle in die Notwendigkeit versetzt sein werden, das Gesetz des Nichtwiderstandes zu befolgen; aber vor allem ist es ganz unmöglich, alle Menschen zu veranlassen, dieses Gesetz anzunehmen, und zweitens, wenn das auch möglich wäre, so wäre das die schärfste Verneinung desselben Prinzips, welches dadurch aufgestellt wird, alle Menschen zu veranlassen, andere nicht zu vergewaltigen! Wer wird denn die Menschen veranlassen?

Drittens, und was das Hauptsächlichste ist – die Frage, welche Christus aufgestellt hat, liegt durchaus nicht darin, ob der Nichtwiderstand allgemeines Gesetz für die ganze Menschheit werden wird, sondern darin, was jeder einzelne Mensch thun müsse zur Erfüllung seiner Bestimmung, zur Rettung seiner Seele und zur Vollbringung der Werke Gottes, was auf dasselbe hinausläuft. Die christliche Lehre schreibt dem Menschen keine Gesetze vor. Sie sagt nicht zu den Menschen: „Handelt alle bei Strafe nach diesen und diesen Vorschriften, so werdet ihr alle glücklich sein, sondern sie erklärt jedem einzelnen Menschen seine Stellung in der Welt und zeigt ihm das, was für ihn persönlich unvermeidlich aus dieser Stellung hervorgeht. Die christliche Lehre sagt jedem einzelnen Menschen, daß sein Leben – wenn er sein Leben als sein erkennt und als Ziel desselben das weltliche Wohl seiner Persönlichkeit oder der Persönlichkeiten anderer Menschen – durchaus keinen vernünftigen Sinn haben kann, weil dieses Wohl, das als Ziel des Lebens hingestellt wird, niemals erreicht werden kann. Es kann nicht erreicht werden, weil erstens alle Wesen nach den Vorteilen des Weltlebens streben, welche aber immer nur die einen Wesen zum Nachteil der andern erlangen können, so daß jeder einzelne Mensch nicht nur die gewünschten Vorteile nicht erlangen kann, sondern aller Wahrscheinlichkeit nach im Kampfe um diese unerreichbaren Vorteile noch viel unnötige Leiden durchzumachen hat – und zweitens, weil der Mensch, je mehr weltliche Vorteile er erlangt, desto weniger damit zufrieden ist und um so mehr nach neuen verlangt – drittens und hauptsächlich deshalb, weil der Mensch, je länger er lebt, desto unvermeidlicher von Alter, Krankheit und endlich vom Tode heimgesucht wird, welche die Möglichkeit aller weltlichen Vorteile vernichten.

Daraus folgt, daß, wenn der Mensch sein Leben für das seinige hält und als Ziel desselben das weltliche Wohl seiner selbst oder anderer Menschen ansieht – dieses Leben für ihn keinen vernünftigen Sinn haben kann. Das Leben erhält einen vernünftigen Sinn nur dann, wenn der Mensch seinen Irrtum begreift, sein Leben als sein anzusehen und als Zweck desselben das persönliche Wohl seiner selbst oder anderer Menschen. Er muß begreifen, daß das Leben des Menschen nicht ihm gehört, der dieses Leben von jemand empfangen hat, sondern demjenigen, der dieses Leben geschaffen hat, und darum muß der Zweck desselben nicht in der Erreichung des eigenen Wohls oder desjenigen anderer Menschen bestehen, sondern nur in der Erfüllung des Willens dessen, der es geschaffen hat. Nur bei dieser Auffassung des Lebens erhält es einen vernünftigen Sinn, und sein Zweck, die Erfüllung des Willens Gottes, wird erreichbar, und, was das Wichtigste ist, nur bei dieser Auffassung wird die Tätigkeit des Menschen eine klare, bestimmte, und er unterliegt nicht mehr der Verzweiflung und den Leiden, welche bei der früheren Auffassung unvermeidlich sind.

„Die Welt, und ich in ihr," sagt sich ein solcher Mensch, „wir bestehen nach dem Willen Gottes. Die ganze Welt und meine Beziehungen zu ihr kann ich nicht kennen, aber das, was Gott von mir will, der mich in diese der Zeit und dem Raume nach unendliche und darum meinem Verständnis nicht zugängliche Welt gesandt hat – kann ich wissen, weil das mir geoffenbart ist, sowohl in der Überlieferung, das heißt in dem gesamten Verständnis der besten Menschen, die vor mir gelebt haben, als in meinem Verstand und in meinem Herzen, das heißt im Streben meines ganzen Wesens."

In der Überlieferung der gesamten Weisheit aller der besten Menschen, welche vor mir gelebt haben, wird mir gesagt, ich solle andere so behandeln, wie ich wünsche, von anderen behandelt zu werden. Mein Verstand sagt mir, das höchste Wohl der Menschen sei nur dann möglich, wenn alle Menschen so handeln. Mein Herz ist nur dann ruhig und freudig, wenn ich mich ganz dem Gefühl der Menschenliebe hingebe, welches das von mir verlangt. Nicht nur kann ich wissen, was ich thun soll, sondern ich kann auch kennen und kenne die Sache, für welche meine Thätigkeit nötig und bestimmt ist. Die ganze Sache Gottes, das, wozu die Welt existiert und lebt, kann ich nicht begreifen, aber das in der Welt vor sich gehende Wirken Gottes, an dem ich durch mein Leben teilnehme, ist mir verständlich. Dieses Wirken ist die Vernichtung von Streit und Kampf zwischen den Menschen und anderen Wesen und die Herstellung der Einigkeit unter ihnen. Dieses Wirken ist die Verwirklichung dessen, was die hebräischen Propheten versprochen haben, die Zeit werde kommen, wo alle Menschen die Wahrheit erkennen werden, wo die Schwerter in Pflugscharen verwandelt werden und der Löwe friedlich unter Lämmern liegen werde.

Dann also wird der Mensch christlicher Lebensauffassung nicht nur wissen, wie er im Leben sich verhalten soll, sondern auch, was er zu thun hat.

Er hat das zu thun, was mitwirkt zur Aufrichtung des Reiches Gottes in der Welt. Um dieses zu thun, muß der Mensch sich der inneren Forderungen des Willens Gottes erinnern, das heißt andere liebevoll behandeln, wie er wünscht, selbst behandelt zu werden. Die inneren Forderungen der Seele des Menschen fallen also zusammen mit jenem äußerlichen Zweck des Lebens, welcher vor ihnen aufgestellt ist.

Und hier – bei dieser für den Menschen des christlichen Bekenntnisses klaren und unzweifelhaften Hinweisung von zwei Seiten darauf, worin der Zweck und der Sinn des menschlichen Lebens bestehe, und wie der Mensch handeln müsse, was er thun und lassen müsse – erscheinen Menschen, die sich Christen nennen und behaupten, in diesem und jenem Falle müsse der Mensch von dem gegebenen Gesetz Gottes und von den Hinweisungen auf die gemeinsamen Lebensfragen abweichen und ihnen zuwiderhandeln, weil nach ihrer Meinung die Folgen der Handlungen, die nach dem von Gott gegebenen Gesetz vollbracht werden, für die Menschen unvorteilhaft oder unpassend sein könnten.

Der Mensch ist nach der christlichen Lehre ein Arbeiter Gottes. Ein Arbeiter kennt nicht alle Angelegenheiten seines Herrn, aber er kennt den nächsten Zweck, der durch seine Arbeit erreicht wird, und er besitzt bestimmte Anweisungen dafür, was er thun soll, und besonders sind ihm klare Anweisungen dafür gegeben, was er nicht thun soll, um nicht dem Zweck entgegenzuarbeiten, zu dessen

Erreichung er zur Arbeit gesandt wurde. Im übrigen aber ist ihm volle Freiheit gelassen. Und darum erscheint dem Menschen, der sich die christliche Lebensauffassung angeeignet hat, der Sinn seines Lebens vollkommen klar und vernünftig, und es kann keinen Zweifel und kein Schwanken darüber geben, wie er im Leben handeln soll, was er thun soll, und vor allem, was er lassen soll, um die Bestimmung seines Lebens zu erfüllen.

Nach dem Gesetz, das dem Menschen sowohl durch die Überlieferung als durch die Vernunft und im Herzen gegeben ist, soll er sich immer gegen andere so benehmen, wie er wünscht, daß man sich ihm gegenüber benehme. Er soll mitwirken zur Herstellung von Liebe und Einigkeit zwischen den Wesen; aber nach der Ansicht dieser weitblickenden Menschen soll er, so lange die Erfüllung des Gesetzes nach ihrer Meinung zu frühzeitig wäre, Gewalt brauchen, Menschen der Freiheit berauben oder töten, um dadurch nicht zur Vereinigung in Liebe, sondern zur Erzürnung und Verbitterung der Menschen mitzuwirken.

Das wäre ebenso, als wenn zu einer bestimmten Arbeit ein Maurer angestellt wäre, welcher weiß, daß er mit anderen beim Bau eines Hauses mitarbeitet und klare, unzweifelhafte Anweisungen von seinem Herrn erhalten hat darüber, daß er einen Bau ausführen soll, und von solchen Maurern wie er selbst, welche so wenig wie er den Plan des Gebäudes kennen, noch wissen, was für die allgemeine Sache nützlich ist, den Befehl erhalten würde, mit dem Aufführen seiner Mauer auszuhören und die Arbeiten der anderen umzuwerfen.

Ein erstaunlicher Irrtum! Ein Wesen, das heute lebt und morgen aufhört zu atmen, dem ein bestimmtes, unzweifelhaftes Gesetz gegeben ist, wie es seine kurze Zeit durchleben soll – dieses Wesen bildet sich ein, es wisse, was nötig und nützlich und zeitgemäß sei für alle Menschen und die ganze Welt, für diese Welt, welche sich unaufhörlich bewegt, entwickelt, und zur Erlangung der Vorteile, die sich jeder nach seiner Weise vorstellt, schreibt er sich und anderen vor, zeitweilig von dem ihm und allen Menschen gegebenen unzweifelhaften Gesetz abzuweichen und gegen alle nicht so zu handeln, wie er wünscht, daß man mit ihm verfahre, nicht die Liebe in die Welt zu bringen, sondern die Menschen zu bedrücken, der Freiheit zu berauben, zu töten und in die Welt die Feindschaft zu tragen, sobald wir das für nötig finden. Und er befiehlt, so zu handeln, obgleich er weiß, daß die gesetzlichen Grausamkeiten die Folterungen und Hinrichtungen von Menschen von der Inquisition und den Schrecken aller Revolutionen bis zu den jetzigen Greuelthaten der Anarchisten nur davon herkommen, daß die Menschen zu wissen glauben, was die Welt und die Menschheit nötig hat, obgleich er weiß, daß in jedem Augenblick immer zwei feindliche Parteien vorhanden sind, von welchen jede behauptet, man müsse Gewalt gegen die andere anwenden: Monarchisten gegen Anarchisten, Anarchisten gegen Monarchisten, Engländer gegen Amerikaner, Amerikaner gegen Engländer, Deutsche gegen Engländer und Engländer gegen Deutsche, und so weiter in allen möglichen Variationen und Zusammenstellungen.

Aber nicht nur muß der Mensch christlicher Lebensauffassung klar einsehen, daß für ihn gar kein Grund vorhanden ist, von dem ihm von Gott klar vorgeschriebenen Gesetz seines Lebens abzuweichen, um zufällige, schwankende, oft einander widersprechende menschliche Anforderungen zu befolgen, sondern ein solcher Mensch, wenn er schon einige Zeit in der christlichen Lebensauffassung lebt, ist nicht nur aus Überlegung, sondern auch nach seinem Gefühl buchstäblich nicht imstande, so zu handeln, wie die Menschen von ihm verlangen.

Wie es für viele Leute unserer Welt unmöglich wäre, ein Kind zu peitschen, zu töten, wenn auch dadurch hundert andere Menschen gerettet werden könnten, ganz ebenso wird auch eine ganze Reihe von Handlungen einem Menschen unmöglich, der die christliche Mildherzigkeit in sich entwickelt hat. Ein Christ zum Beispiel, der genötigt ist, an einem Gericht teilzunehmen, durch welches vielleicht ein Mensch zum Tode verurteilt wird, oder an der gewaltsamen Wegnahme von Eigentum teilzunehmen, oder an einer Kriegserklärung, oder an den Vorbereitungen zum Krieg – und um so mehr noch am Kriege selbst – befindet sich in derselben Lage, wie ein gutmütiger Mensch, der genötigt wäre, ein Kind zu schlagen oder zu töten. Es sagt ihm nicht nur die Überlegung, daß er das nicht thun soll, sondern er kann nicht thun, was man von ihm verlangt. Denn für den Menschen giebt es eine moralische Unmöglichkeit, gewisse Handlungen zu vollbringen, ganz ebenso auch wie eine physische Unmöglichkeit. Wie es dem Menschen unmöglich ist, einen Berg aufzuheben, so unmöglich ist es auch für den dem christlichen

Leben angehörenden Menschen, an Gewaltthaten teilzunehmen. Welche Bedeutung kann für einen solchen Menschen der Gedanke haben, daß er für ein eingebildetes Heil thun soll, was für ihn schon moralisch unmöglich geworden ist.

Aber wie soll der Mensch handeln, wenn er voraussieht, welchen Schaden die Befolgung des Gesetzes der Liebe und des daraus hervorgegangenen Gesetzes des Nichtwiderstandes bringen muß? Wie soll der Mensch handeln – das immer angeführte Beispiel – wenn vor seinen Augen ein Bösewicht ein Kind mordet und das Kind nicht anders zu retten ist, als indem man den Räuber tötet?

Gewöhnlich wird vorausgesetzt, daß die Antwort auf diese Frage nicht anders ausfallen könne, als man müsse den Räuber töten, um das Kind zu retten. Aber diese Antwort wird nur deshalb so entschieden und schnell gegeben, weil wir alle gewohnt sind, so zu handeln, nicht nur im Fall der Verteidigung eines Kindes, sondern auch in dem Fall, daß das Nachbarreich seine Grenzen auf Kosten des unsrigen vergrößern will, oder in dem Fall, daß Spitzen über die Grenze geschmuggelt werden, oder auch sogar in dem Falle, daß wir die Früchte unseres Gartens gegen Entwendung durch einen Vorübergehenden zu verteidigen haben.

Es wird angenommen, es sei notwendig, den Räuber zu töten, um das Kind zu retten. Aber sobald man daran denkt, auf welcher Grundlage der Mensch so handeln soll, mag er Christ sein oder nicht, wird man sich überzeugen, daß eine solche Handlung durchaus keine vernünftige Begründung haben kann und nur deshalb für notwendig gehalten wird, weil vor zweitausend Jahren ein solches Verfahren für gerechtfertigt angesehen wurde und die Leute daran gewöhnt waren, so zu handeln. Warum wird ein Nichtchrist, der Gott und den Sinn seines Lebens in der Erfüllung des göttlichen Willens nicht anerkennt, in der Verteidigung eines Kindes den Räuber töten? Abgesehen davon, daß er sicher ist, zu töten, wenn er den Räuber tötet, aber bis zum letzten Augenblick nicht sicher weiß, ob der Räuber das Kind töten würde oder nicht – abgesehen von dieser Unregelmäßigkeit, – wer kann entscheiden, daß das Leben des Kindes nötiger und besser ist, als das des Räubers?

Wenn nun der Mensch kein Christ ist und Gott und den Sinn des Lebens in der Erfüllung seines Willens nicht anerkennt, so kann nur die Überlegung die Wahl seiner Handlungen leiten, das heißt die

Vorstellung, was für ihn und für alle Menschen gewinnreicher sein wird, die Fortdauer des Lebens des Räubers oder des Kindes. Um dies zu entscheiden, muß er wissen, was mit dem Kinde geschehen wird, das er retten wird, und was mit dem Räuber, den er tötet, geschehen würde, wenn er ihn nicht tötete. Das aber kann er nicht wissen, und darum, wenn der Mensch kein Christ ist, so hat er keinen vernünftigen Anlaß dazu, durch den Tod des Räubers das Kind zu retten.

Wenn aber der Mensch ein Christ ist und darum Gott und den Sinn des Lebens in der Erfüllung seines Willens erkennt, so hat er, so furchtbar auch der Räuber ein noch so unschuldiges, schönes Kind anfällt, noch weniger Grund, von dem ihm von Gott gegebenen Gesetz abzuweichen und dem Räuber das anzuthun, was der Räuber dem Kinde thun will. Er kann den Räuber anflehen, er kann seinen Leib zwischen den Räuber und sein Opfer stellen, aber das eine kann er nicht thun, mit Bewußtsein von dem ihm von Gott gegebenen Gesetz abgehen, dessen Erfüllung den Sinn seines Lebens bildet. Es ist sehr wohl möglich, daß ein Mensch, ob er Heide oder Christ ist, infolge seiner schlechten Erziehung und seines tierischen Charakters den Räuber nicht nur in der Verteidigung des Kindes selbst, sondern auch in der Verteidigung seiner selbst oder seines Beutels tötet, aber das bedeutet keineswegs, daß man das thun soll, daß man sich und andere auf den Glauben bringen solle, das müsse man thun.

Das bedeutet nur, daß ungeachtet der äußerlichen Bildung und des Christentums die Gewohnheiten der Steinzeit noch so stark im Menschen sind, daß er Thaten verüben kann, welche schon lange von seinem Gewissen verurteilt werden: Der Räuber will vor meinen Augen ein Kind töten, und ich kann es retten, indem ich den Räuber töte. Also muß man in gewissen Fällen dem Bösen durch Gewalt Widerstand leisten?

Ein Mensch befindet sich in Lebensgefahr und kann nur durch eine Lüge von mir gerettet werden, also muß man in gewissen Fällen lügen? Ein Mensch verhungert, und ich kann ihn nicht anders retten, als dadurch, daß ich stehle. Also muß man in gewissen Fällen stehlen?

Kürzlich las ich eine Erzählung von Coppée, wo ein Diener seinen Offizier ermordet, welcher sein Leben versichert hatte, und dadurch rettete er die Ehre und das Leben der Familie desselben. Man muß also in gewissen Fällen morden?[5]

Solche erdachten Fälle und die daraus hergeleiteten Schlüsse beweisen nur, daß es Menschen giebt, welche wissen, daß es böse ist, zu stehlen, zu lügen und zu morden, welche aber wenig geneigt sind, dies zu unterlassen und alle ihre Geisteskräfte darauf verwenden, ihre Handlungen zu rechtfertigen. Es giebt keine Sittenregel, welcher man nicht einen erdachten Fall entgegensetzen könnte, in welchem es schwer zu entscheiden wäre, was sittlicher wäre: von den Vorschriften abzuweichen, oder sie zu erfüllen. Dasselbe gilt auch für die Frage des Nichtwiderstandes durch die Gewalt. Die Menschen wissen, daß das böse ist, aber sie wünschen so sehr in der Gewaltthat weiter zu leben, daß sie alle ihre Geisteskräfte darauf verwenden, alles das Böse zu rechtfertigen, das daraus hervorging und noch hervorgeht, daß man einem Menschen das Recht zuerkennt, Gewalt gegen andere zu gebrauchen, und darauf dieses Recht zu verteidigen. Aber solche erdachten Fälle beweisen keineswegs, daß die Gebote: man soll nicht lügen, stehlen, morden – ungerechtfertigt seien.

„Fais ce que tu dois, advienne que pourra,“ – thue, was Du sollst, mag kommen, was will, – ist der Ausdruck tiefer Weisheit. Das, was jeder von uns thun soll, weiß jeder unzweifelhaft, das aber, was geschehen wird, können wir nicht wissen. Und darum werden wir nicht nur deshalb, weil wir unsere Schuldigkeit thun sollen, dazu hingeführt dadurch, daß wir wissen, was wir sollen, sondern wir wissen auch durchaus nicht, was geschehen und aus unseren Handlungen hervorgehen wird.

Die christliche Lehre ist die Lehre, was der Mensch thun soll zur Erfüllung des Willens dessen, der ihn in das Leben gesandt hat. Gedanken darüber, welche Folgen wir von diesen oder jenen Handlungen der Menschen voraussehen, haben nicht nur nichts gemein mit dem Christentum, sondern bilden denselben Irrtum, der durch das Christentum zerstört wird.

Den erdachten Räuber mit dem erdachten Kinde hat niemand gesehen, und alle Schrecken, welche die Geschichte und unsere Zeit erfüllen, kommen nur daher, daß sich die Menschen einbilden, daß

[5] [François Édouard Joachim Coppée, 1842-1908 in Paris. Schriftsteller. IvH]

sie die Folgen der Handlungen voraussehen können, welche möglicherweise verübt werden.

Um was handelt es sich? Die Menschen lebten früher in wildem Zustande, verübten Gewaltthaten und Mordthaten, aßen einander auf und hielten das für gut. Dann kam die Zeit, wo vor Jahrtausenden, noch zur Zeit Mosis, in den Menschen das Bewußtsein entstand, daß Gewaltthaten und Mordthaten böse seien. Aber es gab auch Leute, welchen die Gewaltthaten nützlich erschienen, und sie behaupteten daher, Gewaltthaten und Mordthaten seien nicht immer böse, es gebe auch Fälle, wo solche nötig, nützlich und selbst gut seien. Und die Gewaltthaten und Mordthaten dauerten weiter fort, wenn auch nicht so häufig und so grausam, und mit dem Unterschied, daß diejenigen, die sie begingen, sie zu rechtfertigen suchten mit dem Wohl der Menschen. Diese trügerische Rechtfertigung der Gewaltthat hat auch Christus aufgedeckt. Er zeigte, daß jede Gewaltthat verteidigt werden kann, wie das auch geschieht, wenn zwei Feinde einander anfallen und beide behaupten, das Recht auf ihrer Seite zu haben – und daß man daher durchaus keiner Rechtfertigung der Gewaltthaten glauben und unter keinerlei Vorwand jemals sie anwenden darf.

Es könnte scheinen, daß Menschen, welche sich Christen nennen, sich veranlaßt fühlen würden, diesen Betrug eifrig aufzudecken, weil in der Enthüllung dieses Betruges eine der hauptsächlichsten Äußerungen des Christentums ist, aber das Gegenteil geschah: Die Menschen, welchen die Gewalthat Nutzen brachte und welche daher auf diesen Nutzen nicht verzichten wollten, nahmen die ausschließliche Verkündigung des Christentums auf sich und versicherten dabei, daß es Fälle gebe, bei welchen die Nichtanwendung der Gewalt mehr Übel hervorbringe als die Anwendung derselben (der erdichtete Räuber und das durch ihn gefährdete Kind), und daß man daher die Lehre Christi vom Nichtwiderstande dem Bösen durch Gewalt nicht vollständig befolgen müsse, und daß man von dieser Lehre abweichen könne, in der Notwehr und zur Verteidigung anderer Menschen oder des Vaterlandes, zum Schutz der Gesellschaft gegen wahnsinnige Bösewichte und in vielen anderen Fällen. Die Lösung der Frage aber, in welchen Fällen von der Lehre Christi abgewichen werden dürfe, blieb ganz den Menschen überlassen, welche Gewalt anwendeten.

So kam es, daß die Lehre Christi vom Nichtwiderstande dem Bösen durch Gewalt vollkommen beseitigt erschien, und was das Schlimmste ist, daß dieselben, welche Christus überwies, sich für die ausschließlichen Bekenner und Ausleger seiner Lehre hielten. Aber das Licht leuchtet in der Finsternis, und die falschen Bekenner des Christentums sind durch seine Lehre wieder entlarvt.

Man kann über die Einrichtung der Welt nach unserem Geschmack nachdenken, das kann niemand hindern, man kann thun, was uns nützlich und angenehm ist, und dazu Gewalt gegen die Menschen anwenden unter dem Vorwande, das Wohl der Menschen zu fördern, aber man kann keineswegs behaupten, daß wir die Lehre Christi verkündigen, indem wir das thun, weil Christus eben diesen Betrug entlarvt hat. Früher oder später kommt die Wahrheit zum Vorschein und überführt die Betrüger, wie das auch jetzt geschieht.

Wenn nur die Frage des menschlichen Lebens richtig aufgestellt würde, so wie sie Christus aufgestellt hat, aber nicht so, wie sie durch die Kirche verdreht wurde – so würden alle durch die Kirchen der Lehre Christi angehängten Täuschungen durch sich selbst verschwinden. Die Frage ist nicht die, ob für die menschliche Gesellschaft die Befolgung des Gesetzes der Liebe durch die Menschen und des daraus hervorgehenden Gesetzes des Nichtwiderstandes gut oder böse seien –, sondern die Frage ist die: „Willst Du, der Du heute lebst und morgen sterben kannst, ein Wesen, das sich mit jedem Augenblick nach und nach aufzehrt, – gleich in diesem Augenblick und vollständig den Willen dessen erfüllen, der Dich gesandt hat und ihn klar ausgesprochen hat, sowohl in der Überlieferung als in Deinem Verstande und Herzen, oder willst Du das Gegenteil dieses Willens thun?“ Und wenn die Frage so gestellt wird, so kann es auch nur eine Antwort darauf geben: „Ich will sogleich, diese Minute, ohne Zögern und ohne auf jemand zu warten und ohne über die möglichen Folgen nachzudenken, mit allen meinen Kräften das erfüllen, was mir allein unzweifelhaft von Dem befohlen wurde, Der mich in die Welt gesandt hat, und unter keiner Bedingung kann oder will ich das Gegenteil davon thun, weil darin allein die einzige Möglichkeit eines vernünftigen und glücklichen Lebens für mich liegt.“

12. Januar 1896.

III.
Leo Tolstoi
Aufruf zur Bruderschaft
Eine Botschaft aus seinem Gesamtwerk[1]

Ausgewählt und übersetzt
von Karl Nötzel
(1928)

„Wir wissen, dass wir aus dem Tode
zum Leben hindurchgedrungen sind,
weil wir die Brüder lieben."
1. Joh. 3, 14

Im Voraus

Zur hundertsten Wiederkehr von Tolstois Geburtstag wird hier der Versuch gemacht, aus seinem Gesamtwerk eine, in Rücksicht auf die starke geistige Inanspruchnahme des heutigen Menschen kurze Auswahl zu bringen, in der dasjenige zum Ausdruck gelangt, was nach Ansicht des Herausgebers wesentlich wichtig ist für unsere und für jede andere Zeit. Es deckt sich mit der Grundrichtung in Tolstois Schaffen, nicht aber mit seinen theoretischen Hauptlehren, in denen nach Ansicht des Herausgebers auch viel Irrtum und Verführung enthalten ist. Daß bei der Auswahl hauptsächlich die Briefe herangezogen wurden, liegt ausschließlich daran, daß sich Tolstoi hier, wo er ganz bestimmte Menschen vor sich hat, einer weit größe-

---

[1] Textquelle | Leo TOLSTOI: Aufruf zur Bruderschaft. Eine Botschaft aus seinem Gesamtwerk. Ausgewählt und übersetzt von Karl Nötzel. (= Rußland-Bücherei 1. Band). Wernigerode am Harz: Hans Harder Verlag 1928. [70 Seiten]. – Der Band enthält folgende Widmung des Übersetzers: „Dem Andenken meiner Frau Sinaida."

ren Liebe und Milde befleißigt als in seinen Lehrschriften – wenn auch jenes peinliche Aburteilen und Verdächtigen ganzer Stände und Gesellschaftsschichten, das uns seine Lehrbücher fast ungenießbar macht (trotz gelegentlicher glänzender Schilderungen persönlicher Erlebnisse), auch in den Briefen gelegentlich vorkommt. Die vorliegende Auswahl geschah vornehmlich in Hinsicht auf völliges Fehlen solcher geistiger Unzulänglichkeiten. Der Herausgeber glaubt gleichwohl das für Tolstoi Bedeutungsvollste gewählt zu haben.

Die Uebersetzungen stammen ausschließlich von dem Herausgeber selbst.[2] Er glaubt sich zu dieser Ausgabe berechtigt: auf Grund eines zwanzigjährigen Aufenthaltes in Rußland – noch zu Lebzeiten Tolstois – sowie auf Grund eingehenden Studiums seines gesamten Werkes in der Ursprache zum Zweck einer bisher zweibändig vorliegenden monumentalen Biographie. Zudem hat der Herausgeber zahlreiche Schriften von Tolstoi übersetzt, darunter fast seine gesamte Korrespondenz.

In dem Nachwort wird Tolstoi als Vorbild und als Verführer zu deuten gesucht: was er wollte, und wie er lebte, bleibt vorbildlich, was er lehrte, und wie er es lehrte, erfordert gespannte geistige Wachsamkeit.

Pasing, Juli 1928.
Karl Nötzel.

---

[2] [Hinsichtlich der Briefauszüge ist maßgebliche Quelle folgender, zur Aufnahme in die Tolstoi-Friedensbibliothek vorgesehener Band: Leo TOLSTOI, Religiöse Briefe. Übersetzt und herausgegeben von Karl Nötzel. Sannerz und Leipzig: Gemeinschafts-Verlag Eberhard Arnold 1923.]

Gebet

„Vater unser, nicht irdischer, vielmehr himmlischer, ewiger Vater von uns Menschen allen, von dem ich ausging, und zu dem ich zurückkehre, geheiligt sei uns dein Wesen, das die Liebe ist! Zu uns komme dein Wesen – die Liebe! Wie sich am Himmel die Gestirne lebendig bewegen in Liebe und Einigkeit nach Deinem Willen – ebenso einmütig und liebeerfüllt gestalte sich auch unser Dasein hier auf Erden nach Deinem Willen! Das Brot des Lebens, und das ist die Liebe zu den Menschen und das Verständnis für sie, gib uns heute und immerdar! Und vergib, mache wesenlos für mich und mein Leben, was ich jemals verbrochen habe! – Ich will ja auch selber keinem Menschen vorwerfen, was er mir angetan. Führe mich nicht in Versuchung, die mich von außen her umfangen will, vor allem aber erlöse mich von dem Uebel, das in mir ist. In mir ist der Stolz, das Verlangen, das zu tun, was mir gefällt, in mir ist alles Böse. Davon erlöse mich!"

1.
Die Schule von Jassnaja Poljana

... Ich habe übrigens durchaus keinen Grund, mich zu beklagen. Ich habe eine poetische, herrliche Beschäftigung, von der ich mich gar nicht losreißen kann – das ist die Schule. Wenn ich der Kanzlei und den Bauern entflohen bin, die mich von allen Eingängen meines Hauses aus verfolgen, dann gehe ich nach der Schule. Da sie aber eben umgebaut wird, findet der Unterricht nebenan statt, im Garten, unter den Apfelbäumen, wohin man nur gelangen kann, wenn man sich bückt, so ist da alles zugewachsen. Dort sitzt auch der Lehrer, und um ihn herum die Schüler, sie kauen Grashalme und knallen mit Linden- und Ahornblättern. Der Lehrer unterrichtet nach meinen Angaben, aber nicht ganz gut, und die Kinder fühlen das. Sie lieben mich mehr, und wir beginnen uns zu unterhalten, drei bis vier Stunden lang, und niemand langweilt sich. Man kann gar nicht sagen, was das für Kinder sind – man muß sie nur anschauen. In unserem lieben Kinderstand habe ich nichts dergleichen gesehen. Stellen Sie sich nun vor: im Verlaufe von zwei Jahren ward kein einziges Kind gestraft, und das bei völligem Fehlen jeder Disziplin. Es gibt da keine Faulheit, keine Roheit, keine dummen Scherze, kein unanständiges Wort. – Das Schulhaus ist jetzt fast fertig. Drei große Zimmer – eines rosa, die zwei anderen blau – sind für die Schule bestimmt. In dem Schulzimmer ist außerdem ein Museum. Rings an den Wänden befinden sich Gestelle, und darauf liegen Steine, Schmetterlinge, Skelette, Gräser, Blumen, physikalische Instrumente und so weiter. Sonntags ist das Museum für alle offen, und ein Deutscher aus Jena (der sich als trefflicher junger Mann erwies) – macht dann Experimente. Einmal in der Woche ist Unterricht in der Botanik, und wir gehen dann alle in den Wald, um Blumen, Gräser und Pilze zu holen. Gesangsunterricht findet viermal in der Woche statt, Zeichenunterricht sechsmal (wiederum unterrichtet hier der Deutsche und sehr gut). Mit dem Unterricht in Bodenvermessung geht es so gut, daß die Knaben bereits von den Bauern dazu herangezogen werden. Außer mir unterrichten drei Lehrer. Dazu kommt auch noch der Geistliche zweimal in der Woche – und Sie glauben immer noch, ich sei ein Gottloser! Ja, ich lehre auch noch den Geistlichen, wie er unterrichten soll. Sehen Sie, wie wir das tun: Am Peterstag erzählen wir die Geschichte von Petrus und Paulus und nehmen den ganzen Gottesdienst durch. Dann starb zum Beispiel Theophan im Dorfe – wir erzählen, was die letzte Oelung bedeutet usw. Und so, stets in Anknüpfung an etwas Sichtbares, nehmen wir alle Sakramente durch, die ganze Lithurgie und alle alt- und neutestamentlichen Feiertage. Der Unterricht ist auf die Stunden von acht bis zwölf und von drei bis sechs angesetzt. Er dauert aber stets bis zwei, weil man die Kinder doch nicht aus der Klasse jagen kann – sie bitten, man möge fortfahren. Abends bleibt oft die Hälfte der Schüler zurück, und sie übernachten dann im Garten in einer Hütte. Während des Mittagessens, beim Abendessen und nachher beraten wir Lehrer uns miteinander. Samstag lesen wir einander unsere Notizen vor und stellen den Unterrichtsplan für die nächste Woche auf.

2.
Der Sinn der Volksbildung

... Ich bin jetzt ganz von der abstrakten Pädagogik übergegangen zu dem einerseits praktischen und andererseits ganz abstrakten Schulwesen in unserem Kreis. Wiederum wie vor vierzehn Jahren habe ich diese Tausende von Kindern lieb gewonnen, mit denen ich es jetzt zu tun habe. Ich frage jetzt alle meine Bekannten: Weshalb wollen wir dem Volke Bildung geben? Darauf gibt es fünf Antworten. Teilen Sie mir gelegentlich auch Ihre mit. Die meine ist folgende: *Ich überlege gar nicht, wenn ich aber in eine Schule eintrete und diesen Haufen abgerissener, schmutziger, magerer Kinder erblicke mit ihren hellen Augen und ihrem oft so engelhaften Ausdruck, dann befällt mich eine Unruhe und ein Entsetzen etwa so, wie ich es empfinden würde beim Anblick Ertrinkender. Ach mein Gott! Könnte ich sie doch herausziehen, und wen zuerst, wen dann? Und es ertrinkt hier das Allerteuerste, nämlich jenes Geistige, das einem bei den Kindern so in die Augen fällt.* Ich will die Bildung für das Volk nur deshalb, um die dort ertrinkenden Puschkins, Ostrogradskis, Philarets und Lomonosoffs zu erretten. Und ihrer gibt es eine Fülle in jeder Schule ...

3.
Die Schmach der Hungersnot

Ich liebe nicht, in meinen Briefen zu jammern, ich bin aber schon fünfundvierzig Jahre auf der Welt und habe niemals etwas Aehnliches gesehen, wie die Hungersnot hier, und ich habe auch gar nicht gedacht, daß es so etwas geben könnte. Wenn man sich vorstellt, was im Winter sein wird, dann stehen einem die Haare zu Berge. Soeben, während ich diesen Brief schreibe, – erfuhren wir: ein junger Bauer – ein Schnitter – sei an der Cholerine erkrankt. Zu essen ist nichts da außer schlechtem Schwarzbrot, und wäre das nicht ganz nahe von uns, so wäre dieser Mensch wahrscheinlich schon gestorben aus Mangel an geeigneter Nahrung für seinen geschwächten Magen. Das alles erschüttert und ergreift besonders denjenigen, der Augen dafür hat, wie geduldig und bescheiden der russische

Mensch im Leiden ist – wie ruhig und ergeben. Gibt es keine gute Speise – nun, dann braucht man sich auch nicht zu beklagen. Stirbt er – so ist das Gottes Wille. Nicht so wie Schafe, vielmehr wie gutmütige kräftige Ochsen, die ihre Furche ziehen: fallen sie – so schleppt man sie zur Seite, und andere treten an ihre Stelle. Sie werden mich kaum verstehen, und wahrscheinlich kommt Ihnen dieser Vergleich beleidigend vor. Sie leben in einer Welt, wo es zwar jeder Art körperliche und moralische Krüppelhaftigkeiten und Häßlichkeiten gibt und auch aller Art Leiden, vornehmlich geistiger Art – wo aber für ganz einfache körperliche Entbehrungen kein Platz ist. Ihre Magdalenen sind sehr zu bedauern, das weiß ich. Aber das Mitleid mit ihnen, wie übrigens mit allen Seelenleiden, ist mehr eine Sache des Geistes und des Herzens, wenn Sie so wollen – *leiden aber einfache, gute, körperlich und moralisch gesunde Menschen einfach aus Entbehrung, so bedauert man das mit seinem ganzen Wesen – schaut man auf ihre Leiden hin, so schämt man sich, und es ist einem peinlich, Mensch zu sein …*

4.
An Alexander III.

Jassnaja Poljana, März 1881

Kaiserliche Majestät!

Ich nichtiger, nicht dazu berufener, schwacher und schlechter Mensch schreibe dem russischen Kaiser und rate ihm, was er tun soll unter den allerverwickeltsten und schwierigsten Verhältnissen, die jemals vorgekommen sind. Ich fühle, wie seltsam, unziemlich, und frech das ist, und gleichwohl schreibe ich. Ich denke mir: Du wirst schreiben, dein Brief wird unnötig sein, man wird ihn gar nicht lesen, oder wenn man ihn liest, wird man finden, dies sei schädlich und wird dich dafür strafen. Das ist aber auch alles, was eintreten kann. Und dabei kann für dich gar nichts geschehen, weshalb du das bereuen würdest. Wirst du aber nicht schreiben und später erfahren, dass niemand dem Zaren dasjenige sagte, was du ihm sagen wolltest – und dass der Zar später, wenn schon gar nichts mehr zu ändern ist, sich besinnen und sagen wird: „Hätte mir doch irgendwer dies gesagt!" – Wenn das eintreten wird, dann wirst du ewig bereuen, dass du nicht das geschrieben hast, was du dachtest. Und deshalb schreibe ich Eurer Majestät das, was ich denke.

Ich schreibe in einem abgelegenen Winkel auf dem Lande, ich weiss gar nichts Bestimmtes. Was ich weiss, weiss ich aus den Zeitungen und nach Gerüchten, und deshalb schreibe ich vielleicht ganz unnötige, nichtige Dinge über solches, was gar nicht da ist, und dann verzeihen Sie um Himmelswillen meine Selbstüberzogenheit, und seien Sie gewiss, dass ich nicht deshalb schreibe, weil ich von mir selber eine hohe Meinung habe, vielmehr einzig und allein deshalb, weil ich schon derart schuldig bin vor allen, und ich noch schuldiger zu werden fürchte, wenn ich nicht dasjenige tue, was ich tun könnte und müsste.

Ich werde nicht in dem Tone schreiben, wie man sich gewöhnlich an den Kaiser wendet – mit byzantinischen Floskeln und verlogener Schönrederei, wodurch nur Gefühle und Gedanken verdunkelt werden. Ich werde einfach schreiben, wie der Mensch zum Menschen.

Die Aufrichtigkeit meiner Hochachtung vor Ihnen, als Menschen und Zaren, wird ohne diese Verzierungen klarer zutage treten.

Ihren Vater, den russischen Zaren, der viel Gutes tat und immer den Menschen Gutes wünschte, einen guten alten Mann, hat man auf unmenschliche Weise verstümmelt und ermordet. Und das waren nicht seine persönlichen Feinde, vielmehr die Feinde der bestehenden Ordnung. Man ermordete ihn im Namen eines Heils für die ganze Menschheit.

Sie traten an seine Stelle, und vor Ihnen stehen diejenigen Feinde, die das Leben Ihres Vaters vergifteten und ihn töteten. Sie sind Ihre Feinde deshalb, weil Sie den Platz Ihres Vaters einnehmen, und für jenes vermeintliche allgemeine Heil, das jene suchen, müssen sie auch Sie zu ermorden wünschen.

In Hinsicht auf diese Menschen muss in Ihrer Seele das Gefühl der Rache leben, da das ja die Mörder Ihres Vaters sind, und dabei doch auch das Gefühl des Entsetzens vor der Pflicht, die Sie auf sich nehmen mussten. Eine schrecklichere Lage kann man sich gar nicht vorstellen, denn man kann sich gar keine stärkere Verführung zum Bösen ausdenken. „Die Feinde des Vaterlandes und des Volkes, verachtete, dumme Buben, gottlose Geschöpfe, störten die Ruhe und das Leben der Ihnen anvertrauten Millionen und ermordeten Ihren

Vater. Was kann man anders mit ihnen tun, als die russische Erde von dieser Pest säubern, als sie zu zerdrücken wie hässliches Ungeziefer? Das fordert nicht nur meine persönliche Empfindung, sogar nicht einmal mein Rachegefühl für die Ermordung meines Vaters, das verlangt von mir meine Pflicht, das erwartet von mir ganz Russland!" In dieser Versuchung beruht auch das ganze Entsetzliche Ihrer Lage. Wer wir auch sein mögen, ob Zar oder Hirt, wir sind Menschen, die erleuchtet wurden durch die Lehre Christi.

Ich spreche nicht von Ihren Verpflichtungen als Zar. Den Pflichten des Zaren gehen die Pflichten des Menschen vor, sie müssen die Grundlage bilden für die Verpflichtungen des Zaren, und mit ihnen in Übereinstimmung stehen.

Gott wird Sie nicht fragen, ob Sie Ihre Verpflichtungen als Zar erfüllten, vielmehr ob Sie Ihren menschlichen Pflichten gerecht wurden. Ihre Lage ist furchtbar, aber auch nur dazu ist die Lehre Christi nötig, um uns in den schrecklichen Augenblicken der Versuchung zu leiten, die zum Menschenlos gehören. Auf Ihr Teil fiel die furchtbarste aller Versuchungen. Wie entsetzlich sie aber auch sein mag, die Lehre Christi überwindet sie: alle Netze der Versuchungen, von denen Sie umstellt sind, fallen in Staub vor einem Menschen, der Gottes Willen erfüllt.

Matthäus 5, 43. „Ihr habt gehört, dass gesagt ist: Liebe Deinen Nächsten und hasse Deinen Feind; ich aber sage Euch: Liebet Eure Feinde … tuet wohl denen, die Euch hassen … und werdet Söhne Eures himmlischen Vaters."

Matthäus 5, 38. „Es ist Euch gesagt: ‚Aug um Aug, Zahn um Zahn', ich aber sage Dir: ‚Widersetze Dich nicht dem Übel.'"

Matthäus 18, 23. „Ich sage Dir, nicht siebenmal, vielmehr siebenmal siebenzigmal."

„Hasse nicht Deinen Feind, tue ihm wohl, widersetze Dich nicht dem Übel, werde nicht müde, zu verzeihen."

Das ward den Menschen gesagt, und jeder Mensch kann das erfüllen. Und keinerlei zarische, staatliche Erwägungen können diese Gebote hinfällig machen.

Matthäus 5, 19. „Und wer eines von diesen geringsten Geboten übertritt, der wird als der Geringste gelten im himmlischen Reiche, wer aber die Gebote befolgt und lehrt, der wird im himmlischen Reiche für gross gelten."

Matthäus 7, 24. „Wer diese meine Worte hört, der ist gleich einem vernünftigen Manne, der sein Haus auf Felsen baute. (25.) Und der Regen kam, und die Flüsse traten aus, und die Winde erhoben sich, und bliesen auf dieses Haus, es fiel aber nicht um, weil es auf Stein gegründet war. (26.) Wer aber diese meine Worte hört und sie nicht erfüllt, ist gleich einem unvernünftigen Menschen, der sein Haus auf Sand baute, (27.) Und der Regen kam, und die Ströme traten über, und der Sturm erhob sich und blies auf dieses Haus; und es fiel um und sein Fall war gross."

Ich weiss, wie fern diese Welt, in der wir leben, denjenigen göttlichen Wahrheiten ist, die in der Lehre Christi zum Ausdruck gelangten und in unserem Herzen leben. Die Wahrheit – ist aber Wahrheit, und sie lebt in unseren Herzen und äussert sich durch Begeisterung und durch den Wunsch, ihr nahe zu kommen. Ich weiss wohl, dass ich ein nichtswürdiger, schlechter Mensch bin, und dass ich in Versuchungen, die tausendmal schwächer sind als diejenigen, die über Sie hereinbrachen, nicht bei der Wahrheit und dem Guten blieb, vielmehr der Versuchung nachgab, und dass es frech und sinnlos ist, wenn ich, ein vom Bösen erfüllter Mensch, von Ihnen eine solche Geisteskraft verlange, die nicht ihresgleichen hat, wenn ich fordere, dass Sie, der russische Zar, trotz des Druckes Ihrer ganzen Umgebung, und als liebender Sohn eines ermordeten Vaters, dessen Mördern verzeihen und Böses mit Gutem vergelten; ich kann aber gar nicht umhin, dies zu wünschen. Ich kann mir gar nicht die Augen davor verschliessen, dass jeder Schritt von Ihnen zur Verzeihung, ein Schritt zum Guten, und jeder Schritt zur Bestrafung ein Schritt zum Bösen ist; das kann ich mir gar nicht verbergen. Aber ebenso wie ich für mich selber in einem ruhigen Augenblick, wenn keine Versuchung vorliegt, mit allen Kräften meiner Seele den Weg des Guten und der Liebe zu wählen hoffe und wünsche, so wünsche ich das auch für Sie und kann gar nicht anders, als mich der Hoffnung hingeben, dass Sie danach streben werden, vollkommen zu sein wie Ihr Vater im Himmel, und Sie werden das erhabenste Werk in der Welt tun – Sie werden die Versuchung niederkämpfen und Sie, der Zar, werden der Welt das erhabenste Beispiel gehen, wie man die Lehre Christi befolgt – Sie werden Böses mit Gutem vergelten.

„Vergeltet Böses mit Gutem; widersetzt Euch nicht dem Übel, verzeiht allen."

Dieses, und nur dieses muss man tun. Das ist der Wille Gottes. Ob der eine oder der andere genügend Kraft dazu hat, oder nicht, das ist eine andere Frage, aber man darf nur dies allein wünschen, nur nach dem allein streben, nur dies allein für gut halten, und man muss dabei wissen, dass alles, was einen dagegen bestimmen will, – nur Versuchungen und Verführungen, und dass sie alle völlig unbegründet, schwankend und dunkel sind.

Aber abgesehen davon, dass kein Mensch sich von etwas anderem in seinem Leben leiten lassen darf und kann, als von diesem Ausdruck des Willens Gottes, ist die Erfüllung dieser göttlichen Gebote zugleich auch die für Ihr und Ihres Volkes Leben vernünftigste Handlung.

„Die Wahrheit und das Heil sind stets Wahrheit und Heil, auf Erden wie im Himmel. Den entsetzlichsten Frevlern gegen menschliche und göttliche Gebote zu verzeihen und ihnen Böses mit Gutem zu vergelten" – das wird im besten Falle vielen wie Idealismus, wie Sinnlosigkeit vorkommen, viele werden aber auch eine böse Absicht dahinter vermuten. Sie werden sagen: „Man darf gar nicht verzeihen, man muss vielmehr den Eiter entfernen, mit Feuer ausbrennen." Man braucht indes nur diejenigen, die solches sagen, aufzufordern, diese ihre Behauptung zu beweisen, und sofort wird die Sinnlosigkeit und die böse Absicht sich auf ihrer Seite offenbaren.

Ungefähr vor zwanzig Jahren bildete sich eine Gruppe von Menschen, grösstenteils jungen Leuten, welche die bestehende Ordnung hassten und ebenso die Regierung. Diese Menschen stellen sich eine andere Lage der Dinge vor, oder sogar gar keine, und suchen dabei mit allen gottlosen und unmenschlichen Mitteln – durch Brandlegen, Raub und Mord die bestehende Gesellschaftsordnung zu zerstören. Schon zwanzig Jahre kämpft man mit dieser Gruppe, und wie ein Nest, das beständig neue Führer erzeugt, ward diese Gruppe bis jetzt nicht nur keineswegs vernichtet, sie nimmt vielmehr ständig an Zahl zu, und diese Leute sind auf die entsetzlichsten, grausamsten und frechsten Taten verfallen, um den Lauf des staatlichen Lebens zu stören.

Diejenigen, welche gegen diese Eiterbeule mit äusseren Mitteln kämpfen wollten, wandten zweierlei Mittel an: Erstens – das kranke faule Glied abzuschneiden, d. h. strenge Strafen, zweitens – der Krankheit ihren Lauf zu lassen und ihn nur zu regeln: Das waren die liberalen Massnahmen, welche die unruhigen Elemente beruhigen und das Emporkommen feindlicher Kräfte hemmen sollten.

Für Menschen, die von materiellem Gesichtspunkt aus auf diese Angelegenheit hinschauen, gibt es keine anderen Wege: entweder entschiedene Massnahmen der Unterdrückung oder solche der liberalen Abschwächung. Was für Leute sich auch immer vereinigten, und wo sie das taten, um darüber zu beraten, was man unter den jetzigen Umständen tun müsse, wer das auch sein mag, Bekanntschaften, die man im Wirtshaus macht, Mitglieder des Staatsrats oder der Volksvertretung – wenn sie davon sprechen werden, was man zur Verhütung des Übels tun soll, werden sie gar nicht herauskommen aus diesen zwei Hinblicken auf den Gegenstand: Entweder Ausmerzen – Strenge, Hinrichtungen, Verschickungen, Polizei, Zensurverbote usw. oder liberale Massnahmen: Freiheiten, Mässigung in den Strafmassen und sogar eine Volksvertretung, eine konstituierende Versammlung.

Die Leute können noch viel Neues sagen in Hinsicht auf Einzelheiten dieser oder jener Handelnsart, in vielem werden viele aus einem und demselben Lager nicht gleicher Meinung sein, und miteinander streiten, aber weder die einen, noch die anderen – werden davon ablassen – die einen: Mittel zur gewaltsamen Ausmerzung des Übels ausfindig zu machen, die andern: Mittel zur ungehemmten Betätigung, um der begonnenen Gärung freien Lauf zu lassen. Die einen werden die Krankheit zu heilen suchen durch entschiedene Mittel gegen die Krankheit selber, die andern werden die Krankheit gar nicht zu heilen suchen, sich vielmehr nur bemühen, den Organismus in die vorteilhaftesten hygienischen Bedingungen zu versetzen, indem sie darauf hoffen, die Krankheit werde ganz von selber vorübergehen. Man wird dabei vielerlei neue Einzelheiten zu hören bekommen, aber durchaus nichts Neues, denn beide Mittel wurden bereits angewandt, und beide haben nicht nur keineswegs zur Heilung des Kranken geführt, vielmehr überhaupt gar keine Wirkung ausgeübt, die Krankheit nahm bis jetzt ihren Fortgang und verschlimmerte sich beständig. Und deshalb nehme ich an, dass man nicht so ohne weiteres die Erfüllung des Willens Gottes in Hinsicht auf politische Angelegenheiten Träumerei und Wahnsinn nennen kann. Und wenn man sogar in der Erfüllung des Gesetzes Gottes das Allerheiligste erblickt: ein Mittel gegen das Übel der irdischen Welt, auch dann kann man hierauf nicht mit Verachtung hinschauen, da ja offenbar die ganze Weisheit der Welt nicht helfen konnte und nicht helfen kann.

Man hat den Kranken zu heilen gesucht mit gewaltsamen Mitteln, und dann hat man damit aufgehört, und seiner Vergiftung freien Lauf gelassen. Weder das eine noch das andere System brachte Hilfe: der Kranke ward immer kränker. Es bietet sich aber noch ein Mittel, ein solches, wovon die Ärzte gar nichts wissen, ein seltsames Mittel. Weshalb sollte man es nicht versuchen? Dieses Mittel hat bereits den einen unbestreitbaren Vorzug vor den andern Mitteln, dass jene erfolglos angewandt wurden, während dieses überhaupt noch keine Anwendung fand.

Man versuchte im Namen der staatlichen Notwendigkeit, des Heiles der Massen, die Übeltäter zu verfolgen, zu verschicken, hinzurichten, man versuchte im Namen ganz derselben Notwendigkeit des Heiles der Massen ihnen Freiheit zu geben – und alles blieb beim Alten. Weshalb soll man nicht versuchen, im Namen Gottes nur Sein Gesetz zu erfüllen – ohne an den Staat zu denken und an das Heil der Massen? Im Namen Gottes und der Erfüllung seines Gesetzes kann kein Übel geschehen.

Ein anderer Vorzug des neuen Mittels – und auch er ist zweifellos – beruht darin, dass diese andern zwei Mittel an und für sich Übel waren: Das erste bestand in Gewaltanwendung und Hinrichtung (wie gerecht sie auch scheinen mögen, jeder Mensch weiss, dass das ein Übel ist) –; das zweite bestand in einer nicht durchaus aufrichtigen Gewährung der Freiheit. Die Regierung gab mit der einen Hand diese Freiheit, mit der anderen – hielt sie sie zurück. Die Anwendung beider Mittel, wie nützlich sie auch für den Staat zu sein schienen, war eine unschöne Sache für diejenigen, die sie anwendeten. Das neue Mittel hingegen ist nicht nur der Menschenseele eigentümlich, es bereitet ihr vielmehr die höchste Freude und das höchste Glück.

Das Verzeihen und die Vergeltung des Bösen mit Gutem ist an und für sich etwas Gutes. Und weil die Anwendung der zwei alten Mittel der Seele eines Christen zuwider sein muss, muss sie an sich Reue hinterlassen. Während das Verzeihen demjenigen, der es ausübt, die höchste Freude bereitet.

Der dritte Vorzug des christlichen Verzeihens vor der Unterdrückung oder künstlichen Ablenkung der schädlichen Elemente, bezieht sich auf den jetzigen Augenblick und hat besondere Wichtigkeit. Ihre Lage und die Lage Russlands gleichen jetzt derjenigen eines Kranken während der Krise. Ein einziger falscher Schritt, die Anwendung eines unnötigen, schädlichen Mittels kann den Kranken für immer zugrunde richten, ganz ebenso kann auch jetzt eine einzige Handlung in diesem oder jenem Sinn – die Rache für das Übel durch grausame Hinrichtungen oder die Berufung von Volksvertretern – die ganze Zukunft festlegen. Jetzt, in diesen zwei Wochen, während welcher die Verbrecher gerichtet und verurteilt werden, wird ein Schritt getan, der einen von den drei Wegen wählt, welche Lösung verheissen: Der Weg der Unterdrückung des Übels durch Übel oder der Weg der liberalen Abschwächung – beide sind erprobt, und man weiss, dass sie zu gar nichts führen, – oder ein noch neuer Weg – der Weg der christlichen Erfüllung des Willens Gottes durch den Zaren als Menschen.

Herrscher! Aus verhängnisvollen, entsetzlichen Missverständnissen entflammte in der Seele der Revolutionäre der schreckliche Hass gegen Ihren Vater – ein Hass, der zu dem furchtbaren Mord hinführte. Dieser Hass kann mit ihm begraben werden. Die Revolutionäre konnten – wenn auch mit Unrecht – ihn verurteilen, weil er einige Dutzende der ihrigen zugrunde gerichtet habe. An Ihren Händen klebt kein Blut. Sie sind – das unschuldige Opfer Ihrer Lage. Sie sind rein und unschuldig vor Ihrem eigenen Gewissen und vor Gott. Sie stehen aber am Scheideweg. Nur noch wenige Tage – und wenn diejenigen den Sieg davon tragen, die sagen und glauben, die christliche Lehre sei nur zur Unterhaltung da, im Staatsleben aber müsse man Blut vergiessen, und müsse der Tod herrschen – so werden Sie auf ewig jenen seligen Zustand der Reinheit und des Lebens mit Gott verlieren und den Weg der finstern staatlichen Notwendigkeiten beschreiten, die alles rechtfertigen, sogar die Übertretung des Gottesgesetzes für den Menschen.

Wenn Sie nicht verzeihen, wenn Sie die Mörder hinrichten lassen, so tun Sie gar nichts anderes, als dass Sie aus der Zahl von Hunderten drei oder vier ausmerzen, und das Übel wird Übel gebären, und an Stelle der drei oder vier werden dreissig oder vierzig erstehen – und Sie selber werden auf ewig jenen Augenblick verlieren, der einzig und allein teurer ist als die ganze Welt – den Augenblick, in welchem Sie den Willen Gottes hätten erfüllen können, und ihn nicht erfüllten, und Sie werden für ewig jenen Scheideweg verlassen, auf welchem Sie das Gute statt des Bösen hätten wählen können, und auf immer werden Sie sich verstricken in die Übeltaten, die man staatlichen Nutzen nennt. (Matth. 5, 25.)

Verzeihen Sie mir, vergelten Sie nicht das Böse mit dem Guten, und aus Hunderten von Missetätern werden Dutzende von dem Teufel zu Gott übergehen, und Tausenden, ja Millionen wird das Herz beben vor Freude und Rührung, wenn sie sehen, wie das Vorbild der Güte auf dem Throne gegeben wird, in einem für den Sohn eines ermordeten Vaters so schrecklichen Augenblick.

Mein Kaiser! Würden Sie dies tun, würden Sie diese Leute zu sich rufen, würden Sie ihnen Geld geben, sie irgendwohin nach Amerika schicken und ein Manifest erlassen, mit der Überschrift: „Ich aber sage Euch, liebet Eure Feinde, – ich weiss nicht, was die anderen tun würden, ich aber, ein schlechter Untertan, würde Ihr Hund, Ihr Sklave sein. Ich würde vor Rührung weinen, wie ich jetzt jedesmal weine, wenn ich Ihren Namen lese. Ja aber, was sage ich denn: „Ich weiss nicht, was die anderen tun werden." Ich weiss, in wie breitem Strom sich über ganz Russland hin das Gute und die Liebe ergiessen würden bei diesen Worten.

Die Wahrheiten Christi – sind lebendig im Herzen der Menschen, und nur sie sind lebendig, und wir lieben auch die Menschen nur im Namen dieser Wahrheiten.

Und Sie, der Zar, würden diese Wahrheit nicht mit Worten, vielmehr durch die Tat verkündet haben. Aber vielleicht ist das alles Träumerei, vielleicht kann man gar nichts Derartiges machen. Vielleicht, – obgleich es die Wahrheit ist, dass erstens derartige Handlungen, die noch niemals erprobt wurden, grössere Wahrscheinlichkeit in Hinsicht auf den Erfolg für sich haben als diejenigen, die man bereits erprobte, und die sich als untauglich erwiesen, und dass zweitens ein solches Handeln zweifellos gut ist für den Menschen, der es vollbringt, und dass drittens Sie jetzt auch am Scheideweg stehen, und dies der einzige Augenblick ist, wo Sie nach Gottes Willen handeln können, und dass, wenn Sie diesen Augenblick vorbeigelassen haben, Sie ihn schon nicht mehr zurückgewinnen können

– vielleicht, obgleich dies alles lautere Wahrheit ist, wird man sagen: Das ist unmöglich. Wenn man so tut, vernichtet man den Staat.

Aber nehmen wir an, die Menschen sind gewöhnt zu glauben: die göttlichen Wahrheiten seien nur Wahrheiten der geistigen Welt und nicht anwendbar auf die irdische; nehmen wir an, die Feinde werden sagen: Wir nehmen Ihr Mittel nicht an, mag es auch noch nicht erprobt und an sich nicht schädlich sein, und wir bestreiten auch gar nicht, dass jetzt eine Krisis vorliegt; wir wissen aber, dass dieses Mittel hierzu nicht passt, und gar nichts anderes schaffen kann, ausser Schaden. Die einen werden sagen: „Das christliche Verzeihen und die Vergeltung von Bösem mit Gutem ist gut für den einzelnen Menschen, nicht aber für den Staat. Wenn man diese Wahrheiten bei der Verwaltung des Staates anwendet, richtet man ihn zugrunde!"

Mein Kaiser! Das ist aber doch Lüge, böseste, tückischste Lüge! Erfüllung des Gesetzes Gottes sollte die Menschen zugrunde richten? Ja, wenn dieses doch das Gesetz Gottes für die Menschen ist, so ist es immer und überall Gottes Gesetz, und gibt es kein anderes Gesetz seines Willens. Und man kann gar nichts Gotteslästerlicheres sagen: als das Gesetz Gottes tauge nichts. Dann ist es doch gar nicht Gottes Gesetz! Aber nehmen wir an, wir vergessen, dass Gottes Gesetz höher steht als alle anderen Gesetze, und dass es stets anwendbar ist, wir vergessen das. Gut: das Gesetz Gottes ist nicht anwendbar, und wenn wir es erfüllen, so kommt es zu einem noch grösseren Übel. Wenn man den Verbrechern verzeiht, alle aus dem Gefängnis und der Verbannung freilässt, so wird ein noch grösseres Übel entstehen. Ja, weshalb denn eigentlich? Wer hat das denn gesagt? Wodurch will man das beweisen? Durch die eigene Feigheit. Einen anderen Beweis hat man nicht. Und ausserdem hat man kein Recht, irgend ein Mittel von vorneherein zu verneinen, da ja, wie allen bekannt ist, die bisherigen Mittel nicht taugen.

Darauf wird man antworten: „Sobald man alle loslässt, wird es ein Morden geben, denn, wenn man nur ein wenig die Zügel loslässt, kommt es bereits zu geringen Unordnungen, lässt man die Zügel aber ganz los, so kommt es zu grossen Unordnungen!" Wer so urteilt, der spricht von den Revolutionären, als seien das Banditen, eine Räuberbande, die sich zusammenschloss und ihr Ende findet, wenn man alle Mitglieder festnahm. Die Sache ist aber durchaus nicht so, nicht auf die Zahl kommt es an, nicht darauf, möglichst viele von ihnen zu vernichten oder zu verschicken, vielmehr darauf, ihnen den Anlass zu nehmen, ihnen eine andere Richtung zu geben. Was sind denn Revolutionäre? Das sind Leute, welche die bestehende Ordnung der Dinge hassen, sie schlecht finden, und die Grundlagen für eine zukünftige Gesellschaftsordnung im Sinne haben, die besser sein soll.

Man kann gegen sie nicht erfolgreich ankämpfen, wenn man sie mordet und vernichtet. Wichtig ist nicht ihre Zahl, wichtig sind nur ihre Absichten. Wenn man mit ihnen kämpfen will, kann das nur auf geistige Weise geschehen. Ihr Ideal ist allgemeines Wohlbefinden,

Gleichheit und Freiheit; will man mit ihnen kämpfen, so muss man ihrem Ideal ein anderes gegenüberstellen, das höher stände, und ihr Ideal in sich schlösse. Die Franzosen und Engländer kämpfen jetzt mit jenen und ebenso erfolglos.

Es gibt nur ein Ideal,. das man jenen entgegenstellen kann – dasjenige, von dem sie ausgehen, ohne es zu begreifen, und indem sie es lästern. – Dasjenige, was ihr Ideal in sich schliesst, das Ideal der Liebe, des Verzeihens, und der Vergeltung des Bösen mit Gutem. Wenn nur ein einziges Wort des Verzeihens und der christlichen Liebe von der Höhe des Thrones gesagt und erfüllt wird, kann der Weg eines christlichen Herrschertums, den Ihnen zu betreten bevorsteht, das Übel vernichten, das auf Russland lastet.

Wie Wachs vor der Sonne schmilzt jeder revolutionäre Kampf vor dem Zar-Menschen, der das Gesetz Christi erfüllt.

5.
An den Kommandanten eines Strafbataillons

Jassnaja Poljana, den 1. November 1896.

Sehr geehrter Herr!

Da ich Ihren Ruf- und Vatersnamen nicht kenne, ja nicht einmal Ihren Familiennamen weiß, bin ich außerstande, Sie anders anzureden, als mit dieser kalten und ein wenig unangenehmen Formel, welche die Menschen fremd einander gegenüberstellt, nämlich: „Sehr geehrter Herr!“ Dabei ist aber die Angelegenheit, in der ich mich an Sie wende, intimster Art, und ich möchte daher alle diejenigen äußeren Formen umgehen, welche die Menschen einander fern halten, und im Gegenteil: in Ihnen mir gegenüber – wenn auch nicht ein brüderliches Verhalten wachrufen, wie es Menschen untereinander ihrem Wesen nach zukommt, so doch wenigstens alle diejenigen Vorurteile zum Schwinden bringen, die mein Brief und mein Name in Ihnen auslösen könnten. Ich wünschte, Sie möchten sich zu mir und meiner Bitte so verhalten, wie zu einem Menschen, von dem Sie gar nichts wissen, weder etwas Gutes noch etwas Schlechtes, und dessen Anliegen Sie bereit sind, mit wohlwollender Aufmerksamkeit anzuhören.

Die Angelegenheit, in der ich eine Bitte an Sie richten will – ist folgende: In Ihr Strafbataillon sind bereits eingetreten oder müssen sehr bald zwei Männer eintreten, die von dem Brigadegericht in Wladiwostok zu je drei Jahren Gefängnis verurteilt wurden. Einer von ihnen – ist der Bauer Peter Olchowik, der sich weigerte Militärdienst zu verrichten, weil er ihn für in Widerspruch stehend hält zu dem Gesetze Gottes, der andere – Kirill Sereda – ist ein gemeiner Soldat, der auf einem Dampfer Olchowik kennen lernte, und als er von ihm die Ursache seiner Verschickung erfuhr, zu der gleichen Ueberzeugung gelangte wie Olchowik und sich weigerte, weiter Militärdienst zu leisten. Ich begreife sehr wohl, daß die Regierung, die noch kein Gesetz ausarbeitete, das den Besonderheiten solcher Fälle entspricht, nicht anders verfahren kann als so, wie sie verfuhr. Wenn ich auch weiß, daß in der letzten Zeit die höchste Behörde (deren Aufmerksamkeit darauf gerichtet ward, wie grausam und ungerecht es ist, solche Leute ebenso zu strafen wie Soldaten, die ein gemeines Verbrechen begangen haben) eben damit beschäftigt ist, gerechtere und mildere Mittel ausfindig zu machen, um solchen Dienstverweigerungen entgegen zu treten. Auch weiß ich sehr wohl, daß Sie, da Sie eine solche Stelle inne haben und demnach die Anschauungen von Olchowik und Sereda nicht teilen, gar nicht anders verfahren können, als indem Sie dasjenige streng ausführen, was Ihnen das Gesetz vorschreibt. Aber gleichwohl bitte ich Sie, als einen Christen und guten Menschen, Mitleid zu haben mit diesen Leuten, die keine andere Schuld tragen, als daß sie das Gesetz Gottes höher stehend erachten als Menschengesetz und danach handeln.

Ich verheimliche Ihnen dabei keineswegs, daß ich nicht nur glaube, daß diese Leute das tun, was sie tun müssen, ich glaube vielmehr auch: es werden sehr bald alle Menschen begreifen, daß diese beiden ein erhabenes und heiliges Werk verrichteten.

Es ist indes sehr leicht möglich, daß diese Anschauung Ihnen sinnlos vorkommt, und Sie fest überzeugt sind vom Gegenteil. Ich erlaube mir nicht, Sie überzeugen zu wollen, da ich weiß, daß ernste Menschen Ihres Alters zu gewissen Ueberzeugungen nicht durch die Worte anderer hingelangen, vielmehr nur durch eigene Gedankenarbeit. Das Einzige, worum ich Sie anflehe als einen Christen, einen guten Menschen und einen Bruder von mir, von Olchowik und Sereda, als einen Bruder, der dem gleichen Gott untersteht wie wir und nach seinem Tode eben dahin kommen muß, wohin wir alle gehen – ich flehe Sie an, sich nicht das zu verhehlen, wodurch sich diese beiden Männer (Olchowik und Sereda) von den anderen Verbrechern unterscheiden, und von ihnen nicht die Ausführung dessen zu verlangen, was sie ein für allemal verweigerten, sie nicht in Versuchung zu führen, und sie dadurch immer neuen Strafen zu überliefern, wie man mit jenem unglücklichen Droschtschechin tat, der das allgemeine Mitleid, auch in den höchsten Kreisen erregte, und der in dem Strafbataillon in Woronesch zu Tode gequält ward. Ohne gegen das Gesetz zu handeln und ohne von gewissenhafter Erfüllung Ihrer Pflicht abzuweichen, sind Sie imstande, den Gefängnisaufenthalt dieser Leute zu einer Hölle zu gestalten und sie zu Grunde zu richten, Sie sind aber auch imstande, ihre Leiden in beträchtlichem Maße zu mildern. Hierum flehe ich Sie an, indem ich hoffe, Sie werden diese Bitte überflüssig finden, und Ihr inneres Gefühl werde Sie auch so schon, bevor ich Sie darauf aufmerksam machte, zu dem Gleichen veranlassen.

In Hinsicht auf die Stellung, die Sie einnehmen, muß ich annehmen, daß Ihre Anschauung vom Leben und den Pflichten des Menschen der meinigen entgegengesetzt ist. Ich kann Ihnen nicht verbergen, daß ich Ihre Stellung für unvereinbar halte mit dem Christentum, und daß ich Ihnen, wie jedem Menschen, Befreiung wünsche von der Teilnahme an solchen Dingen. Da ich indes alle meine eigenen Sünden kenne, die früheren und die jetzigen, alle meine Schwächen und alle Fehler, die ich beging, so gestatte ich mir nicht nur keineswegs, Sie wegen Ihrer Stellung zu verurteilen, ich empfinde vielmehr zu Ihnen wie zu jedem Bruder in Christo vollkommene Hochachtung und Liebe.

Ich werde Ihnen sehr dankbar sein, wenn Sie mir antworten.

6.
Der Sinn des Gebets

In meinem letzten Briefe schrieb ich Ihnen von der Nutzlosigkeit des Gebetes, sowohl in Hinsicht auf die Verwirklichung unserer Wünsche, was die Geschehnisse der äusseren Welt betrifft, wie auch in Hinsicht auf die innere Welt – was die Selbstvervollkommnung angeht. Ich fürchte, Sie werden – und die Schuld liegt an mir – mich nicht so verstehen, wie ich das meinte, und deshalb füge ich hier noch einiges über den gleichen Gegenstand hinzu – nämlich über das Gebet.

Zunächst, was die äusseren Geschehnisse anbetrifft: Darum, dass es regne, oder dass ein von mir geliebter Mensch am Leben bleibe, oder dass ich selber gesund bleiben möge und nicht sterbe, – darum kann man deshalb nicht beten, weil diese Geschehnisse nach Gesetzen eintreten, die Gott ein für allemal bestimmte, und demnach, wenn wir so handeln, wie wir handeln sollten, diese Ereignisse stets unserem wahren Nutzen dienen werden. Das ist ganz ebenso, wie wenn ein guter Mensch mir ein Haus bauen würde mit festen Mauern und einem starken Dach, das mich beschirmt, ich aber aus Launenhaftigkeit wünschen würde, die Lage der Mauern zu erweitern oder sonst zu ändern, und ich darum bitten würde.

Um Selbstvervollkommnung kann man aber deshalb nicht beten, weil uns alles das gegeben ward, was zu unserer Arbeit an uns selber erforderlich ist, und man dem gar nichts hinzufügen kann und darf.

Indes beweist der Umstand, dass ein Bittgebet keinen Sinn hat, durchaus nicht, dass man nicht beten kann und nicht beten soll. Im Gegenteil, ich bin der Meinung, dass ein gutes Leben ohne das Gebet unmöglich ist, und dass das Gebet die unerlässliche Vorbedingung eines guten, ruhigen und glücklichen Lebens bedeutet. In dem

Evangelium ward aber doch angegeben, wie man beten soll, und worin das Gebet zu bestehen hat.

In jedem Menschen liegt ein Funke Gottes, Gottes Geist, jeder Mensch ist ein Sohn Gottes. Das Gebet besteht nun darin, dass man sich innerlich frei macht von allem Weltlichen, von allem demjenigen, was unsere Empfindungen anregen kann, (die Mohammedaner tun sehr wohl daran, dass sie, wenn sie in eine Moschee eintreten oder bevor sie zu beten anfangen, sich mit den Fingern Augen und Ohren zuhalten), und dann in sich sein göttliches Wesen anruft. Am allerbesten hierfür ist, was Christus lehrt: in sein Kämmerchen zu gehen und sich einzuschliessen, d. h. in voller Einsamkeit zu beten,- mag dies im Stübchen vor sich gehen oder im Wald oder auf dem Felde. Das Gebet besteht darin, dass man sich zunächst innerlich lossagt von allem Äusserlichen, Weltlichen – und dann den göttlichen Teil der eigenen Seele in sich wachruft, sich völlig in ihn hineinbegibt und vermittelst seiner in Verbindung tritt mit Demjenigen, von Dem sie ein Teil ist, dass man sich als Gottesknecht erkennt und seine eigene Seele und seine Handlungen nachprüft und auch seine Wünsche und das alles nicht aus Anlass von irgendwelchen Verhältnissen in der Aussenwelt, vielmehr aus Anlass dieses göttlichen Teiles der Seele.

Und ein solches Gebet ... fördert stets das Leben, und ändert es und gibt ihm eine richtige Richtung. Ein solches Gebet ist eine Beichte, eine Nachprüfung unserer geschehenen Handlungen, und ein Hinweis auf die Richtung dessen, was wir in Zukunft tun sollen. Nehmen wir an, man hat mich beleidigt, und ich empfinde Übelwollen gegen den betreffenden Menschen und wünsche ihm Böses, oder ich wünsche ihm wenigstens nicht das Gute zu erweisen, das ich ihm erweisen könnte; oder ich habe z. B. mein Vermögen verloren oder einen geliebten Menschen; oder ich lebe auf Grundlagen, die nicht im Einklang stehen mit meinem Glauben. Wenn ich dann nicht auf richtige Weise bete, vielmehr fortfahre in geistiger Zerstreuung zu leben – so kann ich mich gar nicht losmachen von jenem qualvollen Gefühl des Übelwollens gegen denjenigen, der mich beleidigte; ganz ebenso wird der Verlust meines Vermögens oder eines geliebten Menschen dann meinem Leben die Richtung geben, und, wenn ich bereit bin, nicht so zu handeln, wie es mir das Gewissen gebietet, wird mich innere Unruhe beherrschen. Prüfe ich indes mich selber in meinem Innern und in Gemeinschaft mit Gott selber nach – dann ändert sich alles, ich beschuldige mich, keineswegs meinen Feind, und ich werde nach der Gelegenheit suchen, ihm Gutes zu erweisen. Meine Verluste werde ich aber dann wie Prüfungen auffassen und bestrebt bleiben, sie in Demut zu ertragen, und darin werde ich Trost finden. In meinen Handlungen werde ich mich aber zurecht finden: Ich werde nicht mehr wie vordem mir selber zu verbergen suchen, dass mein Leben nicht im Einklang steht mit meinem Glauben, ich werde vielmehr Reue empfinden und mich bemühen, Leben und Glauben in Einklang miteinander zu bringen – und in diesem Bestreben werde ich Seelenruhe und Freudigkeit finden.

Sie werden aber fragen: Worin soll denn aber das Gebet bestehen?

Christus gab uns das Beispiel eines Gebetes im „Vaterunser", und dies Gebet erinnert uns an das Wesentliche in unserem Leben, es besteht darin, dass man im Willen des Vaters leben und ihn erfüllen soll, sowohl unsere gewöhnlichsten Sünden: das Verurteilen des Bruders, und dass wir ihm nicht verzeihen, wie auch die Hauptgefahren unseres Lebens: die Versuchungen, werden uns in Erinnerung gebracht – und deshalb bleibt es bis jetzt das beste und inhaltsreichste Gebet von allen, die ich kenne.

Aber ausser diesem Gebet besteht ein wahrhaftes, in der Einsamkeit vor sich gehendes Beten auch noch aus alledem, was in den Worten anderer Weisen und heiliger Menschen, oder in unseren eigenen, dazu angetan ist, unsere Seele zu dem Bewusstsein ihrer göttlichen Grundlage zurückzuführen, und zu einem lebendigerern und klarerern Ausdruck der Forderungen unseres Gewissens, d. h. unserer göttlichen Natur.

Das Gebet ist eine Nachprüfung aller unserer Taten in Vergangenheit und Gegenwart an den höchsten Forderungen unserer Seele. Demnach verneine ich nicht nur keineswegs dasjenige Gebet, das in der Einsamkeit vor sich geht und die Göttlichkeit der Seele wiederherstellt, ich halte es vielmehr für eine unerlässliche Vorbedingung des geistigen, und das heisst des wahrhaftigen Lebens …

Christus hat in voller Deutlichkeit und ganz klar gesagt, man müsse in Einsamkeit beten, und es sei gar nicht nötig, um irgend etwas zu bitten, denn „bevor du den Mund öffnest, weiss unsrer Vater, was euch nötig ist".

Von mir selber möchte ich nur das eine sagen – und ich glaube durchaus nicht, dass dies für alle gut ist, und dass alle so handeln müssten – dass ich längst schon die Gewohnheit annahm, jeden Tag am Morgen und in der Einsamkeit zu beten. Und dies ist mein tägliches Gebet:

„Vater unser, der du bist im Himmel, geheiligt werde dein Name." Und danach füge ich aus dem Evangelium des Johannes hinzu: „Dein Name ist die Liebe, Gott ist die Liebe, wer in der Liebe bleibt, der bleibet in Gott und Gott in ihm." Noch niemand hat Gott irgendwo gesehen. Wenn wir aber einander lieben, so weilt Er in unserer Mitte, und Seine Liebe vollendet sich in uns. Wenn jemand sagt: Ich liebe Gott, er dabei aber seinen Bruder hasst, so ist das ein Lügner, denn wer nicht seinen Bruder liebt, den er sieht, wie kann der denn Gott lieben, den er nicht sieht? Brüder, lasst uns einander lieben, die Liebe kommt von Gott, und jeder, der Liebe hegt, stammt von Gott und kennt Gott, weil Gott die Liebe ist.

„Dein Reich komme" und ich füge hinzu: Suchet das Reich Gottes und seine Gerechtigkeit. Alles andere wird euch von selber zufallen. Das Reich Gottes ist aber in uns.

„Dein Wille geschehe wie im Himmel so auch auf Erden." Hierbei frage ich mich: Ob ich in Wahrheit daran glaube, dass ich in Gott bin und Gott in mir! Und ob ich daran glaube, dass mein Leben darin besteht, in mir die Liebe zu mehren. Ich frage mich: Begreife ich eigentlich, dass ich heute am Leben bin, aber morgen schon tot sein kann. Ich frage mich weiter, ob es wahr ist, dass ich nicht für meine persönliche Lust und nicht für den Ruhm vor den Menschen lebe, vielmehr einzig und allein dazu, um den Willen Gottes zu erfüllen. Dann füge ich die Worte Christi aus drei Evangelien hinzu: „Aber nicht mein Wille geschehe, sondern der deinige, und nicht das, was ich wünsche, vielmehr das, was Du willst, und nicht so, wie ich es wünsche, vielmehr so, wie Du es willst."

„Unser täglich Brot gib uns heute." Hier füge ich hinzu: Meine Nahrung besteht darin, den Willen dessen zu tun, der mich hierher sandte, und seinen Willen Wirklichkeit werden zu lassen. Verleugne dich selber, nimm dein Kreuz auf dich, jeden Tag und folge mir nach. Nehmet mein Joch auf euch und lernet von mir, denn ich bin sanftmütig und von Herzen demütig, so werdet ihr Ruhe finden für eure Seelen, denn mein Joch ist sanft und meine Last ist leicht.

„Und vergib uns unsere Schulden, wie auch wir vergehen unseren Schuldigern." Ich füge hinzu: Unser Vater wird uns unsere Sünden nicht verzeihen, wenn nicht ein jeder von uns seinem Bruder alle Sünden verzeiht.

„Und führe uns nicht in Versuchung." Ich füge hinzu: „Hüte dich vor den Versuchungen – der Fleischeslust, der Ruhmsucht, der Lieblosigkeit, der Völlerei, der Ausschweifung, des Ruhms vor den Menschen. Gib nicht Almosen vor den Menschen, und lass deine linke Hand nicht wissen, was die rechte tut. Auch kommt nicht der in das Reich Gottes, der die Pflugschar in die Hand nimmt und dabei rückwärts schaut. Freue dich, wenn man dich schimpft und schmäht.

„Sondern erlöse uns von allem Übel." Ich füge hinzu: Hüte dich vor dem Übel, das aus dem Herzen hervorgeht: Schlechte Gedanken, Mord (jedes Übelwollen gegen einen Menschen, Diebstahl, d. h. Nutzniessung von dem, was man nicht selber erarbeitete), vor Menschenausbeutung, vor Wollust (sei es auch nur in Gedanken), vor falschen Zeugnisaussagen, vor Gotteslästerung.

Ich schliesse mein Gebet wiederum mit den Worten aus dem Evangelium des Johannes: „Und wir wissen, dass wir vom Tod zum Leben übergingen, wenn wir unsern Bruder lieben. Wer seinen Bruder nicht liebt, der hat nicht das ewige Leben, das in ihm ist."

So bete ich jeden Tag, indem ich die Worte dieses Gebetes in Beziehung setze zu meinen Taten und zu meinem Seelenzustand. Bisweilen kommt mir mein Gebet mehr vom Herzen, bisweilen weniger. Aber abgesehen von diesem Gebet bete ich auch noch, wenn ich allein bin für mich selber – ich lese die Gedanken Weiser und heiliger Männer, nicht nur von Christen und nicht nur von Männern des Altertums, und denke darüber nach, indem ich im Angesichte Gottes nach dem Schlechten suche, was sich noch in meinem Herzen verbirgt, und mich bemühe, es von dort herauszureissen. Ich bemühe mich auch im Leben selber zu beten, wenn ich unter Menschen bin und mich die Leidenschaften erfassen. Gerade dann bemühe ich mich, mir das vor Augen zu halten, was in meiner Seele vor sich ging während meines Gebetes in der Einsamkeit, und je aufrichtiger damals mein Gebet war, um so leichter wird es mir, mich des Schlechten zu enthalten.

Das ist alles, was ich Ihnen vom Gebet sagen wollte, damit Sie nicht glauben, ich verneine es. Ihr Bruder Leo Tolstoi.

7.
Von der Liebe zum Nächsten

Die Gebote „Liebe Gott und Deinen Nächsten" scheinen stets anfangs unklar, ungenau, zu allgemein zu sein, und nur auf einer gewissen Stufe (die ich erst unlängst überschritt) erkennt man nicht nur den Zusammenhang, vielmehr die Einheit beider Gebote.

Anfangs scheint es, der Schwerpunkt liege – in der Liebe zum Nächsten, und die Liebe zu Gott sei nur eine rhetorische Figur. Alsdann aber erfolgt die Erleuchtung, d. h. man erhebt sich zu einem höheren Gesichtspunkt, von dem aus es sichtbarer und schon ganz klar ist, dass das Wesen dieses Gebotes, wie es auch gesagt ist, allein in der Liebe zu Gott, Deinem Herrn, beruht, und das andere Gebot nur einen Zusatz zu ihm bedeutet. (Ich würde sagen: Das Gleichnis, der Schatten dieses ersten Gebotes, seine unabweisbare Folge, die zur Nachprüfung dienen kann auf das erste Gebot. Wo ein Schatten ist – da ist auch ein Gegenstand.)

Die Liebe zu Gott – ist die Richtung, ihr äusserer Ausdruck ist die Liebe zum Nächsten.

Die Liebe zum Nächsten hat aber an und für sich keinen Sinn. Wozu soll ich den Nächsten lieben, wenn ich mich selber liebe?

Nur die Liebe zu „Deinem Gott" hat diesen Sinn, der durchaus befriedigt, und bei dem man nach gar nichts weiter zu fragen braucht. Ich liebe mich, und wenn ich in mir den in mir wohnenden „Meinen Gott" liebe, nur dann ist alles klar und findet jene Aufgabe ihre Lösung:

Die Bedürfnisse der Selbstsucht und diejenigen der Selbstaufopferung miteinander in Einklang zu bringen, die in der Seele des zum Erwachen gelangten Menschen miteinander im Streite liegen.

Mein Gott liebt alle Menschen, und nur deshalb liebe ich die Menschen, weil ich Ihn liebe, und nur dann liebe ich Ihn in Wahrheit, wenn ich die Menschen liebe, weil Er die Menschen liebt und die ganze Welt.

Die Liebe zum Nächsten bietet, wie das auch im Briefe des Johannes gesagt ist, die Nachprüfung darauf, dass ich Gott kenne und liebe; dies aber, d. h. die Liebe zum Nächsten, schliesst keineswegs alles dasjenige in sich, was aus der Liebe zu unserm Gott hervorströmt.

Vieles, sehr vieles entströmt ihr, was geringer ist als die Liebe zum Nächsten, und auch vieles, sehr vieles, was höher steht als sie. Das Geringere ist sichtbar und begreiflich, das Höhere wird nur empfunden, wenn es auch nicht klar ausgedrückt werden kann.

Das Geringere ist die Ehrung unseres Gottes, die Achtung vor Ihm, die Wahrung der inneren Reinheit, die Beobachtung der Gerechtigkeit in Hinsicht auf den Nächsten (dass man nichts Böses tut), sein Offenbaren (ja, wir sollen unser Licht leuchten lassen), die Anerkennung ganz des gleichen Gottes in den anderen, und vieles andere, was aus dem Bewusstsein der eigenen Göttlichkeit entspringt.

Das, was höher steht als die Liebe zum Nächsten, ist jene Folgerung aus der Liebe zum eigenen Gott, die hier nicht zum Ausdruck gelangt in der Liebe zum Nächsten, sich aber dort ausdrücken muss, jenseits der Grenzen meines geistigen Gesichtsfeldes. Der Mensch, der einzig und allein um der Liebe zu seinem Gotte willen spurlos verloren ging, der seinen Gott kennt und liebt, er weiss, dass diese Liebe die einzig wahre Wirklichkeit ist – und wenn er darum auch gar nicht die Folgen der Wirkung dieser Wirklichkeit sehen würde, kann er auch dann nicht an dieser Wirkung zweifeln, – obgleich sie jenseits der Grenzen seines geistigen Gesichtsfeldes liegt.

Ich zweifle daran nicht. Das ganze Johannes-Evangelium handelt hiervon, davon, was gesagt ward (Kap. 6, Vers 38, 39, 40): „Meine Tat möge den Willen des Vaters verwirklichen, der Wille des Vaters beruht aber darin, dass ich nichts von dem verloren gehen lassen soll, was Er mir gab, dass ich vielmehr auferstehen lassen soll diese in uns gelegte göttliche Grundlage!“ Das gleiche ist gesagt in dem Gleichnis von den Talenten, und diese Bestimmung des Sinnes des Lebens, die darin besteht, dass man den Willen des Vaters erfüllt, nämlich den Willen: In sich selber jenen Funken Gottes zu pflegen, zu mehren und erstehen zu lassen, der in mich gelegt ward, – oder mit andern Worten darin, seinen Gott zu lieben mit ganzem Herzen, mit ganzer Seele und mit aller Vernunft – diese Bestimmung des Sinnes des Lebens ist die allerweiteste und dabei für mich wenigstens die deutlichste und erfreulichste.

Der Unterschied zwischen dieser Anschauung und der früheren beruht für mich darin, dass die Aufrichtung des Reiches Gottes auf der Erde durch die Liebe zum Nächsten, die mir vordem fast wie ein Ziel vorkam, mir jetzt nur noch vorkommt wie eine aus der endlosen

Reihe von Folgerungen, die sich aus der Liebe zu unserem Gott ergeben.

Diese Folgerungen in Hinsicht auf die Errichtung des Gottesreiches sind offenbar und uns gegeben als Nachprüfung und Richtschnur, gleichsam wie ein Kompass, aber durchaus nicht als Endziel.

Das ist ganz so, wie wenn ein Seefahrer sagen würde, sein Ziel sei, in ein bekanntes oder unbekanntes Land zu gelangen; ich würde sagen: Sein Ziel beruht darin, dass während der ganzen Zeit seiner Fahrt der Zeiger des Kompasses in einem ganz bestimmten Winkel zur Richtung nach Norden steht.

Meinem Gott sind zwar unbedingt diejenigen Bedingungen nötig, unter denen das Reich Gottes eintritt, aber diese Folgerungen aus der Liebe sind bei weitem nicht ausreichend für Ihn. Sie bilden nur einen unendlich kleinen Teil derjenigen Folgerungen, die (wenn man im zeitlichen Sinne spricht) aus ihr hervorströmen.

8.
Vom Glauben

In unserem Dorfe lebte eine Frau, die sich durch liederlichen Lebenswandel auszeichnete, und ungeachtet dessen, dass ihr Mann sie sehr grausam prügelte, solange sie jung war, sich stets von neuem ihrem Laster hingab. Ausserdem war sie auch noch unehrlich, eine Diebin, überhaupt galt sie für ein sehr schlechtes, völlig verlorenes Weib. Einstmals nun, in der Nacht, schon längst seitdem diese Frau aufhörte, „Matroschka" zu sein, vielmehr „die Greisin Matrena" geworden war, kam ich in der Nacht durch das Dorf und an Matrenas Hütte vorüber. Nirgends brannte mehr Licht, nur in dem Hause, wo sie wohnte, und wo ich vorübergehen musste (das war im Winter), leuchtete ein Feuer. Ich blickte durchs Fenster und sah Matrena auf Knien vor den Heiligenbildern liegen. Sie bekreuzte sich und verneigte sich immer wieder bis zur Erde. In der Hütte war es ganz still; offenbar schliefen bereits alle. Ich blieb stehen, schaute hin und ging dann weiter. Als ich dann zurückkehrte und wieder in das Fenster blickte, lag Matrena immer noch ebenso auf den Knien, bekreuzte sich, erhob den Kopf zu den Heiligenbildern und fiel wiederum zur Erde nieder.

Worum sie eigentlich betete, weiss ich nicht, ich brauche das aber auch gar nicht zu wissen. Eines weiss ich nur: ich möchte sowohl für mich selber wie auch für die Dame, die mir schrieb, und ebenso für jenen Geistlichen, für Sie und für alle Menschen so beten, wie Matrena betete. Deshalb wünsche ich auch, alle möchten so beten können, weil dieses Gebet einem von nichts berührtem, keinerlei Erklärungen und Rechtfertigungen bedürfendem wahren Glauben entsprang, an den Ursprung von allem, an Gott, an das eigene Gebundensein an Ihn, und die Abhängigkeit von Ihm. Und deshalb würde ich es für das grösste Verbrechen halben, dieses Weib ihres Glaubens zu berauben. Ja, und das wäre auch ganz unmöglich: Kein Weiser der Welt vermöchte Matrena von der Wahrheit ihrer religiösen Vorstellungen abzubringen, mag auch die Form ihres Ausdrucks uns fremd sein. Matrena betete wahrscheinlich zur himmlischen Gottesmutter, und sah in ihr eine wirkliche Königin und in dem Himmel den wirklichen Himmel, in dem Gott, der himmlische Vater, sitzt, oder irgend etwas dergleichen, und dieser Glaube gab ihr in Wahrheit Beruhigung und seelisches Wohlbefinden, weil durch ihn ihre Seele in Beziehung trat zu dem Urgrund von allem, was es gibt, zu Gott.

9.
Bekenntnis zum Glauben

Ich erhielt Ihren Brief, mein lieber Bruder J. J., und las ihn in freudiger Rührung. Er ist ganz durchdrungen von einer wahrhaft christlichen Empfindung der Liebe, und deshalb war er mir besonders teuer.

Von mir selber möchte ich nur folgendes sagen: In einem arabischen Gedicht findet sich folgende Legende: Bei seiner Wanderung in der Wüste näherte sich Moses einstmals einer Herde und vernahm, wie der Hirt zu Gott betete. Und das war des Hirten Gebet: „O mein Gott! Wie kann ich nur zu dir hingelangen, wie kann ich nur dein Sklave werden? Mit welcher Freude würde ich dir die

Schuhe anziehen, würde ich dir die Füsse waschen, sie küssen, würde ich dir die Haare kämmen, würde ich dein Gewand waschen, deine ganze Wohnung aufräumen, und dir Milch bringen von meiner Herde. Nach dir verlangt mein Herz!" Als Moses diese Worte vernahm, ward er zornig auf den Hirten und sprach: „Du Gotteslästerer, Gott ist körperlos, er hat weder Kleidung nötig, noch eine Wohnung, noch Gesinde. Du sprichst Böses!" Und das Herz des Hirten umdüsterte sich. Er war nicht imstande, sich ein Wesen vorzustellen ohne körperliche Form und ohne körperliche Bedürfnisse, und er vermochte nicht mehr zu Gott zu beten und ihm zu dienen, und dadurch verfiel er in Verzweiflung. Da sprach Gott zu Moses: „Weshalb hast du mir meinen treuen Knecht abspenstig gemacht? Jeder Mensch hat seinen Körper und auch seine Art zu reden. Was für dich nicht schön ist, das ist für einen anderen gut. Was für dich Gift bedeutet, ist für einen anderen süsser Honig. Die Worte haben gar nichts zu sagen. Ich sehe das Herz dessen, der sich an mich wendet!"

Diese Legende gefällt mir ausserordentlich, und ich möchte Sie bitten, auf mich ganz ebenso hinzuschauen, wie auf jenen Hirten. Ich selber blicke genau so auf mich hin. Alle unsere menschlichen Vorstellungen von Ihm werden stets unvollkommen sein. Ich schmeichle mir indes mit der Hoffnung, mein Herz sei ebenso wie dasjenige jenes Hirten, und deshalb fürchte ich das zu verlieren, was ich besitze, und was mir völlige Seelenruhe und volles Glück gewährt.

Sie sagen mir, ich möchte mich wieder mit der Kirche vereinigen. Ich glaube, ich irre mich nicht, wenn ich annehme, dass ich mich niemals von ihr trennte – d. h. nicht von irgend einer einzelnen jener Kirchen, welche die Menschen voneinander scheiden, vielmehr von jener Kirche, die stets alle, alle Menschen vereinigte und noch vereinigt, die aufrichtig Gott suchen, angefangen von jenem Hirten, bis zu Buddha, Laotse, Konfuzius, die Brahmanen, Christus, und vielen, vielen anderen Menschen. Von dieser die ganze Welt umfassenden Kirche habe ich mich niemals getrennt, und ich fürchte nichts mehr auf der Welt, als mich von ihr zu trennen.

Ich danke Ihnen sehr für Ihren liebevollen Brief und drücke Ihnen brüderlich die Hand.

Leo Tolstoi.

10.
Bekenntnis zur christlichen Liebe

Meine liebe, mir im Geiste nahestehende und darum in Wahrheit geliebte Schwester Marja Michailowna! Ich las Ihren Brief meiner Schwester vor und war gerührt über Ihre freundliche Gesinnung für mich. Aber verzeihen Sie mir, liebe Marja Michailowna, mich hat in Ihrem Brief das betrübt, was entgegengesetzt ist sowohl meinem Geiste wie Ihrem Leben und dem, was teurer ist als alles auf der Welt, sowohl für mich, wie für Sie: nämlich eine selbstverständlich Ihrerseits unbeabsichtigte, aber gleichwohl mir schmerzhafte Verletzung der Liebe. Aus Ihrem Briefe ersehe ich, wie übrigens aus vielen Briefen, die ich von guten, religiösen, rechtgläubigen Menschen erhalte, ein Bedauern über jene Verwirrung, jenes Nichtwissen der Wahrheit, in dem ich mich befinden soll. Und gerade dies ist mir schmerzlich. Sie wissen doch: das, woran der Mensch glaubt, wodurch er lebt, ist für ihn, wie Sie selber sehr gut wissen, teurer als alles andere, teurer als Mutter, Gattin, Kinder, teurer als man sich selber ist. Und da sagen Menschen, die anders glauben als der, an den sie sich wenden, ihm gerade heraus oder geben ihm wenigstens zu verstehen, dass er – in der Lüge ist, sie hingegen – in der Wahrheit. Eine empfindlichere Beleidigung kann man doch niemandem antun. Ich möchte wenigstens, was mich anbetrifft, mich offen aussprechen in meiner Beziehung zur Rechtgläubigkeit. Ich war ein leichtsinniger, nichtsnutziger und an gar nichts glaubender Mensch. Es kam aber die Zeit, da fühlte ich unausweichlich die Notwendigkeit zu glauben, und ich bekannte mich zu dem Glauben der Rechtgläubigkeit, in dem ich geboren und erzogen worden war. Ich nahm ihn von ganzem Herzen, mit allen Kräften meiner Seele auf und bemühte mich, mich auf jede Weise in ihm zu bestärken, ich erfüllte alle seine Forderungen, ich erforschte seine Lehre. Aber ach, während ich in der Lehre Christi stets Antworten fand auf alle Fragen meiner Seele, fand ich sie nicht in dem, was kirchlicher Glaube genannt wird. Nicht genug, dass ich sie dort nicht fand, was ich dort fand, hinderte mich vielmehr daran, mich völlig der Lehre Christi hinzugeben, die er doch selber so bestimmt, und zusammenfassend in der Antwort an den Pharisäer kundgab, das ganze Gesetz bestehe in dem einen Gebot der Liebe zu Gott und dem Nächsten. Liebe

Marja Michailowna, ich sage ja gar nicht, ich allein sei in der Wahrheit, und alle diejenigen, die anders glaubten, seien im Irrtum befangen, ich bitte aber auch alle anderen, sich zu mir in ganz der gleichen Weise zu verhalten. Weder aus Leichtsinn noch aus Eitelkeit trennte ich mich von der Rechtgläubigkeit, vielmehr mit Schmerzen und Leiden. Ich trennte mich von ihr deshalb, weil ich nicht anders konnte. Die Grundlage meines Glaubens – liegt in denjenigen Versen des Briefes des Johannes, die ich in Abschrift beilege. Die äusseren Offenbarungen meines Glaubens beruhen aber ganz in dem Einen – in dem Bestreben Liebe zu erweisen: in Taten, Worten und Gedanken – wie ich das ausdrückte in dem gleichfalls beiliegenden kurzen Gebet. Ich sage gar nicht, der Glaube an die Göttlichkeit Christi, daran, dass er unsere Sünden gesühnt habe, an die Sakramente usw., sei unrichtig oder ein Irrtum, ich weiss nur das eine, dass das alles mir ganz unnötig ist, wenn ich das eine Gebot der Liebe kenne: als die einzige Forderung des Gesetzes Gottes, und alle Kräfte meiner Seele darauf verwende, es zu erfüllen. Ich glaube fest an die Wahrheit dieses Gebotes erstens deshalb, weil sie im Einklang steht, nicht nur mit meiner Vernunft, vielmehr auch mit der Vernunft der Weisen und heiligen Leute der ganzen Welt: Der Brahmanen, Buddhas, des Konfuzius, Laotse, und anderer, aber ebenso auch aller, aller einfachen Leute auf der Welt, die stets einverstanden sind mit diesem Gebot und dem Gesetz der Liebe.

Das ist das erste. Zweitens aber deshalb, weil die Erfüllung dieses Gebotes den Menschen das höchste Heil gewährt, und drittens und vor allem deshalb, weil die Erfahrung des Lebens mir beweist, dass, sobald ich nur mit allen Kräften meiner Seele bemüht bin, dieses Gebot zu erfüllen. Ich fühle, wie es gesagt ist im Briefe Johannes, dass Gott in mir ist, und ich in ihm, und dass, wenn ich die Menschen mit christlicher Liebe liebe, ich nicht nur frei werde von aller Unruhe, allen Sorgen und allen Leiden meiner Seele, vielmehr volle Seligkeit empfinde, die auch nicht mehr, wie das früher war, durch den Gedanken an den Tod beeinträchtigt wird. Im Gegenteil, der Tod wird zu einem gewünschten Heil, dem ich mich ruhig und freudig annähere. Ich bin doch sicherlich nicht schuld daran, dass für mich die Erfüllung der Lehre Christi nur dann möglich ist, wenn ich die Forderung der Liebe als das einzige, allereinzigste [sic] Gesetz gelten lasse.

Es ist sehr möglich, dass andere hierbei auch noch andere Glaubensinhalte nötig haben, mich würden sie aber nur hindern, und deshalb lasst uns gegenseitig Achtung haben vor unserm Glauben, und vor allem lasst uns einander lieben, was mir in Hinsicht auf Sie sehr leicht fällt. Ja, das Gegenteil wäre mir unmöglich.

So leben Sie denn wohl, meine liebe Marja Michailowna. Ihr Sie aufrichtig liebender Leo Tolstoi.

11.
Vom Reiche Gottes

Gegen Schluss Ihres Briefes schreiben Sie: „Entweder darf man hieran überhaupt nicht denken, oder man muss seine Sache tun und am Übel keinen Anteil nehmen. Amen." Ganz dasselbe glaube ich nicht nur, ich bin vielmehr davon ganz ebenso überzeugt, wie davon, dass ich lebe. Ich füge nur das Eine hinzu: dass es für Menschen, die zum Leben erwacht sind, ganz unmöglich ist, nicht an das Reich Gottes zu denken, es nicht herbeizuwünschen und nicht nach ihm zu streben. Die Sache ist nur die: zum Erreichen dieses Gottesreiches gibt es nur ein, freilich sehr mächtiges Mittel, das gleiche, von dem Sie sprechen: Die persönliche Aufgabe zunächst um sich herum zu verrichten in der Lage, in der man sich gerade befindet, wenn man nur in ihr verharren kann, ohne am Übel Anteil zu nehmen. Hiermit antworte ich, oder besser gesagt, Sie selber, auf Ihren Vorschlag, Ihre Lebensweise auf äussere Art zu verändern. Ich würde Ihnen eher raten, an sich selber zu arbeiten, während Sie in den bisherigen Verhältnissen verbleiben. Vor allem möchte ich Ihnen raten, nur das zu tun, was Gott und Ihr Gewissen von Ihnen verlangen, und das völlig unabhängig von dem Urteil der Menschen. Leo Tolstoi.

12.
Die politischen Pflichten

Man kann einen Menschen verschicken und ins Gefängnis werfen deshalb, weil er eine Bombe anfertigte oder sogar einen Aufruf an die Arbeiter drucken läßt, und man kann das Komitee für Volksaufklärung einem anderen Ministerium unterstellen oder das Parlament schließen, – was kann aber die Regierung mit einem Menschen anfangen, der gar nicht öffentlich lügen will, indem er die Hand aufhebt, oder der seine Kinder nicht in eine Anstalt zu geben gewillt ist, die er für schlecht hält, oder der gar nicht lernen will, wie man Menschen mordet, oder durchaus nicht den Wunsch hat, mitzumachen bei Götzenverehrung, oder teilzunehmen … bei Empfängen und an Adressen, oder der ganz einfach spricht und schreibt, was er glaubt und fühlt? Wenn die Regierung einen solchen Menschen verfolgt, macht sie aus ihm einen Märtyrer, der allgemeines Mitgefühl erregt, und untergräbt selber die Stützen, auf denen sie sich hält, und indem sie so verfährt, verletzt sie selber die Menschenrechte, statt sie zu verteidigen.

Es brauchten nur alle die guten, aufgeklärten und ehrbaren Menschen, deren Kräfte jetzt ihnen selber und ihrer Sache zum Schaden, verloren gehen: in revolutionärer, sozialistischer und liberaler Betätigung, anzufangen, so zu verfahren – so würde sich ein fester Kern ehrbarer, aufgeklärter, sittlicher Menschen bilden, der zusammengehalten wäre durch einen Gedanken und ein Gefühl, und an diesen Kern würde sich sogleich die ganze stets schwankende Masse mittelmäßiger Menschen anschließen, und es würde jene einzige Kraft in Wirkung treten, welche die Regierungen unterwirft – die öffentliche Meinung, welche Freiheit des Wortes, Freiheit des Gewissens, Gerechtigkeit und Menschlichkeit verlangt; sobald sich aber eine öffentliche Meinung in diesem Sinne bilden würde, wäre es nicht nur unmöglich, das Komitee für Volksbildung zu schließen, vielmehr ganz von selber würden alle diejenigen unmenschlichen Einrichtungen schwinden: wie der verstärkte Schutz, die Geheimpolizei, die Zensur, Schlüsselburg und der Synod, gegen welche jetzt Revolutionäre und Liberale ankämpfen.

Da demnach zum Kampfe mit der Regierung zwei Mittel erprobt wurden, und beide sich als unwirksam erwiesen, bleibt jetzt nichts anderes, als das dritte, letzte Mittel zu erproben, das noch nicht ausprobiert wurde, und das meiner Meinung nach unbedingt wirksam sein muß. Dieses Mittel besteht, kurz ausgedrückt, darin, daß alle aufgeklärten und ehrenhaften Menschen sich bemühen, so gut als möglich zu sein und sogar nicht einmal in allen Beziehungen, vielmehr nur in einer einzigen, nämlich darin, eine von den elementarsten Tugenden zu beobachten – ehrenhaft zu sein, nicht zu lügen, vielmehr so zu handeln und zu sprechen, daß die Beweggründe, die sie leiten, ihrem siebenjährigen liebenden Sohne verständlich wären, nämlich so zu handeln, daß dieser Sohn nicht sagen würde: „Weshalb denn, Väterchen, hast du damals so gesprochen, während du jetzt ganz anders handelst und sprichst?" Dieses Mittel scheint sehr schwach zu sein, dabei bin ich aber überzeugt, daß einzig und allein es die Menschheit vorwärts bewegte, solange sie lebt. Nur deshalb, weil es aufrechte, gerechte, männliche und vor niemanden bei der Wahrung ihrer menschlichen Würde zurückweichende Männer gab, vollzogen sich alle diejenigen Umwälzungen, aus denen die Menschheit jetzt Nutzen zieht, – von der Abschaffung der Folter und der Sklaverei bis zur Freiheit des Wortes und des Gewissens. Und dies kann auch gar nicht anders sein, weil dasjenige, was von dem Gewissen verlangt wird, diejenigen Wahrheiten, die dem Menschen zugänglich sind durch sein höchstes Erfühlen, stets und in allen Beziehungen die furchtbarste und im gegebenen Augenblick der Menschheit auch nötigste Tätigkeit ausmachen. Nur ein Mensch, der in Einklang lebt mit seinem Gewissen, vermag auf seine Mitmenschen Einfluß auszuüben, und nur eine Tätigkeit, die im Einklang steht mit dem Gewissen, kann Nutzen bringen.

Ich muss aber eine Einschränkung machen: Dass, zum Erreichen derjenigen Ziele, nach denen sowohl Revolutionäre wie Liberale hinstreben, das allerwirksamste Mittel eine Tätigkeit ist, die im Einklang steht mit dem Gewissen, bedeutet noch durchaus nicht, dass man zum Erreichen dieser Ziele damit beginnen könnte, seinem Gewissen entsprechend zu leben: Absichtlich in Einklang mit seinem Gewissen zu leben, um irgendwelche äusseren Ziele zu erreichen, – geht gar nicht an.

In Einklang leben mit seinem Gewissen kann man nur, wenn man feste und klare religiöse Überzeugungen hat. Sind die aber vorhanden, so erweisen sich ihre wohltätigen Folgen unabweisbar auch im äussern Leben. Und deshalb besteht das Wesentliche dessen, was ich Ihnen sagen wollte, darin: es sei unvorteilhaft für gute und aufrichtige Menschen, die Kräfte ihres Verstandes und ihrer Seele dazu zu vergeuden, kleinlichen praktischen Zielen nachzujagen, wie z. B. im Kampfe der verschiedenen Völkerschaften, der Parteien, bei liberalen Erpressungen, wenn sich noch keine klare und feste religiöse Überzeugung gebildet hat, d. h. noch kein Bewusstsein des Sinnes des eigenen Lebens und der eigenen Berufung. Ich glaube, gute Menschen müssen alle Kräfte der Seele und der Vernunft, die der Menschheit dienen wollen, hierauf richten. Und wenn dies erreicht sein wird, dann wird auch alles Übrige ganz von selber eintreten.

13.
Das Unrecht der Revolution

Durch langjährige und schwere Erfahrung bin ich zu der Überzeugung gelangt, dass es zwecklos ist, sich in einen Streit einzulassen mit Menschen, die das nicht sehen, was sie gar nicht nicht sehen können, weil solche Menschen in ihrem Urteilen nicht geleitet werden von dem Suchen nach Wahrheit, vielmehr von dem Wunsche, ihre Lage, ihre Vergangenheit und ihre Gegenwart zu verteidigen. Mit solchen Menschen sich in einen Wortstreit einzulassen, ist ganz ebenso, als wenn man einem Baumeister, der ein Haus errichtete, in diesen Bau seinen ganzen Stolz und sein ganzes Leben hineinlegte, dabei fand, dass die Winkel seines Hauses nicht rechte Winkel sind, und nunmehr dieses nicht wissen und sehen will, – als wenn man einem solchen Baumeister beweisen wollte, dass ein rechter Winkel der halbe Winkel ist auf einer Seite einer geraden Linie.

Er hat es nötig, dass der Winkel, den er baute, indem er ihn für einen rechten hielt, auch ein rechter Winkel sei, und deshalb will er, sonst ein gescheiter und ernster Mann, die Eigenschaften des rechten Winkels nicht einsehen und kann das auch gar nicht. Ganz das gleiche gilt von denjenigen Entgegnungen, die ich ständig zu hören bekomme gegen eine ebenso zweifellose und offenbare sittliche Wahrheit – dass man sich der Gewalt nicht durch Gewalt widersetzen soll – aus den zwei einander feindlichen Lagern: Demjenigen der Regierung, der Konservativen, und demjenigen der Revolutionäre.

Die eine Seite begann einen stumpfen Winkel zu bauen, die andere auf diesen selben Winkel einen spitzen zu setzen. Beide Seiten zürnen einander, aber noch viel mehr dem Winkelmesser, der ihnen beweist, dass alle beide unrecht haben. Sie verteidigen entgegen der Offensichtlichkeit und gegen sich selber den Winkel, den sie aufführten und der nicht mit dem rechten Winkel übereinstimmt, den sie sehr wohl kennen. Und deshalb werde ich Ihnen gar nicht das beweisen, was Sie ebenso gut wissen wie ich; ich bitte Sie nur, auf eine kurze Weile einmal daran zu zweifeln, als sei alles, was Sie taten, ganz das gleiche wie das, was man tun müsste, und als sei dasjenige, was Sie die Absicht haben zu tun, dasjenige, was man tun soll, – und von diesem abstrakten Gesichtspunkt aus wenigstens die Beweisgründe Ihres Tuns zu untersuchen, und ebenso ihr klares, direktes Ziel.

Ihre Beweggründe kommen darauf hinaus, dass der Mensch im Namen der Liebe zu den Menschen Menschen töten dürfe und solle, weil es nämlich irgendwelche – für mich geheimnisvolle und durchaus unverständliche – Erwägungen geben soll, in deren Namen die Menschen stets einander töteten – ganz die gleichen, nach denen Kaiphas fand, es sei vorteilhafter, Christus allein zu töten, als ein ganzes Volk ins Verderben zu stürzen. Der Zweck aller dieser Beweisgründe ist einzig und allein die Rechtfertigung des Mordes. Sie scheinen sogar darüber unwillig zu sein, dass es Leute gibt, die behaupten, man dürfe niemals morden, – ganz ebenso, wie ich Leuten begegnet bin, die auf diejenigen unwillig waren, die behaupten, man dürfe Frauen und Kinder nicht schlagen.

Die Menschheit lebt, das sittliche Bewusstsein wächst in ihr, und sie gelangt anfangs dazu, dass sie die sittliche Unmöglichkeit erkennt, die eigenen Eltern aufzuessen, dann überflüssige Kinder zu töten, dann Gefangene zu töten, dann Sklaven zu halten, dann durch Prügel die Familienangehörigen in Gehorsam zu halten und dann – und das ist einer von den Hauptgewinnen der Menschheit – die Unmöglichkeit, durch Mord und überhaupt durch Gewalt ihr allgemeines Heil zu erlangen. Es gibt Menschen, die bereits zu dieser Stufe sittlicher Erkenntnis gereift sind; andere gelangten noch nicht dahin.

Hierüber zu streiten und einer dem andern Beweise vorzubringen hat gar keinen Zweck. Wie überzeugend man mir auch beweisen würde: Ich würde für meine Kinder und für die ganze Menschheit ein grösseres Heil dadurch erreichen, wenn ich meinem Sohn mit der Rute meine Lehren einbläue, ich kann das durchaus nicht tun, ganz ebenso, wie ich ausserstande bin, jemanden zu töten. Ich weiss nur das eine: Ebensowenig, wie ich imstande bin zu raufen und meine Kinder zu schlagen, vermag ich zu morden. Darüber zu streiten hat gar keinen Zweck. Eines nur kann ich sagen: Dass diejenigen, welche die Gewalt und besonders den Mord verteidigen wollen, gar kein Recht haben, von der Liebe zu sprechen, ebensowenig wie Menschen, die beweisen wollen, der spitze Winkel ihres Bauwerks – sei ein rechter, ein Recht haben, von der Senkrechtheit der Seiten zu sprechen, weil, wenn sie das behaupten, sie sich selber widersprechen. Will man schon von der Liebe sprechen, so werden keinerlei Beispiele von Räubern die Notwendigkeit der Ermordung eines Mitmenschen zu beweisen imstande sein, vielmehr zu der einfachsten und unabweisbaren Schlussfolge aus der Liebe führen – die darin besteht, dass der Mensch den Mitmenschen durch seinen Körper schützen, dass er sein Leben für ihn hingeben soll, doch niemals einem andern das Leben nehmen darf.

Ich wollte eigentlich gar keine Beweise vorbringen, es kommt mir aber so vor, als beginne ich bereits zu beweisen. Mag dem so sein. Ihr Brief interessierte mich nicht nur, er rührte mich auch: Unter der dicken Rinde (verzeihen Sie mir) Ihrer abergläubischen Anschauungen erkannte ich einen ernsthaften Geist und ein gutes Herz, und ich wollte Ihnen in brüderlicher Weise die Lebensauffassung mitteilen, die mir Heil gewährt.

Sie sagen sehr schön, das Grundgebot sei das Gebot der Liebe, Sie sagen aber durchaus mit Unrecht, alle Einzelgebote könnten es verletzen. Sie verwechseln dabei irrtümlicherweise zwei verschiedene Dinge: Das Gebot – nicht Schweinefleisch zu essen und beispielsweise das Gebot – nicht zu töten. Das erstere braucht nicht in Übereinstimmung zu stehen mit der Liebe, weil sein Gegenstand nichts mit ihr zu tun hat. Das zweite Gebot hingegen ist nur der Ausdruck für den Grad des Bewusstseins, welchen die Menschheit in der Bestimmung der Liebe erlangte. Liebe ist ein sehr gefährliches Wort. Sie wissen, dass im Namen der Liebe die schlechtesten Taten in der Familie vollbracht werden, im Namen der Liebe zum Vaterland – noch schlechtere, im Namen der Liebe zur Menschheit aber – die allerentsetzlichsten Scheusslichkeiten! Dass die Liebe allein dem Menschenleben Sinn gibt, ist längst bekannt. Worin besteht aber die Liebe? Diese Frage wird immer wieder von neuem gelöst durch die Weisheit der Menschheit und zwar stets auf verneinendem Wege: Es wird erwiesen, dass dasjenige, was mit Unrecht Liebe genannt wird und unter der Bezeichnung Liebe bekannt war, gar nicht Liebe ist. Die Menschen zu töten – ist nicht Liebe, sie zu quälen, sie zu schlagen, in wessen Namen das auch geschehen mag, die einen den andern vorzuziehen – ist gleichfalls nicht Liebe. Das Gebot „sich der Gewalt nicht mit Gewalt zu widersetzen" weist nur auf die Grenze hin, auf der die Tätigkeit der Liebe ein Ende nimmt. In ihr kann man aber nur vorwärts schreiten, keineswegs rückwärts, wie Sie das wollen.

Dabei kommt doch etwas ganz Erstaunliches heraus: Sie, ein Mensch, der anerkennt, dass der Sinn des Lebens darin besteht, dass man den andern dient im Namen der Liebe, Sie sind darüber unwillig, dass Ihnen ein zuverlässiger und zweifelloser Weg gewiesen ward für ein solches Dienen, – das ist ganz ebenso, wie wenn ein Mensch darüber ärgerlich werden sollte, dass ihm zwischen Sandbänken und Klippen ein zuverlässiger Weg zum Schwimmen angegeben ward. „Wozu diese Hemmung? Es kann doch sein, dass ich es nötig habe, mich auf einer Untiefe niederzulassen!" Sagen Sie nicht ganz das gleiche, wenn Sie sich darüber empören, dass man einen selber Mord verübenden, vorgestellten Räuber nicht töten dürfe. „Nun, aber wenn es anders nicht möglich ist?" Nun, aber wenn es anders nicht möglich ist, als sich auf einer Klippe auszuruhen? Vielleicht werde ich mich auch dort niederlassen. Ich kann aber daher nicht umhin, mich darüber zu freuen, dass ich einen Weg habe, und ich kann gar nicht anders, als mit allen Kräften der Seele danach zu streben, auf ihm vorwärts zu schreiten.

Sie führen zum Vergleich an, der Grundsatz „der Gewalt sich nicht mit Gewalt zu widersetzen", sei ganz so, wie der Grundsatz, Kinder nicht zum Fenster hinauszuwerfen: Es könne doch der Fall eintreten, dass dies nötig sei, und hieraus ziehen Sie dann den Schluss, die Behauptung, man dürfe Kinder nicht aus dem Fenster herauswerfen, sei unrichtig. Aber das richtet sich doch unmittelbar gegen Sie selber! Diese Behauptung ist durchaus richtig und unabweisbar. Darauf zu bestehen, man dürfe nicht verbieten, Kinder zum Fenster hinauszuwerfen, weil, im Falle einer Feuersbrunst, dies notwendig sein könnte, darauf zu bestehen, vermag doch nur derjenige, der es überhaupt nötig hat, Kinder zu quälen, derjenige, der sich mit einer solchen Tätigkeit befasst, bei der er immer wieder auf diese Notwendigkeit stösst. Verzeihen Sie mir, das stimmt aber auch gerade in Ihrem Falle. Und das ist eben entsetzlich! Sie, zweifellos ein gescheiter Mensch, Sie handeln unmittelbar gegen den gesunden Menschenverstand, und Sie, zweifellos ein guter und der Selbstaufopferung fähiger Mensch, Sie bestehen auf der Gewalt und auf dem Mord!

Die Gewalt und der Mord empörten Sie, und Sie liessen sich von einer natürlichen Empfindung hinreissen: Nehmen wir an, Sie begannen der Vergewaltigung und dem Morden mit ganz dem Gleichen entgegen zu arbeiten. Eine solche Tätigkeit, ob sie gleich dem Tierischen nahesteht und unvernünftig ist, hat nichts Sinnloses und Widerspruchsvolles in sich; sobald aber nur die Regierungen oder die Revolutionäre eine solche Tätigkeit mit vernünftigen Beweisgründen rechtfertigen wollen – dann offenbart sich eine entsetzenerregende Sinnlosigkeit, und ein ganzes Sophismengewebe erweist sich da als notwendig, damit nicht die ganze Sinnlosigkeit eines solchen Versuchs vor aller Augen liege. Derartige Rechtfertigungen gründen sich stets auf der Annahme jenes vorgestellten Räubers, der gar nichts Menschliches mehr an sich hat, der Unschuldige tötet und quält, und gerade dieses vorgestellte Ungetüm, das gleichsam ständig damit beschäftigt ist, Unschuldige zu ermorden, dient auch zur Grundlage für die Beweise aller Anhänger der Gewalt für ihre Unabweisbarkeit. Ein solcher Räuber ist aber doch der seltenste und sogar völlig unmögliche Ausnahmefall. Viele Menschen können hundert Jahre leben, wie ich 60 verlebte, ohne irgendwann jenem angenommenen Räuber bei der Vornahme seines Verbrechens begegnet zu sein. Wozu werde ich dann die Richtschnur meines Lebens auf dieser in der Luft schwebenden Vorstellung gründen?

Wenn wir indes vom wirklichen Leben ausgehen und nicht von einer Fiktion, so erschauen wir etwas ganz anderes: Wir sehen, dass die Menschen und sogar wir selber die grausamsten Taten erstens einmal nicht einzeln verrichten, wie jener vorgestellte Räuber, vielmehr stets in Vereinigung mit andern Menschen, – und auch nicht deshalb, weil wir wilde Tiere sind, die gar nichts Menschliches mehr an sich haben, vielmehr deshalb, weil wir in Irrtümern und Verführungen befangen sind. Nicht nur das: Besinnen wir uns auf das wirkliche Leben, so sehen wir im Gegenteil, dass die grausamsten Taten wie Menschenschlachtereien, Dynamitattentate, Guillotinen, Galgen, Einzelhaft, persönliches Eigentum, Gerichte, Behörden und alle ihre Folgen, alle insgesamt durchaus nicht ausgehen von jenem vorgestellten Räuber, vielmehr von jenen Leuten, die ihre Lebensregeln auf der albernen Fiktion jenes vorgestellten, viehischen Räubers gründen. Demnach kann ein Mensch, der von dem tatsächlichen Leben ausgeht, gar nicht übersehen, dass die Ursache des Übels der Menschen durchaus nicht in jenem vorgestellten Räuber liegt, vielmehr in ihren eigenen Irrtümern und den Irrungen anderer Menschen, von denen eine der allergrausamsten gerade darin beruht, im Namen eines vorgestellten Übels tatsächliches Übel zu tun; und deshalb wird ein Mensch, der seine Tätigkeit gegen die Ursache des Übels richtet, auf die Ausrottung der Irrtümer in sich selber und in allen anderen, und der alle seine Kräfte dem widmet, eine so gewaltige und fruchtbare Tätigkeit vor sich sehen, dass er gar nicht mehr verstehen wird, wozu bei seiner Tätigkeit ihm auch noch die in der Luft schwebende Vorstellung jenes Räubers dienen soll, den er aller Wahrscheinlichkeit nach niemals antreffen wird. Wird er aber auf ihn stossen, so wird er auch in Hinsicht auf diesen Räuber aller Wahrscheinlichkeit nach etwas ganz anderes tun, wie derjenige, der sein ganzes Leben hindurch auf diesen Räuber erzürnt ist, ohne ihn jemals gesehen zu haben.

Nunmehr bitte ich Sie, mir zu verzeihen, wenn ich mich irgendwie allzu scharf ausdrückte, und sich zu bemühen, mich da zu verstehen, wo ich mich nicht deutlich ausdrückte, vor allem aber – zu glauben, dass ich zum Schreiben dieses Briefes nur einen Anlass hatte – Liebe zu Ihnen und Achtung vor Ihnen und den Wunsch, Ihnen nützlich zu sein.

14.
Der Irrtum des Sozialismus

Lieber Freund Iso-Abe!

Es hat mir die grösste Freude bereitet, Ihren Brief zu erhalten und die Zeitungen mit englischen Anmerkungen. Von Herzen danke ich Ihnen dafür. Obgleich ich niemals daran zweifelte, dass es in Japan nicht wenige wohlwollende, sittliche und religiöse Menschen gibt, die von Abneigung erfüllt sind gegen den augenblicklichen Krieg, war ich nichts destoweniger sehr froh darüber, die Bestätigung hiervon zu erhalten. Es gereicht mir zur höchsten Genugtuung, dass ich in Japan Kameraden und Mitarbeiter habe, zu denen ich in freundschaftliche Gemeinschaft treten kann. Da ich durchaus aufrichtig mit Ihnen sein möchte, wie mit jedem Freund, den ich aufrichtig achte, so muss ich bekennen, dass ich den Sozialismus nicht zu billigen vermag, und es mich betrübte, zu erfahren, dass der aufgeklärteste und gebildetste Teil Ihres so begabten und energischen Volkes diese äusserst schwache, betrügerische und falsche Theorie des Sozialismus aus Europa übernahm. Der Sozialismus hat zum Ziel, die niedrigste Seite der menschlichen Natur zu befriedigen – das Bedürfnis nach materiellem Heil. Aber sogar das vermag er nicht mit den Mitteln zu erreichen, die er predigt. Das wahre Heil der Menschheit – ihr geistiges und sittliches Heil schliesst auch das materielle Wohlbefinden in sich, und dieses höchste Ziel kann nur erreicht werden durch religiöse und sittliche Selbstvervollkommnung jeder Einzelpersönlichkeit, da ja die Völker und die ganze Menschheit aus solchen bestehen. Unter Religion verstehe ich den Glauben an ein und dasselbe Gesetz, das von Gott allen Menschen gegeben ward und sich im tätigen Leben äussert in der Liebe jedes Einzelnen zu allen andern und darin, dass man in Hinsicht auf den Nächsten sich so verhält, wie er wünscht, dass man sich zu ihm verhalte. Ich weiss, dass dieser Weg für weniger zweckdienlich gilt als der Sozialismus und andere derartige Theorien. Gleichwohl ist dies der einzige sichere Weg, und alle Anstrengungen, die wir machen, um fehlerhafte und unmögliche Theorien zu verwirklichen, gehen verloren für das Streben nach dem einzigen wahren Heil, sowohl für die ganze Menschheit, wie auch für jeden einzelnen Menschen. Verzeihen Sie mir die Keckheit, mit der ich Ihre Lehre kritisiere, und seien Sie überzeugt von der Aufrichtigkeit meiner Freundschaft. Jede Nachricht von Ihnen wird mir Freude machen. Leo Tolstoi.

15.
Die Sinnlosigkeit des Klassenhasses

Ich denke an jenen lieben, hochgewachsenen, hübschen Soldaten, der einstmals in mein niedriges Zimmer ganz oben in meinem Moskauer Hause eintrat, und mich in Staunen setzte durch die Tiefe und Aufrichtigkeit seiner Fragen. Damals beschäftigten Sie die Fragen Ihrer Seele, und demnach allgemein menschliche Fragen. Jetzt fürchte ich nicht nur, ich ersehe vielmehr aus Ihren Briefen, dass dem nicht mehr so ist. Das Hauptgefühl, das fast jedes Wort Ihres Briefes durchtränkt, ist das Gefühl – verzeihen Sie mir – des Neides und des daraus hervorgehenden Hasses gegen die wohlhabenden Klassen. Sie sagen z. B.: Meine Gedanken – d. h. nicht meine, vielmehr jene ewigen göttlichen Gedanken, die vielleicht durch mich hindurchgehen, – könnten überhaupt gar keinen Einfluss ausüben auf die Angehörigen der besitzenden Klassen, wodurch Sie gleichsam die Vermutung aussprechen: alle diese Menschen entbehrten die ursprünglichste menschliche Eigenschaft: den Drang nach Selbstvervollkommnung.

Man wird dabei wohl kaum innerhalb dieser, wie Sie selber wissen, meiner Ansicht nach verdorbenen Klasse auch nur einen einzigen Menschen finden, der sich zu irgend einem ganzen Stand von Menschen so verhalten würde, dass er in ihm auch gar nichts Gutes für möglich halten würde – und das tun Sie doch in Hinsicht auf die Angehörigen der besitzenden Klassen. Wie ein alter Mensch einem jungen Menschen, und wie ein Liebender demjenigen, den er liebt, so sage ich Ihnen: Schauen Sie in sich und denken Sie hierüber nach, mein lieber Michael Petrowitsch. Was den Seelenzustand eines Menschen anbetrifft, der einen ganzen Stand hasst, so muss ich Ihnen ganz offen sagen: Wäre mir die Wahl gelassen zwischen zwei Lagen: Sei es derjenigen, in der ich mich jetzt befinde, d. h. eines Lebens inmitten eines den Menschen verderbenden und ihm unerlaubten

Luxus, und würde ich ein solches Leben auch verurteilen, was ich ja auch tue, und was mir höchst begreiflicherweise viele Menschen nicht glauben, oder sogar des Lebens eines Menschen, der in dieser verdorbenen und verderbenden Umgebung von Reichen lebt, die bei jedem Schritt ihres Lebens die Arbeit geknechteter und unterdrückter Menschen ausbeuten, und der dies nicht empfindet, und sich harmlos vergnügt in diesen ihm gewohnten Lebensbedingungen oder dem Leben des arbeitsamsten Menschen, der nur solches Brot isst, das er selber erarbeitete, und nicht nur niemanden ausbeutet, vielmehr auch noch seine Arbeit anderen zur Nutzniessung schenkt, dabei aber erfüllt ist von Neid und Hass, der in ihm erweckt ward auch durch persönlichen Umgang mit denjenigen Menschen, die ihn unterdrücken – ich würde keinen Augenblick zögern, die erste Lage zu erwählen. Gut ist es, ausgebeutet zu werden, aber selber kein Ausbeuter zu sein, das ist dann gut, wenn es im Namen der demütigen Unterwürfigkeit an den Willen Gottes geschieht und der Liebe zu den Menschen; geschieht dies aber jenseits der Demut vor dem Willen Gottes – im Namen eines Hasses gegen die Menschen, der nur zurückgehalten wird durch die Unmöglichkeit, zur Tat zu werden, dann ist die Lage des Ausgebeuteten tausendmal schlimmer. Die ganze Sache liegt doch gar nicht in den äusseren Bedingungen, vielmehr in der seelischen Beziehung zu dieser oder jener Lebenslage. Am allerteuersten ist das liebevolle Verhalten zu allen, ohne jede Ausnahme, ein Seelenzustand, wie er uns überkommt, wenn wir Gott lieben, und gerade das wünsche ich Ihnen. Ich weiss, bei Ihrem grossen Verstande und Ihrem feurigen Herzen sind Sie durchaus imstande, mich zu begreifen, und deshalb trage ich keinerlei Bedenken, Ihnen dies alles zu schreiben.

16.
Die Berufung der Völker des Ostens

Die Menschen und die Gesellschaft befinden sich stets im Übergangszustand von einer Altersstufe zu einer anderen, es gibt aber Zeiten, da sind diese Übergänge sowohl für die Menschen, wie für ganze Gesellschaften besonders empfindlich und werden besonders lebhaft von ihnen erfasst. Ganz ebenso, wie es einem einzelnen Menschen geht, wenn er plötzlich fühlt, er könne nicht mehr ein kindisches Leben weiterführen – treten auch im Leben der Völker Perioden auf, wann die Gesellschaften schon nicht mehr imstande sind, ihr früheres Leben weiterzuführen, und das Bedürfnis empfinden, ihre Gewohnheiten, Einrichtungen und Betätigungen zu ändern. Eine solche Periode, einen Übergang von der Kindheit zum Mannesalter, erleben jetzt, so scheint mir, alle Völker, sowohl die östlichen, als auch die westlichen, sofern sie ein staatliches Leben führen. Dieser Übergang besteht in der Notwendigkeit, sich von der unerträglich gewordenen menschlichen Macht zu befreien, und das Leben auf anderen Grundlagen zu errichten als auf der Macht der Menschen.

Und dabei scheint mir: diese historische Tat ward gerade den östlichen Völkern durch das Schicksal zugewiesen.

Die östlichen Völker befinden sich in besonders günstigen Bedingungen hierfür. Sie haben noch nicht den Ackerbau aufgegeben, sie wurden noch nicht verdorben durch das parlamentarische, soldatische und industrielle Leben, und verloren auch noch nicht den Glauben an die Gültigkeit des höchsten Gesetzes des Himmels oder Gottes, sie stehen an jener Wegwende, von der die europäischen Völker schon längst auf jenen falschen Weg abbogen, von dem aus die Befreiung aus menschlicher Gewalt besonders schwierig ward.

Da demnach die östlichen Völker die ganze jammervolle Lage der Völker des Westens vor Augen haben, ist es für sie ganz natürlich, dass sie nicht den Versuch machen, sich von dem Übel der Menschengewalt auf jenem künstlichen, das Wesen der Sache verhüllendem Wege zu befreien (– die vermeintliche Beschränkung der Macht durch Volksvertretung, wodurch die Völker des Westens sich zu befreien versuchten), – dass sie vielmehr die Frage der Macht auf eine andere, gründlichere und einfachere Weise zu lösen versuchen, und diese Weise bietet sich ganz von selber solchen Menschen, die noch nicht den Glauben verloren an das höchste verpflichtende Gesetz des Himmels oder Gottes, an das Gesetz Tao. Dieses Mittel besteht nur darin, dass man dem Gesetz folgt, das die Möglichkeit eines Gehorsams menschlicher Gewalt gegenüber ausschliesst.

Wenn die Chinesen nur fortfahren würden, so zu leben, wie sie bisher lebten – als friedliches, arbeitsames, ackerbautreibendes

Volk, das in seinem Verhalten den Grundlagen seiner drei Religionen folgt: dem Konfuzianismus, dem Taotismus und dem Buddhismus, die alle drei in ihren Grundlagen auf die Befreiung von jeder menschlichen Gewalt herauskommen (der Konfuzianismus), darauf, dass man dem andern nicht das antun darf, wovon man nicht wünscht, dass er es einem selber antue (der Taotismus), dadurch, dass man sich selber verleugnet und in Demut und Liebe verharrt zu allen Menschen und zu allen Geschöpfen (der Buddhismus), – so werden ganz von selber alle diejenigen Übel verschwinden, an denen sie jetzt noch leiden, und keine Gewalten werden mehr Macht über sie haben.

Die Aufgabe, deren Erfüllung meiner Meinung nach heutzutage nicht nur China, vielmehr auch allen andern östlichen Völkern bevorsteht, beruht nicht nur darin, sich selber von denjenigen Übeln zu befreien, die sie von ihren Regierungen und von fremden Völkern zu erdulden haben, vielmehr darin, *allen Völkern den Ausweg zu zeigen aus der Übergangslage,* in der sie sich alle befinden.

Und einen andern Ausweg gibt es nicht und kann es gar nicht geben als: *dass man sich von aller Menschengewalt befreit und sich der Macht Gottes anvertraut.*

17.
Die Bedeutung der Handarbeit

Teurer Bruder … Sie fragen mich, weshalb mir die Handarbeit so vorkommt wie eine von den unerlässlichen Vorbedingungen wahren Glückes? Sie fragen mich, ob Sie auf die geistige Tätigkeit im Gebiete der Kunst und Wissenschaft verzichten müssten, die Ihnen unvereinbar scheinen mit Handarbeit? Auf diese Frage habe ich, soweit das in meinen Kräften stand, in dem Buche geantwortet, das den Titel führt: „Was sollen wir demnach tun ?“ Ich habe niemals in der Handarbeit einen grundlegenden Richtungssatz erblickt, vielmehr nur die einfachste und natürlichste Verwirklichung der sittlichen Grundlage, eine Verwirklichung, die jedem aufrichtigen Menschen zu allererst in den Sinn kommt. In unserer verdorbenen Gesellschaft (der sogenannten zivilisierten Welt) muss man nur deshalb zu allererst von der Handarbeit sprechen, weil der Hauptmangel unserer Gesellschaft in der Vergangenheit und auch jetzt noch in dem Streben beruht, sich von eigener Handarbeit zu befreien und, ohne Gleiches mit Gleichem zu vergelten, die Arbeit der ärmeren Klassen zu nutzen, die Arbeit von ungebildeten und besitzlosen Mitmenschen, die sich in ähnlicher Sklaverei befinden wie die Sklaven des Altertums. Das erste Anzeichen für die Aufrichtigkeit von Angehörigen unserer Klasse, wenn sie sich zu christlichen, philosophischen oder humanitären Grundsätzen bekennen, ist, ob sie bestrebt sind, sich soweit als möglich von dieser Ungerechtigkeit zu befreien. Das einfachste und immer zur Hand liegende Mittel, dies zu erreichen, ist die Handarbeit, die stets mit den Dienstleistungen beginnt, welche die eigene Person beansprucht.

Ich glaube niemals an die Aufrichtigkeit von philosophischen und sittlichen Grundsätzen bei einem Menschen, welcher das Dienstmädchen zwingt, sein … für ihn herauszutragen.

Die einfachste und kürzeste Regel der Sittlichkeit besteht darin, möglichst wenig die Dienste anderer für sich zu beanspruchen und möglichst viel andern zu dienen. So wenig als möglich von andern zu verlangen und so viel als möglich andern zu geben.

Diese Regel, die unserm ganzen Dasein einen vernünftigen Sinn und Segen verleiht, löst mit ihren Folgen gleichzeitig alle Schwierigkeiten, und damit auch diejenige, die sich Ihnen bietet. Diese Regel weist auf den Platz hin, den die geistige Tätigkeit, die Wissenschaft und die Kunst einnehmen soll. Folge ich dieser Regel, so bin ich nur dann glücklich und zufrieden, wenn ich durchaus davon überzeugt sein kann, dass meine Tätigkeit andern nützlich ist. Dass diejenigen befriedigt werden, für die ich handle, das ist schon ein Überfluss von Glück, der Gipfel des Glückes, worauf ich nicht rechne, und der mich nicht beeinflussen kann bei der Wahl meiner Tätigkeit.

Meine feste Überzeugung, dass das, was ich tue, für andere nicht nutzlos und nicht schädlich, vielmehr gut ist – diese Überzeugung ist die Hauptbedingung meines Glückes. Und gerade dieses veranlasst auch einen sittlich gesinnten und aufrichtigen Menschen unwillkürlich dazu, die Handarbeit der wissenschaftlichen und künstlerischen Tätigkeit vorzuziehen.

Damit aus meiner schriftstellerischen Tätigkeit Nutzen erwachse, ist die Arbeit der Drucker erforderlich: Zur Aufführung meiner Symphonie bedarf ich die Arbeit der Musikanten – um Experimente vorzunehmen, bedarf ich der Arbeit derer, welche die Einrichtungen und Instrumente für unsere naturwissenschaftlichen Kabinette herstellen; wenn ich ein Bild male, brauche ich Menschen, welche die Farben und die Leinwand herstellen; dabei können aber diejenigen Arbeiten, die ich verrichte, zwar nützlich sein für die Menschen, sie können aber auch (und das wird in der Mehrzahl aller Fälle tatsächlich so sein) völlig unnütz und sogar schädlich sein. Wie kann ich mich aber mit solchen Dingen befassen, deren Nutzen durchaus zweifelhaft ist, und zu deren Vollbringung ich andere zur Arbeit zwingen muss, – wenn dabei vor mir, um mich herum, eine ganz zahllose Menge von Dingen liegt, die alle für andere zweifellos nützlich sind, und zu deren Vollbringung ich niemanden nötig habe, z. B.: jemandem eine Last zu tragen, der selber ermüdet ist, das Feld zu pflügen, wenn der Landwirt selber krank ist, eine Wunde zu verbinden usw.; ich spreche schon gar nicht von jenen tausend Dingen, die uns umgeben, zu deren Hervorbringen keinerlei Hilfe von auswärts notwendig ist, und die uns darum unmittelbare Befriedigung gewähren, für wen wir sie auch verrichten mögen, – ausserdem gibt es noch eine Menge anderer Dinge. Z. B.: Einen Baum zu pflanzen, ein Kalb aus dem Stall zu führen, einen Brunnen zu reinigen. Das alles sind zweifellos nützliche Dinge, und ein aufrichtiger Mensch kann gar nicht anders, als sie solchen Beschäftigungen vorzuziehen, welche die Arbeit anderer verlangen und dabei zweifelhaft sind in Hinsicht auf ihre Nützlichkeit.

18.
Das unschuldige Glück des einfachen Mannes

... Plötzlich trat vor Nechljudoffs inneren Blick ein Dreigespann schweißtriefender Pferde, und die kräftig schöne Gestalt Iljuschkas mit seinen blonden Locken, seinen froh glänzenden, blauen Augen, seinem frisch geröteten Gesicht und dem Flaum, der kaum anfing, ihm Lippen und Kinn zu bedecken. Nechljudoff entsinnt sich, wie Iljuschka in Angst geriet, man werde ihn nicht mehr zu den Fuhrleuten lassen, und wie feurig er eintrat für diese seine Lieblingssache. Und Nechljudoff sieht: Ein grauer, früher, nebliger Morgen, eine nasse, schlüpfrige Chaussee, die lange Reihe hochbeladener, mit Bastmatten gedeckter Fuhren, denen große, schwarze Buchstaben aufgedruckt sind. Die starkbeinigen, satten Pferde rasseln mit ihren Schellen und ziehen, den Rücken krümmend und die Zugriemen anspannend, mutig die Fuhre die Anhöhe hinauf, indem sie sich mit ihren mächtigen Hufeisen anklammern an den glatten, festen Boden. Dem Wagenzug entgegen, den Berg herunter, läuft rasch die Post, unter dem Läuten der kleinen Glöckchen, die von weit her zu vernehmen sind durch den dichten Wald, der sich zu beiden Seiten des Weges hinzieht. „Ah, ah, ai !“ ruft laut mit kindischer Stimme der vordere Fuhrmann – er trägt ein Blechschild an der Lammfellmütze und schwingt die Peitsche über dem Kopf. Bei dem Vorderrad der ersten Fuhre schreitet schwer, in gewaltigen Stiefeln Karp einher mit seinem roten Bart und seinem mürrischen Blick. Auf der zweiten Fuhre streckt Iljuschka seinen hübschen Kopf hervor, der sich schön erwärmt hatte bei der Kühle des Morgens unter der Bastdecke des vorderen Wagens. Drei Dreigespanne, hoch mit Koffern beladen, fahren vorüber unter Räderknarren, Schellengeläute und lautem Rufen. Iljuschka verbirgt wiederum seinen Lockenkopf unter der Bastdecke und schlummert ein. Da, ein klarer, warmer Abend! Vor den ermüdeten, sich beim Gasthofe drängenden Gespannen öffnet sich knarrend das schwere Brettertor, und eine nach der anderen über die Schwelle hüpfend, verschwinden die hohen, mit Bastmatten bedeckten Fuhren unter dem weiten Wetterdach. Iljuschka begrüßt sich lustig mit der weißgesichtigen, vollbrüstigen Wirtin. Die fragt: „Woher kommt ihr, und werdet ihr viel zu Abend essen?“ und dabei blickt sie mit Vergnügen mit ihren glänzenden, freundlichen Augen den hübschen Burschen an. Dann geht Iljuschka, nachdem er die Pferde versorgt hat, in die heiße, mit Gästen erfüllte Stube, bekreuzt sich, setzt sich hinter die volle, hölzerne Schüssel und beginnt eine lustige Unterhaltung mit der Wirtin und den Kameraden. Und da ist auch sein Nachtlager unter dem freien Sternenhimmel, der unter dem Schutzdache hervor herabschaut, sein Nachtlager im duftenden Heu bei seinen Pferden, die stampfend und schnaufend das Futter herumwühlen in den hölzernen Krippen. Iljuschka schreitet zu seiner Schlafstätte, wendet sich nach Osten, und nachdem er wohl dreißig mal seine breite, starke Brust bekreuzigt hat, betet er das Vaterunser und wohl zwanzigmal „Herr, erbarme dich !“ – hüllt sich dann mit dem Kopfe in die langen Schöße seines Rockes und entschlummert den gesunden, sorglosen Schlaf des starken, frischen Menschen. Und da sieht er im Traume Städte: Kiew mit seinen Heiligen und Massen von Wallfahrern, Romen mit Kaufleuten und Waren, er erblickt Odessa und das weite blaue Meer mit weißen Segeln; er erblickt mit seinen goldenen Häusern und weißbrustigen, schwarzbewimperten Türkinnen die Stadt Zaregrad, wohin er flog auf unsichtbaren Flügeln. Frei und leicht fliegt er dahin, immer weiter und weiter und sieht unter sich goldene Städte, umgossen von strahlendem Sonnenglanz, und den blauen Himmel mit vielen, vielen Sternen und das azurne Meer mit weißen Segeln – und es ist ihm froh und lustig zumute, zu fliegen, weiter und weiter!

„Herrlich!“ murmelte Nechljudoff vor sich hin, und es kommt ihm der Gedanke: „Weshalb bin ich nicht Iljuschka?“

Nachwort [des Übersetzers]
Tolstoi als Vorbild und Verführer

Zweifellos hat es – namentlich in Rußland – viele Tolstois gegeben. Aber nur einer von ihnen war ein Dichter von Weltruhm. Darin liegt der Glücksfall: So konnte der Versuch eines heutigen Menschen, sich völlig loszulösen aus allem gesellschaftlichen Gewordensein, um sich dann neu einzuordnen in die menschliche Gemeinschaft nach den Forderungen seines Gewissens, so konnte dieser Versuch, der immer aufs neue vorgenommen werden muß, damit uns nicht der Sinn des Lebens verloren gehe, vor den Augen der ganzen Welt geschehen, in voller Bewußtheit verlaufen und bis in alle Einzelheiten aufgezeichnet werden.

Mag dieses Wagnis auch im Großen und Ganzen mißlungen sein – und die Schadenfreude der erleichtert aufatmenden Welt beweist, wie gefährlich es ist, gerade hier zu scheitern –, ein heilsamer Stachel blieb zurück in der Seele von uns Heutigen: wir wissen, daß wir alle früher oder später diesen Versuch werden nachmachen müssen, wenn wir vor uns selber bestehen wollen. Wir wissen, daß es da gar keine Entschuldigung geben kann, daß das Gesetz der Liebe – nur um es handelt es sich hier – unerbittlich ist, und daß wir jeden Augenblick unseres Daseins vor dem Entweder-Oder stehen in dem, was uns am wichtigsten sein sollte. Natürlich haben wir das alles längst gewußt. Es war nur, bei der wachsenden Anspannung und Geschäftigkeit unseres Alltagslebens ins Unterbewußtsein gesunken und stark zur heimlich bohrenden Unruhe geworden. Dieser Mann aber machte uns wiederum sehend für unsere Pflichten auch vor denjenigen unserer Mitmenschen, die nur mittelbar von uns betroffen werden, die wir meist gar nicht zu Gesichte bekommen, auf die wir aber einwirken dadurch, daß und wie wir uns am Dasein behaupten.

Hier liegt Tolstois eigentliches Verdienst, und hierin beruht auch seine einzigartige Bedeutung.

Tolstois Weltruhm als Schriftsteller war der eine Glücksfall für uns. Ein anderer lag aber doch wohl auch darin, daß dieser Mensch, der sich aus allem Ererbten und überlieferten Blindheiten vor seinesgleichen herausarbeiten wollte aus eigener Kraft und zu völlig voraussetzungslosem Menschtum – tatsächlich hineingeboren und hineinerzogen war in die fragwürdigste aller Beziehungen zu Mitmenschen: als Sklavenhalter (denn das war der russische Gutsbesitzer in der Zeit der Leibeigenschaft), – und daß er auch bis in sein reifes Mannesalter (bis zur Aufhebung der Leibeigenschaft im Jahre 1861, also bis zu seinem 33. Lebensjahr) grundsätzlich in dieser Lage verharrte. So erlebte dieser Mensch ein Menschenleben lang den denkbar stärksten Widerspruch zwischen seiner tatsächlichen gesellschaftlichen Lage und seiner aufrichtigsten Ueberzeugung von dem normalen Verhalten von Mensch zu Mensch. Diese Sündenerkenntnis des einstigen Seelenbesitzers bedeutet an sich nichts Eigenartiges auf der russischen Erde. Da aber Tolstoi nebenbei auch noch ein genialer Mensch war, und sein halbes Genie zweifellos in der einzigartigen Tiefe seines Mitempfindens mit allen menschlichen Nöten und Leiden bestand – schuf er den Mythos des reuigen Edelmanns. Im Gegensatz zu den meisten seiner Standesgenossen war er freilich ein solcher schon von früher Jugend an gewesen: bereits als Neunzehnjähriger kam er hinter die Unmöglichkeit der Leibeigenschaft als seiner rein persönlichen Wirtschaftsgrundlage. Das wurde dann seiner Seele zur heimlichen Wunde, die sich niemals mehr schließen wollte, und deren letzte Auswirkung sein späteres Asketen- und Prophetentum bedeutet.

Eine Gnade hat aber dem großen Dichterpropheten gleichwohl gemangelt – das frühe religiöse Erlebnis –, und darum geht ein unverkennbarer Riß durch sein ganzes Leben und Werk. So mußte er auch zu einem gefährlichen Verführer werden zu dem, was er gerade bekämpfen wollte mit allen Kräften seiner vor dem Bösen nie abrüstenden Seele: zur Lieblosigkeit, zum Menschenhaß, zur Rache!

Als unverlierbar an der Erscheinung Tolstoi wird sich wohl nicht eigentlich der Sozialprophet erweisen, ja vielleicht nicht einmal der große Dichter, vielmehr sehr wahrscheinlich der in ganz eigenartiger Weise tragische, am tragischen Schicksal seiner Mitmenschen tragisch gewordene Mensch Tolstoi. Das Wesen dieser Tragik ist aber streng genommen ganz das gleiche – woran der weltgeschichtliche Gesellschaftsversuch des heutigen Rußlands scheitern muß: es ist die althergebrachte Tragik des russischen Weltverbesserers, der da glaubt, daß die Menschheit erlöst werden muß, wenn er, ihr Erlöser, alle nur denkbaren Opfer dafür selber bringt und natürlich auch von allen anderen Menschen fordert. Er kann hier nur dann scheitern – so glaubt er fest –, wenn es ihm an Opfermut gebricht. Denn der Plan, nach dem diese Welt endgültig und jederzeit zu erlösen sein muß, steht für ihn in jedem Falle über allen Zweifeln – ob es sich nun, wie im heutigen Rußland, um die Vergesellschaftung der Gütererzeugungsmittel handelt oder, wie bei Tolstoi, um die Befolgung der fünf „kinderleicht zu befolgenden Gebote der Bergpredigt". (Im Grunde genommen ist der große russische Aberglaube, in dem sich Glaube und Unglaube in merkwürdiger Weise mischen, der: daß die Wirklichkeit so beschaffen sein muß, daß der Opferwille des Menschen sie jederzeit in ein Paradies umwandeln könnte!)

In den Augen solcher Menschheitserlöser sind die Menschen selber schuld an ihrem Unglück, und gerade eben deshalb, weil sie die eindeutigen Heilsvorschriften verschmähen. Man kann und soll daher die ihrem eigenen Heile Widerstrebenden mit dem Knüppel ins Paradies jagen – sei dies, wie im heutigen Rußland (das an die Gewalt glaubt), ein wirklicher Knüppel oder wie bei Tolstoi (der die Gewalt ablehnt und nicht Widerstandleisten gegen sie lehrt) ein geistiger Knüppel: unerhörte Beschämung, Beschuldigung und Verdächtigung. Tolstoi glaubt ja allen Ernstes – und das ist wohl der verhängnisvollste seiner Rechenfehler, und so hat er von vornherein sein ganzes prophetisches Wirken außerhalb eines sehr engen Jüngerkreises um jede nachhaltige Wirkung gebracht – Tolstoi glaubt allen Ernstes, man sei berechtigt, Liebe zu predigen, wenn man die Menschen von sich aus für schuldig erklärt!

Darum hat auch Tolstoi als Sozialkritiker ganz anders gewirkt, als er je gewollt haben kann: in hohem Maße revolutionär aufreizend. Und es hat auch die russischen Revolutionäre stets verblüfft und die stets mit ihnen sympathisierende russische Gesellschaft immer wieder vor den Kopf gestoßen, wenn ihnen Tolstoi in Hinsicht auf ihre gewaltsame, grobe Vergewaltigung des Volkes in sich schließende Methoden ganz gründlich die Wahrheit sagte. Damit bewies er zwar einen Mut, den im damaligen Rußland niemand sonst aufbrachte: er setzte so vollbewußt seine ganze Volkstümlichkeit aufs Spiel – und zeigte ein übrigesmal, daß er weder Menschenfurcht kannte noch irgendwie besorgt war um den Ruhm vor den Menschen. Und doch fehlt ihm hier die innere Berechtigung: tatsächlich hatte er zur revolutionären Tat aufgefordert. Und mächtiger als irgendwer vor ihm. Seinesgleichen hatte es noch niemals gegeben unter den Wortführern der Tat. Die Bolschewisten wissen das sehr zu schätzen. Sie wissen, weshalb sie ihm Denkmäler setzen und sein Angedenken öffentlich ehren.

Beides, Werden und Bedingtsein, erkannte Tolstoi niemals an. Er begriff eigentlich gar nicht, um was es sich dabei handelt. Und auch diese, wiederum echt russische, geistige Unzulänglichkeit macht seine Lehrschriften so peinlich. Dem Gebot des Nichtrichtens meinte er freilich Genüge zu tun, wenn er es einzelnen Menschen gegenüber befolgte. Hier unterliegt Tolstoi dem gleichen Unverständnis wie in Hinsicht auf die Demut.

Sie fehlte ihm bis an sein Lebensende, trotzdem er sie immer pries und verkündete. Die lag ganz einfach nicht seiner herrischen und im Grunde genommen gleichwohl unreligiösen Natur. Tolstoi meinte demütig zu sein, wenn er sich selber alle nur denkbaren persönlichen Schwächen und Untugenden andichtete – und er ging hier bisweilen bis zu häßlichen und verdächtigen Formen der Selbstverleumdung. Er begriff aber niemals, daß die eigentliche Demut erst in geistigen Dingen anfängt und in dem inneren Eingeständnis beruht: irren zu können in Sachen des Verstandes. *Das aber vermochte Tolstoi niemals zuzugeben,* weil seine Anschauungen, soweit sie für ihn wesentlich waren, das Heil seines Volkes und der ganzen Menschheit betrafen, und er es – ein durch und durch unkritischer Denker – als bedingungsloses Pflichtgebot erlebte, auf ihnen zu bestehen.

Alles in allem genommen stellt Tolstoi den Typ der geistigen Entstellung, die der nichtreligiöse, aber wirklich sozial empfindliche und aufrichtig opferwillige Mensch erfahren muß – wenn er von sich aus diese von Grund aus fragwürdige Welt umgestalten will im Sinne des offenbaren Menschenheiles und dabei an seine eigene oder überhaupt die menschliche Befähigung hierzu glauben muß, weil er an einer dauernd fragwürdigen Welt verbluten würde und sich auch rein persönlich an ihr schuldig erlebt.

Dieser tragische Typ des Menschen, der Gottes Werk verbessern will für den Menschen, wie er ihn begreift, zweifellos einer der Mythen, die am Wegrande stehen bei dem Rückzug der heutigen Menschheit zu Gott, konnte wenigstens in der europäischen Welt gar nicht reiner dargestellt werden als in einem russischen Intelligenten, der ehemaliger Seelenbesitzer, also reuiger Edelmann war, sich dabei zum Propheten berufen glaubte und von Geburt das Genie eines ganz großen Schriftstellers und eingebungshaft mitempfindenden Menschen mitgebracht hatte. Und sagen wir es nur gleich: für uns kann dieser Mensch zwar Vorbild sein in der Ehrlichkeit und Opferbereitschaft, in der er nach bestem Wissen und Gewissen eintrat für höchste Ziele. Lehrer vermag er uns aber nur zu sein in seinen Dichtungen, wo er gar nicht lehren wollte. In seinen Lehrschriften gibt er ja geradezu das Musterbeispiel für die Gespaltenheit der russischen Natur. So wiederholt sich auch hier das alte Schauspiel: wir Europäer in unserer ewigen Gewissensnot eilen mit heißem Eifer auf diese welterlösenden Russen zu und werden dann immer wieder wie mit kaltem Wasser von ihnen übergossen. Und wir können noch von Glück sagen, wenn dies Wasser sauber war. Das ist längst nicht immer der Fall. Auch nicht bei Tolstoi. Jedenfalls ist seine Methode uns Westeuropäern gegenüber grundfalsch. Bevor man uns ja der Belehrung würdigt, sollen wir erst einmal ruhig, ohne mit der Wimper zu zucken, mitanhören, wie man alles dasjenige herabsetzt und verdächtigt, was uns teuer und ehrfurchtgebietend ist. Und dabei gibt man sich nicht einmal die Mühe, es wesentlich zu verstehen. Man mißverkennt es immer wieder und urteilt ins Blaue hinein, und wir sollen dazu schweigen!

Tolstois sittlicher Hellseherblick und seine überfeine soziale Empfindlichkeit hätten ihn vorausbestimmt zum großen Menschenliebenden, aber ein ursprünglicher Geistesstolz verwehrte ihm bis weit über die Mitte seines Lebens das Erlebnis Gottes. So mußte er ein großer Schriftsteller werden, um seine innere Einsicht wenigstens in der Vorstellung schöpferisch auswirken zu können. Als das dann auf die Dauer nicht mehr gelang, wurde er zu einem Prediger, der die Liebe forderte und den Haß verkündete, weil er nicht davon lassen wollte, die Menschen zu verurteilen und zu verdächtigen.

Den einzelnen Menschen aber begegnete er mit Güte, seine Briefe strömen über von einer wirklichen Liebe, die immer helfen will und nur darin irrt, daß sie auch immer helfen können zu müssen glaubt.

An sich selber arbeitete er ohne Unterlaß und ohne Nachsicht, mit großem Ernst und stets den Blick auf die Ewigkeit gerichtet. Das bezeugen seine Tagebücher: Bei sich allein, im stillen Kämmerlein, fand er wirklich seinen Gott, dem er da draußen, als Lehrer, so gern die Hälfte seiner Arbeit abnahm. Und dann erhob er auch jederzeit machtvoll und frei von aller Menschenfurcht seine weithin schallende Stimme, wenn irgendwo auf der weiten Erde seinen Menschen Unrecht geschah: wenn man sie betrügen wollte und ihnen Gewalt antat.

Als Dichter endlich war er immer und bis an sein Lebensende ein gewaltiger niemals versagender Verteidiger der unzerstörbaren Unschuld des Menschen vor dem Menschen. Und sie muß uns andern immer wieder in neuen Gestalten und unter neuen Bedingungen vor Augen geführt werden, weil wir die Schuld des Nächsten nicht aufgeben wollen, um uns zu retten vor tödlichem Mitleid, und sie uns dabei gleichwohl allein davon abhält, den lieben zu müssen, dessen Taten wir nicht billigen können, der aber gerade um ihrer willen unserer am dringendsten bedarf.

Der Gewissensaufrüttler Tolstoi wirkt immer noch heilsam und wird weiter bestehen – solange wir Menschen hineingeboren werden in Schuld und Beschränktheit vor unsersgleichen.

Der Publizist Tolstoi ist dagegen ein Irrtum gewesen, der verheerend war und vergessen werden muß, wenn der Mensch Tolstoi zu voller Würdigung gelangen soll. – Und auch der Briefschreiber: Der gab das wundervolle Beispiel unermüdlichen, keine Mühe scheuenden geistigen Bereitstehens für seinen Nächsten und einer Güte, die aus Achtung vor dem, dem sie gilt, ihm auch nicht mehr die bittersten Wahrheiten vorenthalten will, wenn die gerade hier heilsam werden könnten.

Restlos vorbildlich und vollauf erfreulich, in seiner Art geradezu einzigartig ist aber Tolstoi da, wo er seinen, niemals begehrten Dichterruhm nutzend, vor den Augen der lauschenden Welt seine Stimme erhob zu furchtlosem Widerspruch gegen alles Unmenschliche auf der weiten von Menschen bewohnten Erde.

Damit durchbrach er wirklich die Bande überlieferter Gebundenheit und wagte alles, was ein Mensch zu wagen vermag für seinesgleichen.

Er war ein Kind der Treue.

Karl Nötzel.

Textnachweis

[Die Zahl in eckigen Klammern bezeichnet die Zahl, unter der der Brief in Religiöse Briefe (RB, siehe Literaturnachweis Nr. 6) wiedergegeben wird. IvH]

Das Gebet: Brief an W. Tschertkow vom Dezember 1880.

1. An die Gräfin A. A. Tolstoi, Juli 1861.
2. An die Gräfin A. A. Tolstoi, Dezember 1874.
3. An die Gräfin A. A. Tolstoi, 30. Juli 1873.
4. An Alexander III., Jassnaja Poljana, März 1881. [RB 234]
5. An den Kommandanten eines Strafbataillons, Jassnaja Poljana, 1. November 1896.
6. An einen unbekannten Adressaten, Moskau, im Januar 1901. [RB 95]
7. An I. G., Jassnaja Poljana, 7. August 1889. [RB 31]
8. An den Altgläubigen Rukawischnikoff, Jassnaja Poljana, 4. Febr. 1909. [RB 216]
9. An den Geistlichen N., Jassnaja Poljana, Dezember 1908. [RB 187]
10. An M. N. D., Jassnaja Poljana, 31. August 1909. [RB 209]
11. An W. A. Molotschnikoff, Jassnaja Poljana, 24. September 1906. [RB 136]
12. An einen unbekannten Adressaten, August 1896. [RB 80]
13. An einen Revolutionär, 1886. [18]
14. An den Japaner Iso-Abe, Jassnaja Poljana, 1905. [RB 128]
15. An den Bauern N. P. Nowikoff, Jassnaja Poljana, 21.August 1908. [RB 170]
16. An einen Chinesen, Oktober 1906. [RB 139]
17. An einen Franzosen, 1885. [RB 16]
18. Schlußteil aus: „Der Morgen eines Gutsbesitzers", Bruchstücke aus einem unvollendeten Roman „Ein russischer Gutsbesitzer" von Leo Tolstoi.

Literaturnachweis

Benutzt wurden ausschließlich die russischen Originale. Für den deutschen Leser, der sich in das Gesamtwirken Tolstois einführen lassen will, kommen wohl hauptsächlich folgende Schriften in Betracht:

1. Tolstoi, von Philipp WITKOP, Professor an der Universität Freiburg i. B., Volksverband der Bücherfreunde, Wegweiser-Verlag G.m.b.H. Berlin. 256 Seiten.
2. Leo TOLSTOI, Ein Leben in Selbstbekenntnissen. Tagebuchblätter und Briefe. Herausgegeben von Arthur Luther. Bibliographisches Institut, Leipzig. 445 Seiten.
3. Karl NÖTZEL, Tolstoi und Wir. 64 Seiten. München, Musarion-Verlag.
4. Karl NÖTZEL, Das heutige Rußland. Eine Einführung an der Hand von Tolstois Leben und Werken. Teil I., München 1915. Georg Müller-Verlag. 405 Seiten.

5. Karl NÖTZEL, Tolstois Meisterjahre, Einführung in das heutige Rußland, Zweiter Teil 1918. Georg Müller, München und Leipzig.
6. Leo TOLSTOI, Religiöse Briefe, Uebersetzt und herausgegeben von Karl Nötzel, Gemeinschafts-Verlag, Eberhard Arnold, Bruderhof-Neuhof, Kreis Fulda [1923].

IV.
Gedanken Leo Tolstois über Gewalt, Krieg und Revolution

Aus seinen Schriften, Tagebüchern und Briefen[1]
(1928)

Ausgewählt von Valentin Bulgakov,
herausgegeben von der
Internationale der Kriegsdienstgegner

1. | Noch vor der christlichen Lehre gelangte unter den verschiedenen Völkern ein höheres, der gesamten Menschheit gemeinsames religiöses Gesetz zum Ausdruck und zur Verkündung: die Lehre, daß die Menschen zu ihrem Wohle nicht jeder für sich leben sollen, sondern jeder für das Wohl aller im Dienste für die Gesamtheit. Dieses Gesetz ist im Buddhismus ausgedrückt, in den Lehren Jesaias', Konfuzius', Lao-Tses, der Stoiker. Es wurde verkündet, und diejenigen Menschen, die es kannten, mußten seine ganze Wahrheit und sein wohltätiges Wirken sehen. Aber das Leben, wie es sich gestaltet hat, begründet nicht auf gegenseitigem Dienst, sondern auf Gewalt, hat bis zu solchem Grade alle Einrichtungen und Sitten durchdrungen, daß die Menschen, wenn sie auch die wohltätige Wirkung des gegenseitigen Dienstes erkannten, dennoch fortfuhren, nach den Gesetzen der Gewalt zu leben und diese Tatsache mit der Notwendigkeit der Androhung der Vergeltung rechtfertigten. Ein Gesellschaftsleben ohne Drohung und Vergeltung von Bösem mit Bösem erschien ihnen unmöglich.

---

[1] Textquelle | *Gedanken Leo Tolstois über Gewalt, Krieg und Revolution.* Aus seinen Schriften, Tagebüchern und Briefen ausgewählt von Valentin Bulgakov. (Herausgeber und Verleger: Internationale der Kriegsdienstgegner, 11 Abbey Road, Enfield, Middlesex, England. Verantwortlich für die deutsche Ausgabe: Georg Schulze-Moering, Berlin SW 11, Möckernstraße 133a I.) Enfield/Berlin: IDK 1928. [23 Seiten].

Vor 1900 Jahren wurde das Christentum verkündet. Es bestätigte mit neuer Kraft das Gesetz des gegenseitigen Dienstes und legte darüber hinaus die Ursachen dar, aus denen dieses Gesetz nicht erfüllt worden war. Die christliche Lehre zeigte nicht nur die Ungerechtigkeit, sondern auch die Schädlichkeit der Vergeltung, zeigte, daß das einzige Mittel, der Gewalt zu entgehen, ein ergebenes, kampfloses Ertragen ist, ohne daß man Böses dem Bösem entgegenstellt.

Diese Lehre wurde deutlich verkündet und festgesetzt. Aber die unwahre Vorstellung, daß Vergeltung als unumgängliche Bedingung des menschlichen Lebens gerecht sei, ist so eingewurzelt, und so viele Menschen kannten die christliche Lehre nicht oder kannten sie nur in falscher Auslegung, daß die Menschen, die Christi Gesetz angenommen hatten, fortfuhren, nach dem Gesetz der Gewalt zu leben. Die Führer der christlichen Welt glaubten, es sei möglich, die Lehre vom gegenseitigen Dienst anzunehmen ohne das Gebot: „Widerstrebet nicht dem Übel", das (im Sinne eines Gesetzbuches) die Grundlage der gesamten Lehre vom Leben der Menschen untereinander bildet. Aber das Gesetz des gegenseitigen Dienstes anzunehmen und das Gebot, Böses nicht mit Bösem zu vergelten, abzulehnen, bedeutete, daß man Gesetze zusammenfügte, ohne sie dort zu befestigen, wo sie sich naturgemäß aneinanderschließen. Auf diese Weise fuhren die Christen-Menschen fort, nicht nur das zu tun, was die heidnischen Völker taten, sondern sie verübten noch bei weitem schlimmere Dinge. Immer und immer mehr entfernten sie sich vom christlichen Leben. Das Wesen des Christentums entschwand mehr und mehr, weil es nur unvollkommen angenommen worden war, und die christlichen Völker gelangten schließlich in die Lage, in der sie sich jetzt befinden. In feindlichen Truppen stehen sie einander gegenüber, die alle ihre Kräfte daran wenden, sich einer gegen den anderen zu bewaffnen, und zu jeder Minute bereit zu sein, einander gegenseitig zu zerfleischen. Ja, sie bewaffneten sich nicht nur einer gegen den anderen, sondern sie bewaffneten und bewaffnen gegen sich auch nichtchristliche Völker, von denen sie gehaßt werden und die sich gegen sie erheben; und was die Hauptsache ist, sie gelangten zu einer vollständigen Leugnung nicht nur des Christentums, sondern jedes höheren Sittengesetzes in ihrem Leben.

2. | „Ihr habt gehört, daß den Alten gesagt ist: Auge um Auge Zahn um Zahn, aber ich sage euch: Widersetze dich nicht dem Bösen; aber wer dich auf deine rechte Wange schlägt, dem wende auch die andere Wange zu, und wer mit dir zum Richter gehen und dir dein Hemd wegnehmen will, gib ihm auch dein Oberkleid, und wer dich zwingt, mit ihm eine Meile zu gehen, gehe mit ihm zwei. Gib dem, der dich bittet, und wer von dir leihen will, von dem wende dich nicht ab."

Diese Lehre wies darauf hin, daß, solange der Mensch, der selbst Gewalt anwendet, Richter darüber ist, in welchen Fällen sie zulässig ist, der Gewalt keine Grenze gesteckt sein wird. Deshalb ist es zur Überwindung der Gewalt nötig, *daß niemand und unter keinem Vorwande Gewalt gebraucht, vor allem nicht unter dem gebräuchlichen Vorwand der Vergeltung*. Diese Lehre bestätigte jene einfache aus sich selbst verständliche Wahrheit, daß es unmöglich ist, das Böse mit dem Bösen zu vernichten, daß das einzige Mittel, das Übel der Gewalt zu vermindern die Enthaltung von der Gewalt ist. Wie Feuer das Feuer nicht löscht, so kann Böses das Böse nicht löschen. Nur das Gute, das dem Bösen begegnet und von ihm nicht angesteckt wird, besiegt das Böse. Nur wer sich nicht widersetzt, setzt dem Übel ein Ende, beschränkt es auf sich selbst, neutralisiert es und erlaubt ihm nicht, weiter zu gehen, was wie bei der Übertragung der Bewegung durch elastische Kugeln unausbleiblich geschehen würde, wenn jene neutralisierende Kraft des Guten fehlt. Daß dies so ist, ist in der Welt der menschlichen Seele ein ebenso unabänderliches Gesetz wie das Gesetz Galiläis in der Astronomie, nur noch unabänderlicher, klarer und vollständiger.

---

3. | Patriotismus als Gefühl der ausschließlichen Liebe zum eigenen Volke und als Lehre vom Ruhm, dem man seine Ruhe, sein Vermögen und sogar sein Leben opferte, oder als Lehre der Verteidigung der Schwachen gegen Vernichtung und die Gewalt der Feinde –, dieser Patriotismus war das höchste Ideal einer Zeit, in der jedes Volk es für möglich und gerecht hielt, für sein eigenes Wohl und seine Macht die Angehörigen eines anderen Volkes zu vernichten

und zu berauben. Aber schon vor etwa 2000 Jahren fingen die höchsten Vertreter der menschlichen Weisheit an, die höchste Idee der Brüderlichkeit der Menschen zu bekennen, und diese Idee kam ihnen mehr und mehr zum Bewußtsein und erreichte in unserer Zeit die verschiedenartigste Verwirklichung. Dank der Erleichterung der Verkehrsmittel, der Einheit von Industrie, Handel, der Künste und Wissenschaften sind die Menschen unserer Zeit bis zu einem solchen Grade miteinander verbunden, daß die Gefahr der Eroberungen, der Morde, der Gewaltanwendung von Seiten benachbarter Völker schon gänzlich geschwunden ist und alle Völker (Völker, jedoch nicht Regierungen) untereinander in friedlichen, für alle vorteilhaften, freundschaftlichen, handelsmäßigen, industriellen, geistigen Beziehungen leben, die zu stören für sie weder notwendig noch vernünftig ist. Und nun rufen die Regierungen diese feindseligen Beziehungen unter dem Deckmantel des Patriotismus hervor und geben sich dann den Anschein, daß sie die Völker miteinander versöhnen. So etwa wie ein Zigeuner beim Pferdeverkauf seinem Pferde Pfeffer unter den Schwanz streut und es in seinem Stalle peitscht, dann das Pferd am Zügel herausführt und sich stellt, als ob er das aufgeregte Tier nur mit Mühe bändigen könne.

4. | Wir, alle christlichen Völker, die ein und dasselbe geistige Leben leben, sodaß jeder gute und fruchtbare Gedanke, der an dem einen Ende der Welt entspringt, sofort der ganzen christlichen Menschheit mitgeteilt wird, die gleichen Gefühle der Freude und des Stolzes hervorruft, unabhängig von der Nationalität; wir, die wir nicht nur die Denker, Wohltäter, Dichter, Gelehrten fremder Völker lieben, wir, die wir stolz sind auf die Tat Damians[2] wie auf unsere eigene; wir, die wir einfach die Menschen fremder Nationalitäten lieben: Franzosen, Deutsche, Amerikaner, Engländer, wir, die wir nicht nur ihre Eigenschaften lieben, sondern uns freuen, wenn wir ihnen begegnen, ihnen freudig zulächeln, den Krieg mit diesen Menschen nicht nur für keine Heldentat halten, sondern nur mit Entsetzen daran denken können, daß zwischen diesen Menschen und uns eine

---

[2] Damian de Vestor [Damian de Veuster, geb. 03.01.1840 in Ninde – Belgien], ein junger katholischer Geistlicher, der sich im Jahre 1873 auf einer der Hawai-Inseln ansiedelte, wohin Aussätzige gebracht wurden, und dort im Liebesdienste an den Geringsten im Jahre 1889 durch Ansteckung gestorben ist. *V.B.*

solche Meinungsverschiedenheit entstehen könnte, die durch gegenseitigen Mord entschieden werden muß –, wir alle sind berufen, teilzunehmen an dem Morde, der unausbleiblich, wenn nicht heute dann morgen erfolgen muß. Dieser Widerspruch ist für Menschen unserer Zeit so schrecklich, daß es unmöglich geworden ist zu leben, ohne ihn zu lösen.

5. | Und welcher Nutzen erwächst auch nur irgend jemandem geistig oder körperlich daraus, daß es ein Rußland, England, Frankreich gibt? ... Das allergrößte, materielle Unheil: Steuern, Kriege, Sklaverei; in geistiger Hinsicht: Stolz, Ehrgeiz, Grausamkeit, Uneinigkeit und Solidarität mit der Gewalt.

Viele grausame und verderbliche Arten von Aberglauben hat es gegeben. Menschenopfer und Inquisition und Scheiterhaufen, aber niemals gab es einen grausameren und verderblicheren als den Aberglauben des Vaterlandes – des Staates. Es besteht das Band einer Sprache, einer und derselben Gebräuche, wie z. B. der Verbindung von Russen mit Russen, wo sie auch sein mögen, in Amerika, in Galizien, in der Türkei, und der Angelsachsen mit Angelsachsen in Amerika, in England, in Australien; und es gibt ein Band, das Menschen verbindet, die auf gemeinsamer Scholle leben: die Landgemeinde oder sogar der Bund der Landgemeinden, verwaltet nach frei von der Bevölkerung festgesetzten Regeln; aber weder das eine noch das andere Band hat irgend etwas gemein mit dem gewaltsamen Band des Staates, der schon bei der Geburt des Menschen seine Unterordnung unter die Gesetze des Staates fordert.

Hierin liegt ein schrecklicher Aberglaube. Dieser Aberglaube besteht darin, daß man den Menschen versichert und die Menschen es sich selbst versichern, daß die künstlich geschaffene und mit Gewalt aufrecht erhaltene Verbindung die notwendige Bedingung für die Existenz der Menschen ist, während diese Verbindung nichts ist als Gewalt, vorteilhaft für diejenigen, die sie ausüben.

6. | In „Tausend und eine Nacht" finden wir eine Erzählung, wie ein auf eine wüste Insel verschlagener Reisender am Ufer eines Baches auf einen auf der Erde kauernden Greis mit abgezehrten Beinen stößt. Der Greis bittet den Reisenden, ihn auf die Schulter zu

nehmen und über den Bach zu tragen. Der Reisende willigt ein. Aber wie nun der Greis sich auf den Schultern des Reisenden festgesetzt hat, so umschlingt er sofort dessen Hals mit den Beinen und läßt ihn nicht mehr frei. Nachdem er von dem Reisenden Besitz ergriffen hat, treibt er ihn an, wie er will, reißt Früchte von den Bäumen, ißt sie selbst, ohne sie mit demjenigen zu teilen, der ihn trägt und verhöhnt ihn noch in jeder Weise.

Das Gleiche geschieht mit den Völkern, die den Regierungen Soldaten und Geld gegeben haben. Für Geld kaufen die Regierungen Waffen und mieten oder bilden sich durch Erziehung verantwortungslose vertierte Kriegsbefehlshaber heran. Und in künstlichen Methoden der Verdummung, die sie Disziplin nennen und die sie durch Jahrhunderte ausgearbeitet haben, machen sie aus Menschen, die als Soldaten einberufen worden sind – ein diszipliniertes Heer. Die Disziplin aber besteht darin, daß Menschen, die zu dieser Unterweisung gelangt sind und sie eine gewisse Zeit genossen haben, alles dessen verlustig gehen, was für den Menschen wertvoll ist: der hauptsächlichen menschlichen Eigenschaft – der Freiheit der Vernunft. Vielmehr werden sie zu gehorsamen maschinenmäßigen Werkzeugen des Mordes in den Händen ihrer organisierten hierarchischen Obrigkeit.

Nicht umsonst legen alle Könige, Kaiser, Präsidenten soviel Wert auf Disziplin, bestrafen ihre Verletzung und halten für die allerwichtigste Sache: Besichtigungen, Manöver, Paraden, Parademärsche und ähnliche Dummheiten. Sie wissen, daß alles dies die Disziplin stützt; und auf der Disziplin beruht ja nicht nur ihre Macht, sondern auch ihre Existenz. Das disziplinierte Heer ist jenes Werkzeug, durch dessen Hilfe sie mit fremden Händen die größten Verbrechen begehen können, deren Möglichkeit gerade ihnen die Völker unterwirft.

Und gerade in diesem disziplinierten Heer ist das Wesen jenes Betruges begründet, der die Regierungen der Neuzeit zur Herrschaft über die Völker verhilft. Und wenn dieses willenlose Werkzeug der Gewalt und des Mordes sich in der Macht der Regierungen befindet, so ist das ganze Volk in ihrer Hand und sie geben es nicht mehr frei und sie richten es nicht nur zu Grunde, sondern sie verspotten es noch, indem sie ihm mit lügnerisch-religiöser und patriotischer Erziehung Ergebenheit einflößen und sogar Verehrung für sich selbst, d. h. für dieselben Menschen, die das ganze Volk in Sklaverei halten und es quälen.

---

7. | Wenn zwei Männer, die betrunken im Wirtshaus sitzen, sich beim Kartenspiel prügeln, so kann ich mich nicht entschließen, einen von ihnen zu verurteilen, wie überzeugend auch immer die Beweisgründe des anderen sein mögen. Die Ursache für die abscheulichen Handlungen des einen oder des anderen liegt sicherlich nicht in der Ungerechtigkeit eines von ihnen, sondern darin, daß sie anstatt ruhig zu arbeiten oder auszuruhen, es für nötig hielten, im Wirtshaus Wein zu trinken oder Karten zu spielen. Ebensowenig kann ich mich je dazu verstehen, in einem Kriege, der irgendwo aufflammt, ausschließlich die eine Partei als schuldig zu betrachten. Man kann zugeben, daß eine der Parteien schlechter verfährt als die andere; aber die Entscheidung darüber läßt unbedingt sogar die allernächste Ursache dafür ungeklärt, weshalb es zu einer so schrecklichen, grausamen und unmenschlichen Erscheinung kommt, wie es der Krieg ist.

Diese Ursachen liegen für jeden Menschen, der nicht seine Augen schließt, ganz deutlich zutage, wie gegenwärtig im Transvaalkriege[3], ebenso auch in allen anderen Kriegen, die in der letzten Zeit geführt wurden. Dieser Ursachen sind drei: Erstens die ungleiche Verteilung der Güter, d. h. die Beraubung der einen Menschengruppe durch die andere, zweitens das Vorhandensein des Soldatenstandes, d. h. von Menschen, die für den Mord erzogen und vorausbestimmt sind, und drittens die lügnerische[n] größtenteils bewußt betrügerische[n] religiöse[n] Lehre[n], in welchen die jungen Generationen mit Gewalt erzogen werden.

Und deswegen denke ich, daß es nicht nur zwecklos, sondern auch schädlich ist, die Ursache für den Krieg in den Chamberlains, den Wilhelms u. a. zu sehen, wenn man damit vor sich selbst die wirklichen Ursachen verbirgt, die bei weitem näher liegen und an denen wir selbst Anteil haben. Über die Chamberlains und Wil-

[3] Geschrieben im Jahre 1900.

helms können wir nur aufgebracht sein und sie tadeln; aber unser Zorn und unser Schelten verderben uns nur das Blut, aber ändern nicht den Gang der Dinge; die Chamberlains und Wilhelms sind blinde Werkzeuge von Kräften, die weit hinter ihnen liegen. Sie verfahren so, wie sie verfahren müssen, und wie sie anders nicht verfahren können. Die ganze Geschichte ist eine Reihenfolge ganz derselben Handlungen aller Politiker wie der Transvaalkrieg; und deswegen ist es gänzlich zwecklos und sogar unmöglich, zornig auf sie zu werden und sie zu verurteilen, wenn wir die innersten Ursachen ihrer Tätigkeit sehen und wenn wir fühlen, daß wir selbst schuldig sind an den Taten des einen oder des anderen, je nachdem wir uns selbst zu den drei grundlegenden Ursachen verhalten, die ich erwähnt habe.

Solange wie wir außerordentliche Reichtümer genießen, während große Volksmassen erdrückt sind von der Arbeit, solange wird es immer Kriege um Märkte geben, um Goldvorkommen und ähnliche Dinge, die wir dazu benötigen, um unseren ausschließlichen Reichtum zu schützen. Und solange werden Kriege unausbleiblich sein, wie wir am Soldatenstande teilhaben, seine Existenz zulassen statt ihn mit allen Kräften zu bekämpfen. Wir selbst leisten entweder Militärdienst oder sehen ihn nicht nur als notwendig, sondern auch als ruhmreich an, und dann, wenn der Krieg ausbricht, schieben wir die Schuld auf irgend einen Chamberlain und andere. Die Hauptsache ist: es wird solange Kriege geben, wie wir ohne Unwillen und Entrüstung jene Entstellung des Christentums, die kirchliches Christentum genannt wird, zulassen oder sogar predigen, ein Christentum, bei dem „christusliebende Truppen", Einsegnung der Kanonen und Anerkennung des Krieges als einer christlich gerechten Sache möglich sind. In dieser Religion unterrichten wir unsere Kinder, bekennen uns selbst zu ihr und sprechen dann, die einen, daß Chamberlain und die anderen, daß Krüger daran schuld ist, daß die Menschen einander totschlagen.

---

8. | Krieg und Christentum sind unvereinbar.

9. | Der Krieg ist ein Zustand der Gesellschaft, in dem die niedrigsten und lasterhaftesten Menschen Macht und Ruhm erlangen.

10. Das Elend der Kriege und der Kriegsvorbereitungen entspricht nicht nur nicht jenen Ursachen, die zu ihrer Rechtfertigung angeführt werden, sondern ihre Gründe sind größtenteils so nichtig, daß sie der Beachtung nicht wert und dabei denjenigen, die in den Kriegen zugrunde gehen, gänzlich unbekannt sind.

11. | Der Krieg ist kein elementares Ereignis, sondern ein rein menschliches. Es gibt keine Schrecken, die der Mensch nicht begehen würde, der in seiner Seele entschieden hat, daß das, was er tut, eine elementare, von seinem Willen unabhängige Erscheinung ist. Ein solcher Mensch ist krank; man muß vor ihm auf der Hut sein und ihn heilen. Und auch vor Menschen, die vom Kriege behaupten, daß er eine elementare Erscheinung ist, muß man sich hüten und versuchen, sie zu heilen.

12. | Der Mensch braucht sich von einer schlechten Tat nur zu sagen, daß, obwohl er weiß, daß es eine schlechte Tat ist, es unmöglich ist, sie nicht zu begehen – und er wird die schrecklichsten Taten verüben und nicht nur denken, daß solche Taten möglich sind, sondern noch stolz auf sie sein. Eine solche schreckliche Tat ist der Krieg.

13. | An keiner menschlichen Handlung wird die Macht der Überredung so deutlich bemerkbar, die Unterwerfung des Einzelnen nicht nur unter den Verstand, sondern unter die Überlieferung, die Autorität, so vollständig wie beim Kriege. Menschen, Millionen von Menschen begehen mit Begeisterung, mit Stolz eine Tat, die sie alle als dumm, widerwärtig, schädlich, gefährlich, verderblich, qualvoll, verbrecherisch und zu nichts gut erkennen. Sie kennen und wiederholen alle Beweisgründe gegen diese Tat – und sie fahren fort, sie zu begehen.

---

14. | Was bedeutet der Kriegsdienst? Er bedeutet folgendes: Sobald ein junger Mensch herangewachsen und stark geworden ist, und

seinen Eltern behilflich sein kann, wird er in einen Aufnahmeraum geführt, man befiehlt ihm, sich zu entkleiden, man untersucht ihn, und dann befiehlt man ihm, auf Kreuz und Evangelium zu schwören, daß er in allem seinen Vorgesetzten folgen und alle diejenigen töten wird, die zu töten man ihm befiehlt. Wenn er dann diesen, sowohl der Vernunft und dem Gewissen, als auch dem Buchstaben des Gesetzes Christi gemäß dem Evangelium widersprechenden Befehl ausgeführt hat, kleidet man ihn in eine Uniform, gibt ihm ein Gewehr, unterrichtet ihn im Schießen und schickt ihn hinaus, um Menschen – seine Brüder – zu töten. Die Menschen, die er töten muß, haben ihm nichts Böses getan; er hat sie niemals gesehen; aber er schießt und sticht auf sie ein, denn er hat beim Evangelium geschworen, es zu tun, bei demselben Evangelium, in dem gesagt ist: du sollst nicht schwören und du sollst nicht nur nicht töten, sondern deinem Bruder auch nicht zürnen.

15. | Keinerlei Umstände können eintreten, die dazu führen, daß Mord aufhört, die allergröbste und offenkundigste Verletzung des Wortes Gottes zu sein, das sowohl in allen religiösen Lehren als auch im Gewissen der Menschen seinen Ausdruck gefunden hat.

16. | Das Verbrechen des Mordes ist immer ein Verbrechen, wer auch immer es genehmigt und welche Rechtfertigung auch dafür versucht wird, und deswegen sind Mörder, die im Kriege Morde begehen oder sich für sie vorbereiten, Verbrecher und in Bezug auf sie nicht Achtung, Billigung und Bewunderung, sondern Bedauern, Besserung und Ermahnung am Platz.

---

17. | Menschen ohne Religion sind im Besitze ihrer ungeheuren Macht über die Naturkräfte wie die Kinder, denen man zum Spielen Pulver oder Knallgas gäbe. Sieht man die Macht, die unsere Mitmenschen genießen und darauf, wie sie sie verwenden, so fühlt man, daß nach dem Grade ihrer sittlichen Entwicklung die Menschen nicht das Recht haben, Eisenbahnen, Dampf, Elektrizität, Telephon, Photographie und drahtlose Telegraphen zu benutzen, ja nicht einmal dazu, von der einfachen Kunst der Verarbeitung von Eisen und

Stahl Gebrauch zu machen; denn alle Errungenschaften und Künste verwenden sie nur zur Befriedigung ihrer Gelüste, auf Vergnügungen oder gar zur Verderbnis und gegenseitigen Ausrottung.

18. | Die eigentlichen Kriegsgreuel, wie ungeheuer sie auch sind, bedeuten wenig im Vergleich mit jenem Unheil der Verwirrung der Begriffe von Gut und Böse, die der Krieg in den Seelen einfacher, wenig denkender Menschen aus dem Arbeitsvolke anrichtet.

19. | Der Mensch überhaupt, besonders aber der Christ, ist verpflichtet, am Kriege und an den Vorbereitungen zum Kriege nicht teilzunehmen, weder persönlich, noch mit Geld, noch durch mitfühlende Betrachtungen über den Krieg.

20. | Der Krieg – und nun beginnen Hunderte von Betrachtungen darüber, weshalb es Krieg gibt, was er bedeutet, was aus ihm wird usw. Alle sind denkende Menschen, vom Zaren bis zum letzten Soldaten. Und allen steht bevor, außer Betrachtungen darüber, was der Krieg für die ganze Welt bedeutet, noch darüber nachzudenken, wie *ich, ich, ich* mich zum Kriege verhalten soll. Aber niemand stellt diese Betrachtung an. Man glaubt sogar, es sei unwichtig oder ungehörig. Aber fasse den Menschen an die Kehle und fange an, ihn zu würgen, und er wird fühlen, daß für ihn wichtiger als alles sein Leben ist: und dieses Leben ist sein „Ich". Und wenn dieses Leben, sein Ich, wichtiger als alles ist, sei er nun Journalist, Zar, Offizier, Soldat, dann ist er – ein Mensch, der auf kurze Frist ins Leben getreten ist und es verlassen muß, nach dem Willen desjenigen, der ihn gesandt hat; was also wäre für ihn wichtiger als die Frage, was er in dieser Welt tun soll? Offenbar ist dies wichtiger als alle Betrachtungen darüber, ob ein Krieg notwendig ist und wozu er führen wird. Und deshalb muß er in Bezug auf den Krieg offenbar so handeln: Keinen Krieg führen und anderen nicht helfen, Krieg zu führen, wenn sie schon nicht zurückgehalten werden können.

---

21. | Die auf Gewalt gegründete Lebensgemeinschaft ist den Menschen bis zu solchem Grade Gewohnheit geworden, daß sie sich ein gemeinsames Leben ohne Regierungsgewalt gar nicht mehr vorstellen können, und sogar die Ideale eines vernünftigen, freien, brüderlichen Lebens wollen sie durch die Macht der Regierung, d. h. durch Gewalt verwirklichen. Ist doch eine zwangsmäßig ausgeübte Gewalt, wie man sie auch umstellen und zusammensetzen möge, immer ein von dem einen Teil der Menschen angemaßtes Recht, über den anderen Teil zu verfügen und, im Falle des Widerstandes, Zwang auszuüben mit dem äußersten Mittel – dem Mord. Man denke: durch das Mittel des Mordes die Ideale des menschlichen Wohles zu verwirklichen! Die große französische Revolution war in dieser Hinsicht ein *enfant terrible*, das in seiner das ganze Volk ergreifenden Begeisterung bei aller Anerkennung der großen von ihr entdeckten Wahrheiten und bei dem Beharrungsvermögen der Gewalt in der allernaivsten Form die ganze Ungereimtheit jenes Widerspruches klar zum Ausdruck brachte, in dem schon damals sich die Menschheit wand und sich heute noch windet: *Liberté, égalité, fraternité ou la mort*. Die Männer der Revolution proklamierten deutlich jene Ideale der Freiheit, Gleichheit und Brüderlichkeit, in deren Namen sie die Gesellschaft umbauen wollten. Aus diesen Grundsätzen entsprangen als praktische Maßnahmen: Beseitigung der Stände, Ausgleichung der Vermögen, Aufhebung von Rang und Titeln, Beseitigung des Landbesitzes, Entlassung des stehenden Heeres, Einkommensteuer, soziale Fürsorge für die Arbeiterschaft, Trennung der Kirche vom Staat, sogar die Anordnung einer allen gemeinsamen vernünftigen religiösen Lehre. Alles dies waren vernünftige gute Maßnahmen, entsprungen aus den von der Revolution aufgestellten, gültigen wahren Grundsätzen der Gleichheit, Freiheit und Brüderlichkeit. Aber diese Ideale konnten niemals mit Gewalt erreicht werden.

22. | Jener Widerspruch, der so grob und deutlich in der großen französischen Revolution zutage trat und statt zum Heil zum größten Unheile führte, besteht fort. Auch jetzt durchdringt er alle modernen Versuche, den Bau der Gesellschaft zu verbessern. In Spanien, in den südamerikanischen Republiken, in Rußland ereigneten und ereignen sich Revolutionen; aber ob sie gelingen oder nicht: nach ih-

nen, wie eine zurückgeschlagene Welle, kehrt immer von neuem der gleiche Zustand zurück, manchmal sogar noch schlimmer als früher. Ob nun die Menschen die frühere Regierungsgewalt beibehalten oder sie abändern: die Feindschaft unter den Menschen und die Beschränkungen der Freiheit bleiben dieselbe.

Die gleichen Hinrichtungen, Gefängnisse, Verbannungen, dieselben Verbote, ohne Zölle das zu kaufen, was jenseits willkürlicher Grenzen produziert wird, die gleiche allgemeine Rechtlosigkeit des arbeitenden Menschen, das Land auszunützen, auf dem er geboren ist, die gleiche Feindschaft der Völker untereinander, die gleichen Überfälle auf wehrlose Völker Afrikas und Asiens wie unter Tschingis-Chan, die gleichen gegenseitigen Überfälle, dieselben Grausamkeiten, dieselben Foltern der Einzelhaft und der Strafbataillone, ganz wie zur Zeit der Inquisition, die gleichen stehenden Heere und Militärsklaverei, dieselbe Ungleichheit, wie sie zwischen Pharao und seinen Sklaven bestand, besteht auch jetzt zwischen den Rockefellers, Rothschilds und ihren Sklaven.

Die Formen ändern sich, aber das Wesen der menschlichen Beziehungen ändert sich nicht.

23. | Die große französische Revolution hat unzweifelhafte Wahrheiten verkündet, aber alle wurden sie zur Lüge, als man begann, sie mit Gewalt einzuführen.

24. | Die Revolution, die jetzt der Menschheit bevorsteht, besteht in der Selbstbefreiung von der Unterwerfung unter menschliche Gewalt, und da das Wesen dieser Umwälzung gänzlich anders ist als das Wesen aller früheren Revolutionen in der christlichen Welt, so muß auch die Tätigkeit der Menschen, die an dieser Umwälzung teilnehmen, unbedingt gänzlich anders sein, als die Tätigkeit der an früheren Revolutionen Beteiligten. Die Tätigkeit früherer Revolutionäre bestand in der gewaltsamen Niederwerfung der Herrschaft und ihrer Besitzergreifung. Die Tätigkeit heutiger Revolutionäre kann nur darin bestehen, daß sie sich jeder sinnlosen Unterwerfung unter irgend eine gewaltsame Macht entziehen und ihr eigenes Leben in Unabhängigkeit von der Regierung aufbauen.

Damit diese große Umwälzung durchgeführt wird, ist es nur nötig, daß die Menschen es lernen, die Begriffe Staat und Vaterland als

Fiktionen zu erkennen, Leben und wahre Freiheit aber als Wirklichkeiten. Deshalb dürfen wir Leben und Freiheit nicht für jenes künstliche Gebilde, Staat genannt, opfern, sondern nur um des wahren Lebens und der wahren Freiheit willen. Befreien müssen wir uns von dem Aberglauben des Staates und der hieraus entspringenden verbrecherischen Unterwerfung unter Menschen.

25. | Das Christentum und nur das Christentum kann die Menschen von jener Sklaverei befreien, in welcher sie sich gegenwärtig befinden. Der Mensch muß nur sein Leben so auffassen, wie es ihn das Christentum lehrt, d. h. begreifen, daß sein Leben nicht ihm gehört, nicht seiner Persönlichkeit, nicht der Familie oder dem Staate, sondern demjenigen, der ihn ins Leben entsandt hat –, begreifen, daß er deshalb nicht das Gesetz seiner Persönlichkeit, seiner Familie oder des Staates erfüllen soll, sondern das durch nichts eingeschränkte Gesetz desjenigen, von dem er ausgegangen ist –, um sich nicht nur gänzlich frei zu fühlen von jeder menschlichen Macht, sondern sogar aufzuhören, diese Macht als etwas zu betrachten, das irgend jemand anderen beschränken könne. Der Mensch muß nur begreifen, daß der Zweck seines Lebens in der Erkennung des Gesetzes Gottes besteht, damit dieses Gesetz für ihn alle anderen Gesetze ersetzt und sie sich unterwirft und durch diese Unterwerfung in seinen Augen alle Gesetze ihrer Verbindlichkeit beraubt. Entbehrung und Leiden, die den Menschen weltlicher Lebensauffassung alles nehmen, wofür sie leben, können nicht nur das Glück des Christen nicht verletzen, das in der Erkenntnis des Willen Gottes besteht, sondern stärken ihn nur, wenn er sie um der Erfüllung dieses Willen wegen erfüllen muß.

26. | Die Aufgabe meines Lebens besteht darin, den Willen dessen zu erfüllen, der mich in dieses Leben entsandt hat, und dieser Wille ist mir bekannt. Dieser Wille will, daß ich den Nächsten liebe und ihm diene.

27. | Auf die Frage, was man tun soll, wenn der Krieg begonnen hat, kann für mich, einen Menschen, der seine wahre Bestimmung begreift, welche Stellung ich auch immer einnehme, keine andere Antwort sein als diejenige, daß, welche Verhältnisse auch immer vorlie-

gen mögen – ob der Krieg begonnen oder nicht begonnen ist, ob Tausende von Japanern oder Russen getötet sind, ob nicht nur Port Arthur, sondern auch Petersburg und Moskau genommen ist –, ich nicht anders handeln kann, als Gott es von mir fordert. Deswegen kann ich als Mensch weder direkt noch indirekt, weder durch Anordnungen noch durch Beihilfe, noch durch Antreiben dazu am Kriege teilnehmen: *ich kann nicht, ich will nicht und ich werde nicht.*

28. | Nur „wer ausharret, wird erlöst" steht in der christlichen Lehre, und dies ist eine nicht zu bezweifelnde, wenn auch für die Menschen schwer verständliche Wahrheit. Böses nicht mit Bösem zu vergelten und am Bösen nicht teilzunehmen, ist das sicherste Mittel, nicht nur der Errettung, sondern auch des Sieges über diejenigen die Böses schaffen. So verfährt jeder religiöse Mensch, denn die von der Religion erleuchtete Seele des Menschen lebt schon das ewige unendliche Leben, für welches Leiden und Tod in diesem Leben ebenso nichtig sind, wie für den Arbeiter, der das Feld pflügt, mit Schwielen an den Händen und Müdigkeit in den Gliedern.

Und gerade diese Menschen werden die Fesseln des Wahnes zersprengen, in die jetzt die Menschen geschmiedet sind. Wie wenige es solcher Menschen auch gibt, wie niedrig auch ihre gesellschaftliche Stellung ist, wie schwach sie auch an Bildung und Geist sein mögen: wie das Feuer die ausgetrocknete Steppe entflammt, so werden diese wenigen die ganze Welt – alle jene vom langem gottlosen Leben verdorrten Menschenherzen, die nach Erneuerung dürsten, in Brand setzen.

1. „Das Ende des Jahrhunderts“.

2. „Das Ende des Jahrhunderts“ und „Worin besteht mein Glaube“. Tagebuch B.1.

3. „Der Patriotismus und die Regierung“, „Das Christentum und der Patriotismus“.

4. „Gottes Reichtum [sic] ist in euch“.

5. Tagebuch des Jahres 1905.

6. bis 16. „Die Sklaverei unserer Zeit“.

17., 26. und 27. „Bedenket euch“.

18. und 19. „Der Kreis des Lesens“ [sic].

20. und 23. Tagebuch des Jahres 1904.

21. und 22. „Eins ist not“.

24. „Das Ende des Jahrhunderts“.

25. „Vom Christentum und vom Kriegsdienst“, „Gottes Reich ist in euch“.

25. „An die politischen Funktionäre“, „Was ist Religion und worin besteht ihr Wesen?“

Anhang

Die neu edierten Sammlungen

(1901 | 1928)

I. Der Sinn des Lebens | 1901

Erste Auflage (Übersetzungen M. Feofanoff, R. Löwenfeld). Leo N. Tolstoj: Gesammelte Werke. I. Serie, Band 11. Leipzig: Eugen Diederichs 1901/1902. – *Benutzte Auflage.* Leo N. Tolstoj: Der Sinn des Lebens. In: L. N. Tolstoj: Religiös-ethische Flugschriften Band I. (= Leo N. Tolstoj: Gesammelte Werke. II. Serie, Band 10. Von dem Verfasser genehmigte Ausgabe von Raphael Löwenfeld). Jena: Eugen Diederichs 1911. [112 Seiten; eigene Paginierung der Abteilung].

→S. 9-76.

II. Gott und Unsterblichkeit | 1901

Leo N. Tolstoi: *Gott und Unsterblichkeit.* / Das Leben und die Lehre Christi. / Du sollst dem Bösen nicht Widerstand leisten. Aus dem Russischen übersetzt von L. A[lbert]. Hauff. Berlin: Verlag von Otto Janke [1901]. [131 Seiten].

→S. 77-144.

III. Aufruf zur Bruderschaft | 1928

Leo Tolstoi: Aufruf zur Bruderschaft. Eine Botschaft aus seinem Gesamtwerk. Ausgewählt und übersetzt von Karl Nötzel. (= Rußland-Bücherei 1. Band). Wernigerode am Harz: Hans Harder Verlag 1928. [70 Seiten].

→S. 145-200.

IV. Gedanken Leo Tolstois über Gewalt, Krieg und Revolution | 1928

Gedanken Leo Tolstois über Gewalt, Krieg und Revolution. Aus seinen Schriften, Tagebüchern und Briefen ausgewählt von Valentin Bulgakov. (Herausgeber und Verleger: Internationale der Kriegsdienstgegner, 11 Abbey Road, Enfield, Middlesex, England. Verantwortlich für die deutsche Ausgabe: Georg Schulze-Moering, Berlin SW 11, Möckernstraße 133a I). Enfield/Berlin: IDK 1928. [23 Seiten].

→S. 201-216.

Abbildung links (←): Künstler Ilya Repin | ИльяЕфимович Репин (1844-1930), Porträt L. Tolstois – Gemälde des Jahres 1901; commons.wikimedia.org

Übersicht zu einzelnen Tolstoi-Texten

(chronologisch)

DAS LEBEN UND DIE LEHRE CHRISTI (1881-1883) →S. 100-133

Es handelt sich um die Kapitelzusammenfassungen aus Tolstois Werk ‚Kurze Darlegung des Evangeliums'.

Russischer Text I Lew TOLSTOI: Kratkoe izloženie Evangelija (Kurze Darlegung des Evangeliums, 1881-1883). In: PSS [Russische Gesamtausgabe in 90 Bänden, Moskau 1928-1957ff: Polnoe sobranije sočinenij]. Band 24. Moskau 1957, S. 801-938. [Als Internet-Ressource: http://tolstoy.ru/creativity/90-volume-colection-of-the-works].

Übersetzungen I Graf Leo TOLSTOI: Kurze Auslegung des Evangeliums. Deutsch von F. W. Ernst. Berlin: Hugo Steinitz Verlag 1891. [256 Seiten]. – Leo N. TOLSTOJ: Kurze Darlegung des Evangelium. Aus dem Russischen von Paul Lauterbach. Leipzig: Druck und Verlag von Philipp Reclam jun. [1892], Kapiteleinleitungen. [Unsere Neuedition 2023: Tolstoi-Friedensbibliothek, Band TFb_A004]. – Graf Leo TOLSTOI: Leben und Lehre Jesu. In: L. N. Tolstoi, Über Gott und Christentum. Deutsch von Dr. N[achman]. Syrkin [zuerst 1896]. Dritte Auflage. Berlin: Hugo Steinitz Verlag 1901, S. 53-105. [Gesamtumfang des Bandes 114 Seiten]. – Leo N. TOLSTOI: Das Leben und die Lehre Christi [= nur die Kapitelzusammenfassungen der ‚Kurzen Darlegung des Evangeliums']. In: L. N. Tolstoi: Gott und Unsterblichkeit. Aus dem Russischen übersetzt von L. A. Hauff. Berlin: Verlag von Otto Janke [1901], S. 43-109. [Gesamtumfang des Bandes 131 Seiten]. – L. N. TOLSTOI: Kurze Darlegung des Evangeliums [nur die Kapitelzusammenfassungen], übersetzt von Olga Radetzkaja. In: Martin George / Jens Herth / Christian Münch / Ulrich Schmid (Hg.): Tolstoj als theologischer Denker und Kirchenkritiker [2014]. Zweite Auflage. Göttingen: Vandenhoeck & Ruprecht 2015, S. 134-163.

„DU SOLLST DEM BÖSEN NICHT WIDERSTAND LEISTEN" (1896) →S. 134-144

Brief an den Amerikaner Ernest Crosby,
12. Januar 1896.

Übersetzungen I Leo N. TOLSTOI: Gott und Unsterblichkeit. Aus dem Russischen übersetzt von L. A. Hauff. Berlin: Verlag von Otto Janke [1901], S. 110-130: „Du sollst dem Bösen nicht Widerstand leisten" (1896). – Leo TOLSTOI: Religiöse Briefe. Übersetzt und herausgegeben von Karl Nötzel. Sannerz und Leipzig: Gemeinschafts-Verlag Eberhard Arnold [1923], S. 114-124: ‚Nr. 76. An den Amerikaner Crosbee [sic], 12. Januar 1896'. [Neu ediert in: TFb_B005, S. 55-68].

GEDANKEN VON GOTT | Mysli o boge →S. 77-99
(Zusammenstellung 1898)

Über den Text | Zum Hintergrund führt Daniel Riniker an: „Die ‚Gedanken über Gott' sind eine von Vladimir Čertkov zusammengestellte Kompilation von Zitaten zu religiösen Fragen aus Tolstojs Tagebuch und unveröffentlichten Briefen an Freunde und Vertraute. Tolstoj schrieb Čertkov nach Erscheinen der Broschüre am 6. September 1900: ‚Eben habe ich die *Gedanken über Gott* gelesen. Dort gibt es gute Stellen, und ich war gerührt beim Lesen. Trotzdem kommt diese Ausgabe zu früh. Man hätte damit warten sollen (und gar nicht lange) bis nach meinem Tod. Denn es macht Angst, mit einem solchen Lebensprogramm leben zu müssen. [...] Und noch etwas kam mir in den Sinn, an das ich kürzlich dachte, als ich diese Gedanken las. Ich dachte, dass man nicht sagen sollte: Gott ist die Liebe oder Gott ist der Logos, die Vernunft. Durch die Liebe und die Vernunft erkennen wir Gott, aber der Begriff von Gott wird durch diese Begriffe nicht nur nicht abgedeckt, sondern er unterscheidet sich selbst von Gott genauso, wie der Begriff des Auges oder des Sehens sich vom Licht unterscheidet. Fast dasselbe steht auch dort.' – Die russischsprachige Broschüre erschien erstmals im Jahr 1900 in England im Verlag ‚Svobodnoe slovo'." (Martin George / Jens Herth / Christian Münch / Ulrich Schmid (Hg.): Tolstoj als theologischer Denker und Kirchenkritiker. Zweite Auflage. Göttingen: Vandenhoeck & Ruprecht 2015, S. 223.)

Übersetzungen | Leo TOLSTOI: Gedanken über Gott, übersetzt von Eugen Heinrich Schmitt [?]. In: Graf Leo Tolstoi: Die christliche Lehre. Ausschließlich autorisierte und vom Verfasser revidierte deutsche Ausgabe. Herausgegeben von Dr. Eugen Heinrich Schmitt. Berlin: Hugo Steinitz Verlag [1898], S. 113-147. [Neu ediert in: Leo N. Tolstoi: Die Christliche Lehre. Katechetische Schriften für Erwachsene und Kinder. = Tolstoi-Friedensbibliothek Reihe A, Band 10. Norderstedt: BoD 2013, S. 60-77]. – Leo TOLSTOI: Gedanken über Gott. In: Graf Leo Tolstoi: Ein Aufruf an die Menschheit. Einzig bevollmächtigte Übersetzung von Wladimir Czumikow. Leipzig: Eugen Diederichs 1901, S. 70-107. [Neuauflage: Diederichs, Jena 1911]. – Leo TOLSTOI: Gedanken über Gott, übersetzt von N[achman]. Syrkin. In: Graf Leo Tolstoi: Über Gott und Christentum. Deutsch von Dr. N. Syrkin. Dritte Auflage. Berlin: Hugo Steinitz Verlag 1901, S. 13-51. – Leo N. TOLSTOI: Gedanken von Gott, übersetzt von L.A. Hauff. In: L. N. Tolstoi: Gott und Unsterblichkeit. Aus dem Russischen übersetzt von L. A[lbert]. Hauff. Berlin: Verlag von Otto Janke [1901], S. 1-42. – Leo TOLSTOJ: Gedanken über Gott (Auswahl), übersetzt von Dorothea Trottenberg [2014]. In: Martin George / Jens Herth / Christian Münch / Ulrich Schmid (Hg.): Tolstoj als theologischer Denker und Kirchenkritiker. Zweite Auflage. Göttingen: Vandenhoeck & Ruprecht 2015, S. 223-233.

Literatur zu diesem Text | Martin George / Jens Herth / Christian Münch / Ulrich Schmid (Hg.): Tolstoj als theologischer Denker und Kirchenkritiker. Zweite Auflage. Göttingen: Vandenhoeck & Ruprecht 2015, S. 223-233, 360, 363f, 368, 413, 415, 531, 531, 533f, 662. – Robert Quiskamp: Der Gottesbegriff bei Tolstoj. Paderborn: Ferdinand Schöningh 1937.

DER SINN DES LEBENS (O smysle žizni 1901) →S. 9-56

Übersetzungen dieser von Vladimir Čertkov besorgten ‚Kompilation' I Leo TOLSTOI: Ueber den Sinn des Lebens. Aus dem Russischen uebersetzt. Berlin: Globus Verlag 1900. [92 Seiten] [Neuauflage 1903]. – Graf Leo TOLSTOI: Ueber den Sinn des Lebens. Deutsch von Dr. N[achman]. Syrkin. Berlin 1901. [96 Seiten] [Folgeauflagen: Verlag Hugo Steinitz, Berlin]. – Leo TOLSTOI: Der Sinn des Lebens. Einzige bevollmächtigte Übersetzung von Wladimir Czumikow. München: Verlag: Albert Langen 1901. [92 Seiten]. – Leo N. TOLSTOJ: Der Sinn des Lebens, übersetzt von M. Feofanoff [zuerst 1901]. In: Leo N. Tolstoj: Der Sinn des Lebens (= L. N. Tolstoj: Religiös-ethische Flugschriften Band I. Gesammelte Werke. II. Serie, Band 10. Von dem Verfasser genehmigte Ausgabe von Raphael Löwenfeld). Jena: Eugen Diederichs 1911, S. 1-78. – Leo N. TOLSTOJ: Der Sinn des Lebens. Übersetzer H. Albrecht. Dresden: Max Fischer 1903. [Gesamtumfang 112 Seiten].

ANTWORT AN DEN SYNOD, 1901 →S. 57-69

Russischer Text I Lew TOLSTOI: Otvet na postanovlenie Sinoda ot 20-22 fevralja i na polučennye mnoju po ètomu slučaju pis'ma I 4.4.1901(Antwort auf den Beschluss des Synods vom 20.-22. Februar 1901). In: PSS [Russische Gesamtausgabe in 90 Bänden, Moskau 1928-1957ff: Polnoe sobranije sočinenij]. Band 34. Moskau 1952, S. 245-253. [Als Internet-Ressource: http://tolstoy.ru/creativity/90-volume-colection-of-the-works].

Übersetzungen I Leo N. TOLSTOJ: Antwort an den Synod, übersetzt von Raphael Löwenfeld [Erstauflage 1901]. In: Leo N. TOLSTOJ: Der Sinn des Lebens (Religiös-ethische Flugschriften Band I. = Gesammelte Werke. II. Serie, Band 10. Von dem Verfasser genehmigte Ausgabe von Raphael Löwenfeld). Jena: Eugen Diederichs 1911, S. 79-101. – Leo TOLSTOI: Antwort an den Synod, übersetzt von N[achman]. Syrkin. In: Graf Leo Tolstoi und der heilige Synod. Deutsch von Dr. N[achman]. Syrkin. Berlin: Hugo Steinitz Verlag 1902, S. 23-43. [Neuauflage 1903]. – Leo TOLSTOJ: Antwort auf die Verordnung des Synods vom 20.-22. Februar und die von mir aus diesem Anlass erhaltenen Briefe. In: L. N. Tolstoj: Ausgewählte Werke, herausgegeben von W[illy]. Lüdtke. Band XII.: Weltanschauung. Auswahl von W. Lüdtke. Wien/Hamburg/Zürich: Gutenberg-Verlag Christensen & Co. 1929, S. 104-112. – Lew TOLSTOI: Antwort auf den Beschluss des Synods vom 20. bis 22. Februar und auf die aus diesem Anlass bei mir eingegangenen Briefe, übersetzt von Günter Dalitz. In: Lew Tolstoi: Philosophische und sozialkritische Schriften. (= Gesammelte Werke in zwanzig Bänden, herausgegeben von Eberhard Dieckmann und Gerhard Dudek, Band 15). Berlin: Rütten & Loening 1974, S. 619-629. – L. TOLSTOJ: Antwort auf den Beschluss des Synods vom 20.-22. Februar 1901, übersetzt von Dorothea Trottenberg [2014]. In: Martin George / Jens Herth / Christian Münch / Ulrich Schmid (Hg.): Tolstoj als theologischer Denker und Kirchenkritiker. Zweite Auflage. Göttingen: Vandenhoeck & Ruprecht 2015, S. 240-248.

BRIEF AN DEN ZAREN UND SEINE LEUTE, 1901 →S. 70-76

Russischer Text | Lew TOLSTOI: Carju i ego pomoščnikam (An den Zaren und seine Gehilfen, 1901). In: PSS [Russische Gesamtausgabe in 90 Bänden, Moskau 1928-1957ff: Polnoe sobranije sočinenij]. Band 34. Moskau 1952, S. 239-244. [Als Internet-Ressource: http://tolstoy.ru/creativity/90-volume-colection-of-the-works].

Übersetzungen | Leo TOLSTOI: Der Zar und seine Helfershelfer. In: Graf Leo Tolstoi: Muß es denn so sein? Deutsch von Dr. N[achman]. Syrkin. Berlin: Hugo Steinitz Verlag 1901, S. 73-85. – Leo N. TOLSTOJ: An den Zaren und seine Leute. Ein offener Brief, übersetzt von Raphael Löwenfeld [Erstauflage 1901]. In: Leo N. TOLSTOJ: Sinn des Lebens (Religiös-ethische Flugschriften Band I. = Gesammelte Werke. II. Serie, Band 10. Von dem Verfasser genehmigte Ausgabe von Raphael Löwenfeld). Jena: Eugen Diederichs 1911, S. 102-112. – Lew TOLSTOI: An den Zaren und seine Gehilfen, übersetzt von Günter Dalitz. In: Lew Tolstoi: Philosophische und sozialkritische Schriften. (= Gesammelte Werke in zwanzig Bänden, herausgegeben von Eberhard Dieckmann und Gerhard Dudek, Band 15). Berlin: Rütten & Loening 1974, S. 612-618.

Dieser Band erscheint in der Reihe B des Editionsprojekts ,Tolstoi-Friedensbibliothek' zur (Neu-)Erschließung gemeinfreier Übersetzungen von ,religionsphilosophischen (theologischen) und sozialethischen Schriften' sowie Selbstzeugnissen Leo N. Tolstois.
Über weiterführende Literatur, zu unseren Angeboten sowie zum Kreis der Beteiligten (Konzeption und Herausgeberschaft, Bearbeitung, Beratung, Kooperationspartner*innen) informiert die Projektseite: www.tolstoi-friedensbibliothek.de